COMPLIANCE GUIDE TO
ONLINE GAME COMPANIES

网络游戏公司
合规指南

杨杰/主编
张昌倩 王琪珺/副主编

法律出版社 | LAW PRESS

自序:疏可行马,密不透风

每一个人,都活在自己命运的河流里。

毕业没多久,我误打误撞地一头扎进了互联网游戏行业,一晃十几年。估计大学同宿舍的兄弟们做梦也不会想到,当年宿舍玩游戏水平最差的我,竟然将“游戏”变成了我的工作内容之一,这大抵就是缘分吧。

这十几年,也是中国网络游戏行业风云变幻、风起云涌的十几年。在这段漫长而又短暂的时光中,网络游戏行业涌现出了一批又一批奋斗者,他们凭借热血与梦想、执着与坚持,取得了巨大的发展和成就。

同时,这个行业的快速崛起也引起了外界不小的担忧和非议。《野子》里唱:“怎么大风越狠,我心越荡,幻如一丝尘土,随风自由的在狂舞……”网络游戏行业的迅速野蛮生长,导致游戏公司的粗放式经营发展,不规范的问题比比皆是,游戏规则抄袭、美术作品侵权、买卖“版号”……

“是谁,会给我们一扇灯窗,让我们勇往直前,无所畏惧?”答案是:法律。随着相关法律法规政策的出台和逐步完善,我深感网络游戏产品法律合规审查的必要性以及行业内相关参考书籍的缺乏性。那么,法律是什么?历史上有五个人的解释最为精准:霍姆斯说法律是经验,商鞅说法律是信用,孟德斯鸠说法律是制衡,卢梭说法律是契约,康德说法律是协调。在我看来,法律在公司经营中扮演的角色至关重要——定性,知事,择人,善终。毫不夸张地说,法律是一切规则制定的核心逻辑。公司在成长过程中要是没有法律的保驾护航,很难实现基业长青。因此,如果能借此机会,将我多年的法律工作经验做一个总体的梳理,并分享给大家,也算尽了自己的绵薄之力。

这本书的内容涵盖了一款游戏产品开发、发行、运营过程中可能面对的监管、所需要的资质、应该做到的产品合规需求、知识产权的保护、相关开发运营合同的签署、运营过程中的玩家投诉处理，甚至游戏公司的劳动关系处理等方方面面的问题。本书写作过程中，我的家人给予鼎力支持，我的团队付出大量的心力收集整理素材，行业内的专家朋友们提供了宝贵的素材和建议，一并致谢。

互联网游戏，是一个充满生命力的行业。

在这个行业，每一个年轻人都那么激情澎湃，每一个奋斗故事都那么跌宕起伏。只是，这一路也必然布满荆棘和陷阱。美国前总统罗斯福说过：“我们不能期待逃离生命中的黑暗时期，因为辉煌和金色落日般的生命并不常有。”所以，我衷心希望这本力求务实的工具书，能够帮助游戏公司的所有员工，甚至游戏产品的开发人员、运营人员，解决日常工作中面临的法律问题。

愿我们的人生疏可行马，密不透风。

2019 年 7 月

前言　网络游戏行业的介绍

第一节　网络游戏行业的发展

网络游戏,是指网络游戏提供者提供的由软件程序和信息数据构成,通过互联网、移动通信网等信息网络提供的游戏产品和服务,用户通过游戏机、电脑、手机等设备进行游戏的一种娱乐方式。网络游戏的出现,极大地丰富了人类的精神世界,让人类的娱乐生活更加丰富,从而促进整个社会的发展。

网络游戏自从进入中国以来,经历了长久的发展。从20世纪末开始,中国的网络游戏行业通过近20年的发展,逐步经过了行业培育、起步发展、快速发展和稳定发展等几个主要阶段。目前中国的网络游戏行业正处于稳定发展的阶段。

接下来,笔者将从网络游戏市场规模的整体发展情况、网络游戏各个细分市场的发展情况、中国国内自主研发的游戏发展情况三个角度来介绍网络游戏行业的整体进展。

一、从网络游戏行业的市场规模来看网络游戏行业的发展情况

2004年1月15日,中华人民共和国新闻出版总署(现已变更为国家广播电视总局,下同)音像电子和网络出版管理司在北京举行了“2003年度中国游戏产业报告发布会”,首次发布《2003年度中国游戏产业报告》,该报告对几年来中国游戏产业从无到有、从小到大的发展历程做了详细的总结和分析,并在会上公布了2003年中国网络游戏市场实际销售收入为13.2亿元。此次产业报告的发布意味着中国游戏行业已经从萌芽阶段进入了行业起步阶段。经统计,

中国网络游戏市场规模的年度增长情况如下：[①]

2004 年中国网络游戏市场实际销售收入为 24.7 亿元人民币，比 2003 年增长 87.1%；

2005 年中国网络游戏市场实际销售收入为 37.7 亿元人民币，比 2004 年增长 52.6%；

2006 年中国网络游戏市场实际销售收入为 65.4 亿元人民币，比 2005 年增长 73.5%；

2007 年中国网络游戏市场实际销售收入为 105.7 亿元人民币，比 2006 年增长 61.6%；

2008 年中国网络游戏市场实际销售收入为 183.8 亿元人民币，比 2007 年增长 73.9%；

2009 年中国网络游戏市场实际销售收入为 256.2 亿元人民币，比 2008 年增长 39.4%；

2010 年中国网络游戏市场实际销售收入为 323.7 亿元人民币，比 2009 年增长了 26.3%；

2011 年中国游戏市场实际销售收入为 446.1 亿元人民币，比 2010 年增长了37.8%；

2012 年中国游戏市场实际销售收入为 602.8 亿元人民币，比 2011 年增长了35.1%；

2013 年中国游戏市场实际销售收入为 831.7 亿元人民币，比 2012 年增长了38.0%；

2014 年中国游戏市场实际销售收入为 1144.8 亿元人民币，比 2013 年增长了37.7%；

2015 年中国游戏市场实际销售收入为 1407.0 亿元人民币，比 2014 年增长 22.9%；

---

① 此部分内容的数据来源于中国游戏工委、国际数据公司、伽马数据等发布的 2003～2017 年中国游戏产业报告。其中 2008～2010 年统计数据与 2015 年、2016 年、2017 年中国游戏产业报告中关于“中国游戏市场实际销售收入”历年统计数据略有差异，本书中以每一年度数据报告中发布的数据为准。

2016 年中国游戏市场实际销售收入达 1655.7 亿元人民币，比 2015 年增长 17.7%；

2017 年中国游戏市场实际销售收入达 2036.1 亿元人民币，比 2016 年增长 23.0%。

从上述数据可以看出，从 2005 年开始，网络游戏行业开始进入快速发展的阶段，网络游戏市场规模迅速扩大。在这一阶段，中国网络游戏市场规模每年同比增长超过 50%，并迅速在 2007 年突破百亿人民币。

2009 年行业开始进入调整期，在此阶段虽然增长速度有所减缓，但仍保持了稳定的增长速度，并在 2014 年游戏市场突破千亿规模，在 2017 年突破 2000 亿规模。

二、从网络游戏细分市场看网络游戏行业的发展情况

根据中国音数协游戏工委（GPC）、伽马数据（CNG）、国际数据公司（IDC）等发布的中国游戏产业报告，中国游戏市场细分为客户端游戏、网页游戏、移动游戏、单机游戏，而纵观网络游戏行业短暂的发展史，可以看到不同的细分市场的逐步发展的经过。

（一）各细分市场游戏类型的定义

1. 客户端游戏[①]（Download online games）：用户必须在电脑中安装客户端软件，并通过此软件接入游戏服务器，与其他游戏用户进行互动娱乐。客户端游戏可细分为大型角色扮演类网络游戏与休闲游戏两种类型，通常简称为“端游”。

大型角色扮演类网络游戏（MMORPG）：大型角色扮演类网络游戏使所有的用户都存在于一个大的虚拟世界中，用户可以通过扮演拥有不同特点的角色来体验虚拟生活。游戏一般具有故事背景和故事情节，并且随着玩家游戏过程的进行，情节可以持续发展。用户在游戏中扮演一个游戏角色，在虚拟世界中与其他用户扮演的游戏角色进行互动。

休闲游戏（Casual games）：此类游戏采用平台竞技方式进行，游戏以“局”

① 定义来源于中国版协游戏工委、国际数据公司《2009 年中国游戏产业报告》。

的形式存在,每局游戏参与的用户数量相对较少。一局游戏在一段时间内结束,此类游戏以纯粹娱乐为主,不强调游戏故事背景与情节。

2. 网页游戏①(Web games):又称无端网络游戏,是基于网络浏览器的多人在线互动游戏,用户无须下载客户端,只需要打开网页就可以玩网页游戏,通常又简称为“页游”。

3. 移动游戏②(Mobile games):应用于手持移动终端的游戏软件,包括移动单机游戏和移动网络游戏。移动终端又称移动通信终端,是指可以在移动中使用的计算机设备,广义概念包括手机、笔记本电脑、平板电脑、POS 机甚至包括车载电脑。但目前的实际情况下是指手机或者具有多种应用功能的智能手机以及平板电脑,因此又常称为“手机游戏”或者简称为“手游”。

4. 单机游戏③(Single PC games):以独立的电脑软硬件设备为依托,主要供单人或利用 IPX/SPX 协议提供有限数量的用户在局域网中玩的游戏。

(二)各细分游戏市场的发展情况

1. 2000 ~ 2008 年,客户端游戏占据主流核心的地位

在游戏刚刚开始发展的时候,电脑和宽带远未普及,玩家们都只能在游戏厅或者通过游戏机等设备玩单机游戏,但是随着电脑和网络技术的日益发展,单机游戏逐步没落,网络游戏开始成为主流。

这个时期的网络游戏以客户端游戏为主流,而客户端游戏中,又以 MMORPG 游戏为基础,在整个网络游戏的市场规模中基本上占据到 70% 以上的比例。

2. 2008 ~ 2012 年,网页游戏开始兴起,客户端游戏、网页游戏共同发展

由于客户端游戏软件下载包一般文件较大,往往需要长时间的下载、安装以及更高配置的设备承载,因此,在游戏玩家更多地要求“短平快”的游戏类型时,相对客户端游戏更加便利、直接打开网页即可玩的网页游戏获得了更多用户的青睐。

---

① 定义来源于中国版协游戏工委、国际数据公司《2009 年中国游戏产业报告》。

② 定义来源于中国音数协游戏工委、伽马数据、国际数据公司《2016 年中国游戏产业报告》。

③ 定义来源于中国版协游戏工委、国际数据公司《2009 年中国游戏产业报告》。

因此,从 2008 年开始,网页游戏成为新的增长点,销售收入更是成倍数地增长。在 2010 年,中国网页游戏市场的实际销售收入为 41.9 亿元,比 2009 年增长了248.8%。

虽然网页游戏的异军突起使传统端游遭到了一定程度的冲击,但经过一定的过渡期,页游在发展过程中也遭遇“瓶颈”,面临重重困境,粗糙的游戏品质成为其继续发展的致命死穴。因此,虽然客户端游戏占市场份额的比例下降,增幅慢于网页游戏,但是客户端游戏依然是游戏市场中的核心竞争力。

3. 2012 年至今,移动游戏发力,移动游戏成为游戏收入的主要构成

从 2012 年开始,智能手机逐步开始成为人们电子设备的主流,拥有智能手机的用户数量开始覆盖全国,智能手机所能承载的功能越来越强大,移动游戏开始迅速发展,逐步超越客户端游戏的核心地位,成为游戏市场的主流。

2012 年,在中国游戏市场实际销售收入中,移动游戏销售收入为 32.4 亿元,在网络游戏中的市场占有率仅为 5.4%。

2013 年,移动游戏市场实际销售收入达 112.4 亿元,占中国网络游戏市场收入的 13.5%。2014 年,移动游戏市场实际销售收入达 274.9 亿元,市场份额为 24.0%。

而在 2015 年,移动游戏市场实际销售收入达 514.6 亿元人民币,同比 2014 年增长 87.2%。此时,网络游戏行业各个细分市场的发展逐渐明朗,客户端游戏与网页游戏市场份额同时出现下降,而移动游戏继续保持高速增长。

到 2016 年,聚焦到中国游戏市场收入的细分领域,会发现移动游戏仍然是中国游戏市场收入的最重要构成,而且有愈演愈烈的趋势。在 2017 年,移动游戏市场实际销售收入达 1161.2 亿元,其份额继续增加,占中国游戏市场实际销售收入的 57.0%,超过 50% 并已经超出了客户端游戏所占的份额。

三、从中国国内自主研发游戏的发展看网络游戏行业的发展情况

中国网络游戏行业经历了从“中国代理”向“中国创造”的转型发展阶段。在网络游戏行业发展的前期,国内游戏市场主要是通过获得海外游戏在国内的代理权,来代理运营海外游戏。此时,中国网络游戏市场的收入大部分来源于海外游戏的运营。

从2007年开始,我国自主研发的民族网络游戏显现出强劲的竞争优势,2007年,国内自主研发的网络游戏市场实际销售收入达68.8亿元,占网络游戏市场实际销售收入总规模的65.1%。这说明我国游戏市场开始实现由"中国代理"到"中国创造"的战略转型。

在2016年,我国自主研发的网络游戏的市场实际销售收入达1182.5亿元,首次突破了千亿元,在发展最快的移动游戏领域,自主研发网络游戏占据了重要地位,中国自主研发的民族网络游戏显现出强劲的竞争优势。

而从2018年开始,由于受到国内政策环境的影响,越来越多的网络游戏公司开始寻求和探索海外市场,并在游戏出海运营方面取得了优越的成就。

同时,从网络游戏行业的从业人员和游戏开发数量来看,据2008年10月的统计,中国网络游戏研发公司数量为131家,中国网络游戏研发从业人员达24768人,中国自主研发网络游戏数量达286款。而在2016年,已有158家上市游戏公司,115家新三板挂牌游戏公司。同时,该年度经国家新闻出版广电总局(现已变更为国家广播电视总局,下同)批准国产游戏的数量约为3800款,[①]在2017年批准国产游戏的数量为9368款。[②]

四、网络游戏行业的发展趋势

综合上述几个角度,笔者将网络游戏的发展分为培育期、起步期、快速发展期和稳定发展期四个阶段,且该四个阶段特点如下:

1.2000~2004年,为中国网络游戏行业的培育期。这一阶段,中国的网络游戏行业主要为运营型公司,以代理运营海外游戏产品为主。

2.2004~2005年,为中国网络游戏行业的起步期。在此阶段仍以大量的网络游戏运营商为主,但也出现了国内的网络游戏自主研发公司,研发的产品主要以MMORPG为主导,此时的收费模式以计时收费模式为主。

3.2005~2011年,为网络游戏行业的快速发展期。在这个发展阶段,中国

---

① 数据来源于中国音数协游戏工委、伽马数据、国际数据公司《2016年中国游戏产业报告》。

② 数据来源于智研咨询集团《2019-2025年中国手机网络游戏市场转向调查及发展趋势分析报告》。

自主研发游戏的数量和收入开始超越进口游戏。同时,各游戏公司也开始试图将国内自主研发的游戏出口到海外。中国网络自主研发型的公司不断涌现,网页游戏、移动游戏开始出现。同时,道具收费等新型的收费模式开始出现。

4.2011 年至今,为网络游戏行业的平稳发展期。行业市场竞争格局趋于稳定,细分市场稳定,网页游戏、移动游戏开始成熟,移动游戏迅猛发展并迅速成为主流,道具收费等新型的收费模式成为网络游戏收费的主流模式,网络游戏出海运营也逐步成为新的游戏收入增长点。

第二节　网络游戏产业链介绍

随着中国网络游戏行业的多年发展,中国游戏产业链日益完善。根据提供网络游戏服务类型的不同,笔者将其划分为网络游戏提供主体、网络游戏通信服务平台提供主体、网络游戏的游戏衍生产业三个部分。

一、网络游戏提供主体

网络游戏的提供是整个网络游戏产业的核心和基础,此处所指网络游戏提供主体,包括了网络游戏的开发、发行、运营、平台、渠道等整个网络游戏提供的环节,具体包括:

(一)自主研发网络游戏的开发公司或者团队

游戏研发商,行业内通常称为"CP"(Content Provider),是指自主策划、制作、构架、开发网络游戏的公司或者团队,主要负责网络游戏中的代码程序、策划设计、美术素材、声效等制作,并负责完成网络游戏的生产和测试等主要工作。

(二)网络游戏发行商或者运营商

网络游戏发行商,指取得其他游戏开发公司或者团队的授权发行该网络游戏,主要是指取得开发商的授权,将该游戏提供给第三方主体进行运营的主体。

网络游戏运营商,指取得其他游戏开发公司或团队的授权运营该网络游戏,向用户免费或收费提供网络游戏,并为游戏用户在玩网络游戏的过程中提供相关配套服务的主体。

在很多时候,网络游戏的研发和发行、运营可以一体化运作,网络游戏的研发主体自主提供网络游戏的发行和运营事宜,也可以分开进行,一款网络游戏可以有多个发行商或者运营商。

(三)网络游戏平台商和渠道商

网络游戏平台商,是指用户与产品建立联系的途径,为网络游戏的发行或者运营提供一个固定的网络平台,以供用户在该平台上获取相关的网络游戏。

网络游戏渠道商,同样指用户与产品建立联系的途径,通常指用户获取渠道,这时候与网络游戏平台商为同一概念,但有时候也用来指支付渠道。

在现今流量为王的时代,网络游戏的平台或者渠道是游戏产品获取用户的重要途径,可以通过宣传手段将非游戏用户吸引进游戏,转化成游戏用户。由于网络游戏的平台或者渠道商握有大量的流量和入口,在合作过程中一般会占据较为优势的地位。

二、网络游戏通信服务平台提供主体

除直接提供网络游戏的产品和服务之外,网络游戏的研发和运营,离不开相关通信服务平台提供的相关服务,比如服务器和电信网络等网络游戏发行运营必不可少的基础设施服务产业。具体包括以下两个部分:

Idc 提供商(Internet data center):[①]为游戏出版运营商提供服务器托管、带宽租用、服务器租用等 IDC 服务的厂商。

电信运营商:提供基础电信业务的公司,[②]如中国电信及各地分公司、中国移动、中国联通等。

---

① 中国版协游戏工委、国际数据公司、中新游戏《2012 年中国游戏产业报告》。

② 中国版协游戏工委、国际数据公司、中新游戏《2012 年中国游戏产业报告》。

三、网络游戏的游戏衍生产业

随着网络游戏行业的迅速发展，与游戏相关的衍生产业也逐渐发展和兴盛起来，比较典型的代表就是网络游戏直播行业、网络游戏电子竞技行业以及游戏衍生的大文娱产业链。

网络游戏直播：网络游戏主播实时地向用户展示其游戏过程和游戏情况，其他用户可以通过游戏直播平台观看主播进行游戏的过程。

网络游戏电子竞技：在网络游戏营造的虚拟环境中，在统一的竞赛规则下进行的对抗性网络游戏运动。网络游戏电子竞技已经成为一项体育运动。

网络游戏产生的大文娱产业链：以网络游戏为核心的包括网络游戏、电影、电视、小说等一体化运营的大文娱产业，既包括将小说、电影电视等文化产品改编成游戏，也包括将游戏改编成小说或者电影电视，整体化运作和经营。

第三节　网络游戏术语说明①

一、网络游戏（Online games）

网络游戏又称“在线游戏”，简称“网游”。通常以个人电脑（PC）、平板电脑、智能手机等载体为游戏平台，以游戏运营商服务器为处理器，以互联网为数据传输媒介，是必须通过网络传输方式实现多个用户同时参与的游戏产品，通过对游戏中人物角色或者场景的操作来实现娱乐、交流目的的游戏方式，是具有可持续性的个体性多人在线游戏。

二、移动游戏系统

（一）iOS

是由美国苹果公司开发的，用于智能移动终端的闭源操作系统。目前市场

---

① 概念来源于《2014 年中国游戏产业报告》。

使用 iOS 的智能移动终端以苹果旗下产品为主，包括 iPhone、iPad、iPod Touch 等苹果设备。

iOS 中内置的 App Store 是 iOS 用户在智能移动终端上下载安装应用和游戏的主要渠道。

（二）Android

Android 是一种基于 Linux 的自由及开放源代码的操作系统，主要适用于智能移动终端，如智能手机和平板电脑，由 Google 公司和开放手机联盟领导开发。尚未有统一的中文名称，中国大陆地区多称为“安卓系统”。

Android 系统具有开放性、不受束缚、方便开发等特点，能够支持的硬件类型十分丰富。

三、网络游戏测试

网络游戏测试有以下几种方式：

封测：封闭测试，通常是指在网络游戏初步开发完成的前期，对游戏运行性能、游戏设计、游戏平衡性、游戏 Bug 以及服务器负载等进行的多方面的测试，是游戏的最初测试，以技术性测试为主。

内测：内部测试，通常是指在网络游戏开发完成的初期，由游戏公司发送限定数量的激活码或者账号给玩家，由玩家测试并向游戏公司反馈使用情况和存在的问题，内测一般会分成删档内测或不删档内测，也可能进行不付费内测或者付费内测。

公测：公开测试，通常在游戏正式推出的最后阶段，一般指不限量、不删客户端数据的公开测试。在此阶段，一般游戏在公测阶段即已经开启付费系统。

四、网络游戏支付渠道

网络游戏支付渠道指用于实现用户对游戏产品付费的途径，即人民币从用户的账户转移到支付平台再最后转换为游戏内部虚拟货币的流程载体。

五、网络游戏虚拟货币

网络游戏虚拟货币是指由网络游戏运营企业发行，游戏用户使用法定货币按一定比例直接或间接购买，存在于游戏程序之外，以电磁记录方式存储于网络游戏运营企业提供的服务器内，并以特定数字单位表现的一种虚拟兑换工具。

网络游戏虚拟货币用于兑换发行企业所提供的指定范围、指定时间内的网络游戏服务，表现为网络游戏的预付充值卡、预付金额或点数等形式，但不包括游戏活动中获得的游戏道具。

六、相关缩略简称

游戏 SDK（Software Development Kit）：针对专门的网络游戏研发并提供的手机端软件开发包、服务端开发包，同时包含相应示例源码、开发手册等用于创建移动应用的开发工具集合。

IP（Intellectual Property）：包括商标、著作权、注册或者未注册的设计，如文学和艺术作品，包括但不限于小说、诗歌、戏剧、电影、绘画、摄影、雕塑、建筑设计等。一般具有专有性、地域性和时效性等特征。

Bug：指在游戏运营企业提供的游戏程序中隐藏着的一些未被发现的缺陷或问题，统称为 Bug（系统漏洞）。系统漏洞在任何软件系统都会存在，且不可能完全被修复。

ARPU 值：游戏用户平均每月贡献的收益，通常计算方法为 ARPU（元/月）= 游戏公司月总收入/游戏公司月付费用户数。

PCU：最高同时在线用户，指某个时段内某款游戏最高同时在线的用户数。

ACU：平均同时在线用户，指某个时段内某款游戏在线人数的平均数量。

DAU：日活跃用户数量，不计算重复登录下每日登录过游戏的用户数。

MAU：月活跃用户数量，指自统计之日起 1 个月内登录过游戏的玩家数量。

目录

第一编　网络游戏的合规要求 1

第一章　网络游戏的监管部门 3

第一节　相关监管部门的名称沿革 3

第二节　网络游戏的监管职责划分 4

第三节　小结和建议 8

第二章　网络游戏经营的资质要求 9

第一节　增值电信经营许可证 10

第二节　网络出版服务许可证 14

第三节　网络游戏的出版审批 17

第三章　网络游戏经营的合规要求 22

第一节　网络游戏虚拟货币发行、交易的合规要求 22

第二节　网络游戏内容的合规要求 28

第三节　网络游戏“随机抽取”的合规要求 38

第四节　网络游戏未成年人保护的合规要求 45

第五节　网络游戏停止运营的合规要求 50

第二编　网络游戏的知识产权权利和司法保护 53

第一章　网络游戏行业知识产权诉讼大数据分析 55

第一节　引发诉讼案件的原因 55

第二节　侵权事实能否被认定的障碍 59

第三节　法院判决赔偿数额具体情况 60

第四节 从大数据看网络游戏行业司法保护的趋势 62
第五节 游戏公司通过诉讼维权仍然面临的困难和障碍 64
第二章 网络游戏商标权的保护 67
第一节 网络游戏商标权的保护 67
第二节 网络游戏商标的注册和申请 74
第三节 网络游戏的商标权侵权行为 80
第三章 网络游戏著作权的保护 87
第一节 网络游戏作品的界定 87
第二节 网络游戏著作权的保护 91
第三节 网络游戏著作权的侵权行为 96
第四章 网络游戏商业秘密的保护 111
第一节 网络游戏公司的商业秘密 111
第二节 商业秘密保护的难点 114
第三节 商业秘密的侵权行为 115
第五章 网络游戏专利权的保护 118
第一节 网络游戏的专利权 118
第二节 网络游戏专利权的保护 120

第三编 网络游戏的合同类型和风险 121

第一章 网络游戏运营合同 123
第一节 网络游戏运营合同的法律性质 124
第二节 网络游戏运营合同的特征 125
第三节 网络游戏运营合同的必备条款和风险点 126
第四节 网络游戏运营合同纠纷案例 137
第二章 网络游戏委托/联合开发合同 149
第一节 网络游戏委托开发合同 149
第二节 网络游戏联合开发合同 154
第三节 网络游戏美术、音乐、视频外包合同 157

第四节 网络游戏委托/联合开发合同纠纷案例 158
第三章 网络游戏市场推广合同 164
第一节 网络游戏广告制作合同 164
第二节 网络游戏广告发布/推广合同 167
第四章 IP 授权改编网络游戏合同 174
第一节 常见的 IP 授权改编合同类型 174
第二节 IP 授权改编合同的法律性质 175
第三节 IP 授权改编合同的特征 175
第四节 IP 授权改编合同的必备条款和风险点 176
第五节 游戏改编权的其他“选择” 180
第五章 网络游戏合同实务注意事项 185
第一节 合同履行过程中相关证据的保存工作 185
第二节 协议保密条款的约定 185
第三节 协议违约责任条款的约定 186
第四节 协议争议解决方式的约定 187
第五节 其他协议条款的约定或注意事项 187
第六节 签约主体和签约细节 188

第四编 网络游戏公司的用户投诉处理 189

第一章 概述 191
第一节 游戏公司与玩家之间法律关系的性质 191
第二节 网络游戏服务合同中的双方权利义务 192
第三节 网络游戏服务合同的必备条款 193
第四节 网络游戏服务合同的其他条款 196
第五节 电子协议的效力问题 199
第二章 游戏用户投诉的类型与处理建议 202
第一节 游戏用户投诉的基本问题 202
第二节 充值类投诉 205

第三节　运营活动类投诉　217
第四节　账号类投诉　226
第五节　虚拟物品类投诉　231
第六节　专业类投诉　234

第五编　网络游戏公司的劳动关系　235

第一章　网络游戏公司劳动关系的基本要求　237
第一节　劳动合同的签署和履行　237
第二节　劳动合同的解除和终止　243
第二章　网络游戏公司员工的保密义务　246
第一节　保密义务概述　246
第二节　保密制度或者保密协议的制定　246
第三章　网络游戏公司的竞业限制规定　251
第一节　网络游戏公司的竞业限制概述　251
第二节　网络游戏公司与员工的竞业限制约定　251
第三节　员工竞业限制的相关流程　255

PART 1

第一编

网络游戏的合规要求

网络游戏的提供必须符合中国相关法律法规的规定，这是网络游戏开发和对外运营时必须满足的基本要求。本编中所称的网络游戏行业的合规要求，是指在网络游戏的开发和运营过程中，网络游戏提供主体在进行网络游戏的开发和经营活动时，必须符合国家有关部门的监管要求，取得相关法律法规要求的许可资质，同时提供的网络游戏的内容也必须符合法律法规的规定。下文将从网络游戏的监管部门、资质要求、合规要求等方面来阐述在网络游戏经营过程中的具体合规问题，并对此提出笔者的合规建议和意见。

第一章　网络游戏的监管部门

了解网络游戏的监管部门和监管职责是从事网络游戏行业的前提和基础，只有对直接的监管部门以及监管部门的职责有所了解，才能更好地按照监管部门的要求合法合规地从事相关的工作。

此处网络游戏的监管部门是指对网络游戏的进行直接的监察、督导和管理的政府行政部门。在我国，网络游戏行业的监管部门主要为文化、新闻出版等相关机构，这些机构通过制定相应的行政法规指导管理相关网络游戏的提供和运营活动，查处在开发和提供网络游戏过程中的相关违法行为等方式，对网络游戏的经营活动进行监督和管理。

第一节　相关监管部门的名称沿革

近年来，国务院各机构进行了多次改革，相关政府部门的职责也有调整，为便于陈述，此处对相关名称的变化进行厘清和释明。

2018 年 3 月在十三届全国人民代表大会第一次会议上公布了国务院机构改革方案，其中文化部和国家旅游局职责整合，组建文化和旅游部，不再保留文化部、国家旅游局。此处文化和旅游部包含了原文化部的职责，因此为行文方便，本书将该监管机构统称为文化部。

此次国务院机构改革方案将原国家新闻出版广电总局的管理职责进行拆分，其中新闻出版工作由中宣部统一管理，同时在国家新闻出版广电总局广播电视管理职责的基础上组建国家广播电视总局，作为国务院直属机构，不再保留国家新闻出版广电总局。而国家新闻出版广电总局的前身是国家新闻出版总署和国家广播电影电视总局。2013年3月14日，国务院将新闻出版总署和国家广播电影电视总局的职责整合，组建国家新闻出版广播电影电视总局，随后更名为国家新闻出版广电总局。因此本书中的新闻出版总署、新闻出版广电总局为同一监管主体。

第二节 网络游戏的监管职责划分

2008年7月11日，国务院办公厅发布《关于印发国家新闻出版总署（国家版权局）主要职责内设机构和人员编制规定的通知》（国办发〔2008〕90号）；2009年9月7日，中央机构编制委员会办公室发布《关于印发〈中央编办对文化部、广电总局、新闻出版总署《“三定”规定》中有关动漫、网络游戏和文化市场综合执法的部分条文的解释〉的通知》（中央编办发〔2009〕35号），解决了网络游戏管理中存在的文化部、新闻出版总署审批权限及重复审查的问题，首次确立了网络游戏政府监管格局。

2018年3月，国务院机构改革方案将文化部和国家旅游局职责整合，组建文化和旅游部，并将原国家新闻出版广电总局关于新闻出版的职责划中宣部，中宣部对外加挂国家新闻出版署（国家版权局）牌子作为国务院直属机构（以下简称国家新闻出版署）。

2019年文化和旅游部办公厅发布《关于调整〈网络文化经营许可证〉审批范围进一步规范审批工作的通知》（办市场发〔2019〕81号），其中明确文化和旅游部不再承担网络游戏行业管理职责。

上述调整和规定，意味着文化部开始退出网络游戏行业直接管理的舞台，原来由文化部和国家新闻出版总署共同承担的网络游戏行业管理职责，由国家新闻出版署承担。

一、国家新闻出版署关于网络游戏的监管职责

关于国家新闻出版署对于网络游戏行业的管理职责，虽然已由《深化党和

国家机构改革方案》《文化和旅游部职能配置、内设机构和人员编制规定》等文件予以确定,但迄今为止,国家新闻出版署尚未发布专门针对网络游戏服务管理的相关规定。因此,关于国家新闻出版署关于网络游戏的监管职责,此处仍然参照之前已经发布的相关规范性文件予以确定。

国家新闻出版署此前主要负责对网络游戏的网上出版前置审批。“网络游戏的网上出版”是指网络游戏的出版物,“前置审批”是指在通过互联网向上网用户提供服务之前由国家新闻出版署对网络游戏出版物进行审批。

国家新闻出版署为履行其对网络游戏的监管职责,曾制定了一系列的规范性的文件,其中部分规范性文件具体情况如下:

1. 2009 年 7 月 1 日新闻出版总署发布《关于加强对进口网络游戏审批管理的通知》,通知各游戏出版运营企业,新闻出版总署是唯一经国务院授权负责境外著作权人授权的进口网络游戏审批部门。

2. 2009 年 9 月 28 日新闻出版总署、国家版权局、全国“扫黄打非”工作小组办公室发布《关于贯彻落实国务院〈“三定”规定〉和中央编办有关解释,进一步加强网络游戏前置审批和进口网络游戏审批管理的通知》,明确规定将网络游戏内容通过互联网向公众提供在线交互使用或下载等运营服务属于网络游戏出版行为,必须严格按照国家法规履行前置审批手续。

3. 2011 年 7 月 1 日新闻出版总署、中央文明办、教育部等发布《关于启动网络游戏防沉迷实名验证工作的通知》,要求为进一步落实“防沉迷通知”要求,切实保护未成年人身心健康,推动网络游戏防沉迷系统实施工作取得更大成效,实施防沉迷实名验证。

4. 2016 年 5 月 24 日,国家新闻出版广电总局办公厅发布《关于移动游戏出版服务管理的通知》,对移动游戏出版审核受理和审批工作要求和流程进行规定。中国音像与数字出版协会发布《移动游戏内容规范(2016 年版)》对移动游戏内容合规进行细致的要求。

5. 2016 年 2 月 4 日,国家新闻出版广电总局、工业和信息化部令第 5 号公布《网络出版服务管理规定》,对包括游戏在内的网络出版物的监督管理进行了规定。

6. 2019 年 10 月 25 日,国家新闻出版署发布《关于防止未成年人沉迷网络游戏的通知》,对游戏的实名认证、未成年人防沉迷系统设置做了进一步明确的规定。

二、文化部关于网络游戏的执法职责

如前所述,文化和旅游部不再承担网络游戏行业的直接管理职责,但并不意味着文化和旅游部对网络游戏行业没有任何的管理权限。

根据文化和旅游部文化市场综合执法监督局2019年12月9日发布的文化和旅游部文化市场综合执法监督局关于网络游戏市场有关执法工作的通知》(文化和旅游部司局函件综执函〔2019〕99号),文化和旅游部对于网络游戏仍然负有执法权限和职责,该通知规定了相关权限和具体职责如下:

(一)适用《网络出版服务管理规定》查办网络游戏案件。《网络出版服务管理规定》明确网络出版物包括游戏等原创数字化作品。擅自上网出版网络游戏(含境外著作权人授权的网络游戏)、出版传播含有禁止内容的网络游戏等违法违规网络出版行为,文化和旅游行政部门或者文化市场综合执法机构应当依据《网络出版服务管理规定》予以查处。

(二)停止适用《网络游戏管理暂行办法》查办网络游戏案件。根据《文化和旅游部关于废止〈网络游戏管理暂行办法〉和〈旅游发展规划管理办法〉的决定》,不再适用《网络游戏管理暂行办法》办理网络游戏案件,正在办理但尚未作出行政处罚决定的案件应停止办理,重新审查其是否存在违反其他文化市场法律法规的情况,并视情况决定是否继续办理。

(三)加强网络游戏直播执法工作。在网络直播平台进行网络游戏技法展示属于《互联网文化管理暂行规定》规定的互联网文化产品,各地文化和旅游行政部门或者文化市场综合执法机构要加强对网络游戏技法展示的执法检查,密切关注市场动向,防止未取得网络出版物号的非法网络游戏通过网络直播平台进行宣传推广,严查含有禁止内容的网络游戏技法展示活动。发现网络直播平台提供违法违规网络游戏直播的,参照《网络表演经营活动管理办法》予以查处。

(四)做好网络游戏市场举报办理工作。各地文化和旅游行政部门或者文化市场综合执法机构要继续做好网络游戏市场举报办理工作,将有关线索及时转交当地新闻出版行政管理部门。对不存在违反现行法律法规情形的网络游戏市场举报,要及时答复举报人,做好解释说明工作。对发现存在违法违规经营行为的网络游戏经营单位,要严格依法依规予以查处,进一步规范网络游戏市场秩序。

三、其他监管部门关于网络游戏的监管职责

除了上述的文化和旅游部、国家新闻出版署外,工业和信息化部、国家互联网信息办公室等部门也会在其职权范围内对网络游戏产业进行监管,制定相关的监管法律法规,网络游戏行业的合规合法经营也必须遵守这些部门的规定。

(一)工业和信息化部关于网络游戏的监管职责

工业和信息化部负责互联网行业管理工作,网络游戏作为互联网业务的一种类型,必须符合工业和信息化部对互联网行业的相关管理规定和要求。

而工业和信息化部领导下的信息通信管理局依法对电信和互联网等信息通信服务实行监管,承担互联网行业管理。

网络游戏属于通过互联网提供信息服务的一种,必须获得相应的许可和备案,并满足互联网信息服务的要求。

(二)国家互联网信息办公室对网络游戏的监管职责

国家互联网信息办公室成立于 2011 年 5 月,主要职责包括落实互联网信息传播方针政策和推动互联网信息传播法制建设,指导、协调、督促有关部门加强互联网信息内容管理,依法查处违法违规网站等。

国家互联网信息办公室制定了一系列的管理规定,其中《互联网用户公众账号信息服务管理规定》《移动互联网应用程序信息服务管理规定》涉及对网络游戏账号、游戏应用程序信息服务等相关内容的监管。

第三节 小结和建议

综上可知，网络游戏经营主体在提供网络游戏的过程中，会直接受到文化部、国家新闻出版署、工业和信息化部、国家互联网信息办公室等部门的直接监管。因此从事网络游戏行业的公司应积极主动关注上述监管主体发布的各项法规、通知、其他规范性文件或各种监管动态。

如上所述，2018 年 3 月，国务院机构改革方案对于文化部、国家新闻出版署等关于网络游戏的监管职责以及相关文件作了进一步的厘清。但由于《网络游戏管理暂行办法》已废止，但新的管理办法尚未出台，存在过度时期的混乱情形，不过相信监管部门会尽快出台关于网络游戏管理的规范性文件，因此游戏公司对于此方面的相关信息应予及时关注，以便第一时间能够了解。

第二章　网络游戏经营的资质要求

由于监管部门规定网络游戏主体提供网络游戏时，必须获得相应的许可或者备案，否则将承担违法后果，因此经营网络游戏的主体必须取得相应的资质。

根据相关法律法规的规定和实际运营过程中游戏运营平台和渠道的要求，网络游戏经营所必须的资质由原来的“五证”变为现在的“三证”。

原来的“五证”是指增值电信经营许可证、网络文化经营许可证、网络出版服务许可证、网络游戏运营备案、网络游戏出版审批。

由于“文化和旅游部不再承担网络游戏行业管理职责”，因此文化和旅游行政部门不再审批核发涉及“利用信息网络经营网络游戏”“利用信息网络经营网络游戏（含网络游戏虚拟货币发行）”“利用信息网络经营网络游戏虚拟货币交易”等经营范围的《网络文化经营许可证》，自此网络游戏的经营不再需要《网络文化经营许可证》。同时，关于国产游戏运营备案的要求是由《网络游戏管理暂行办法》规定的，而《网络游戏管理暂行办法》已于 2019 年 7 月 23 日废止，文化和旅游部也关闭了国产游戏运营备案入口，意味着网络游戏的运营备案已不需要。

因此，关于网络游戏的运营目前需要的资质为“三证”，即增值电信经营许可证、网络出版服务许可证、网络游戏出版审批。其中增值电信经营许可证、网络出版服务许可证属于提供网络游戏发行和运营主体必须取得的许可，网络游戏出版审批是指网络游戏产品在上线之前必须获得的主管部门的前置审查。

第一节 增值电信经营许可证

增值电信经营许可证又简称“Icp证”，但是并非所有提供网络游戏运营的主体都需要具备Icp证，根据主体提供的服务是否存在经营性行为，可判断是否需要具备Icp证，或者仅需要Icp备案。

一、什么是Icp证或Icp备案

Icp（Internet Content Provider）即网络内容服务商，指向广大用户综合提供互联网信息业务和增值业务的电信运营商。Icp证和Icp备案是指向用户提供互联网信息业务或者增值业务的电信运营商必须获得的许可或者备案，该资质并非单独针对网络游戏行业，而是针对全部的互联网信息业务。

根据《互联网信息服务管理办法》的规定，互联网信息服务分为经营性和非经营性两类。经营性互联网信息服务，是指通过互联网向上网用户有偿提供信息或者网页制作等服务活动。非经营性互联网信息服务，是指通过互联网向上网用户无偿提供具有公开性、共享性信息的服务活动。国家对经营性互联网信息服务实行许可制度，对非经营性互联网信息服务实行备案制度。未取得许可或者未履行备案手续的，不得从事互联网信息服务。对于经营性互联网信息服务取得的许可之一就是Icp证，又称“增值电信业务经营许可证”（见图1），从事非经营性互联网信息服务，取得的备案就是Icp备案。

中华人民共和国
增值电信业务经营许可证

经营许可证编号:

根据《中华人民共和国电信条例》及国家有关规定，经审查，准许你公司按照本经营许可证（正文和附件）载明的内容经营增值电信业务，特颁发增值电信业务经营许可证。

公 司 名 称:

法定代表人:

注 册 资 本:

注 册 住 所:

业 务 种 类:

业务覆盖范围:
（服务项目）

签　发　人:　　　　　　　　发证机关(盖章):

广东省通信管理局
电信与信息服务业务

发 证 日 期:　　　年　月 25 日

有 效 期 至:　　　年 5 月 25 日

图1　中华人民共和国增值电信业务经营许可证示例

二、从事网络游戏经营业务是否需要取得 Icp 证或 Icp 备案

从事网络游戏经营业务，是指通过互联网向用户提供网络游戏，这一行为属于《互联网信息服务管理办法》所规定的互联网信息服务。因此，通过互联网提供网络游戏的主体，一般指网络游戏的运营商，至少需要取得相关的备案即 Icp 备案。

而至于从事网络游戏经营业务是否只需要取得 Icp 备案，或者还需要取得 Icp 证，则需要判断提供的网络游戏服务属于非经营性互联网信息服务还是经

营性互联网信息服务。

其中经营性互联网信息服务主要是指利用网上广告、代制作网页、出租服务器内存空间、主机托管、有偿提供特定信息内容、电子商务及其他网上应用服务等方式获得收入的服务。非经营性互联网信息服务主要是指政府上网工程的各级政府部门的网站、新闻机构的电子版报刊和企事业单位的各类公益性网站、本单位对产品或业务作自我宣传的网站等。

因此,如果提供的网络游戏服务中存在收费运营或者广告等经营性的行为,即属于经营性互联网信息服务,提供网络游戏的运营主体必须取得相应的Icp证。

目前在实践中,网络游戏的提供有两种方式,一种是提供收费的游戏下载服务,游戏内无充值或者广告;另一种是提供免费的游戏下载,但在游戏中存在游戏商城,提供游戏虚拟道具的充值购买服务,或者虽然无游戏道具的兑换购买服务,但游戏运营商会提供相应的内置广告来盈利。通过上述模式来运营网络游戏的,均须取得Icp证。

三、Icp证或Icp备案的办理条件

(一)Icp备案的办理条件

Icp备案的办理条件比较简单,一般只需要向相关主管部门申请办理备案,备案材料齐全的,均会予以备案并编号。

根据《非经营性互联网信息服务备案管理办法》的规定,中华人民共和国信息产业部(以下简称信息产业部,现已更名为工业和信息化部)对全国非经营性互联网信息服务备案管理工作进行监督指导,省、自治区、直辖市通信管理局(以下简称省通信管理局)具体实施非经营性互联网信息服务的备案管理工作。

因此,提供非经营性网络游戏服务,应当向住所所在地省通信管理局履行备案手续,并通过信息产业部备案管理系统如实填报《非经营性互联网信息服务备案登记表》。

（二）Icp 证的办理条件

根据《电信条例》的规定，经营增值电信业务，业务覆盖范围在两个以上省、自治区、直辖市的，须经国务院信息产业主管部门审查批准，取得《跨地区增值电信业务经营许可证》；业务覆盖范围在一个省、自治区、直辖市行政区域内的，须经省、自治区、直辖市电信管理机构审查批准，取得《增值电信业务经营许可证》。

由于目前网络游戏运营商在提供网络游戏服务时，很少会进行地域性的区分，一般都会覆盖两个省、自治区、直辖市以上，因此必须经国务院信息产业主管部门审查批准。

《电信业务经营许可管理办法》第 6 条规定，经营增值电信业务，应当具备下列条件：

1. 经营者为依法设立的公司；

2. 有与开展经营活动相适应的资金和专业人员；

3. 有为用户提供长期服务的信誉或者能力；

4. 在省、自治区、直辖市范围内经营的，注册资本最低限额为 100 万元人民币；在全国或者跨省、自治区、直辖市范围经营的，注册资本最低限额为 1000 万元人民币；

5. 有必要的场地、设施及技术方案；

6. 公司及其主要投资者和主要经营管理人员未被列入电信业务经营失信名单；

7. 国家规定的其他条件。

《电信业务经营许可管理办法》第 8 条规定，申请办理增值电信业务经营许可证的，应当向电信管理机构提交下列申请材料：

1. 公司法定代表人签署的经营增值电信业务的书面申请，内容包括：申请经营电信业务的种类、业务覆盖范围、公司名称和联系方式等；

2. 公司营业执照副本及复印件；

3. 公司概况，包括：公司基本情况，拟从事电信业务的人员、场地和设施等情况；

4. 公司章程、公司股权结构及股东的有关情况；

5. 经营电信业务的业务发展和实施计划及技术方案；
6. 为用户提供长期服务和质量保障的措施；
7. 网络与信息安全保障措施；
8. 证明公司信誉的有关材料；
9. 公司法定代表人签署的公司依法经营电信业务的承诺书。

四、未取得 Icp 证或 Icp 备案运营网络游戏的法律后果

根据《互联网信息服务管理办法》，未取得 Icp 证，擅自从事经营性互联网信息服务，或者超出许可的项目提供服务的，由省、自治区、直辖市电信管理机构责令限期改正，有违法所得的，没收违法所得，并处违法所得 3 倍以上 5 倍以下的罚款；没有违法所得或者违法所得不足 5 万元的，处 10 万元以上 100 万元以下的罚款；情节严重的，责令关闭网站。

未取得 Icp 备案，擅自从事非经营性互联网信息服务，或者超出备案的项目提供服务的，由省、自治区、直辖市电信管理机构责令限期改正；拒不改正的，责令关闭网站。

第二节　网络出版服务许可证

一、什么是《网络出版服务许可证》

根据《网络出版服务管理规定》，从事网络出版服务，必须依法经过出版行政主管部门批准，并获得《网络出版服务许可证》（见图 2）。

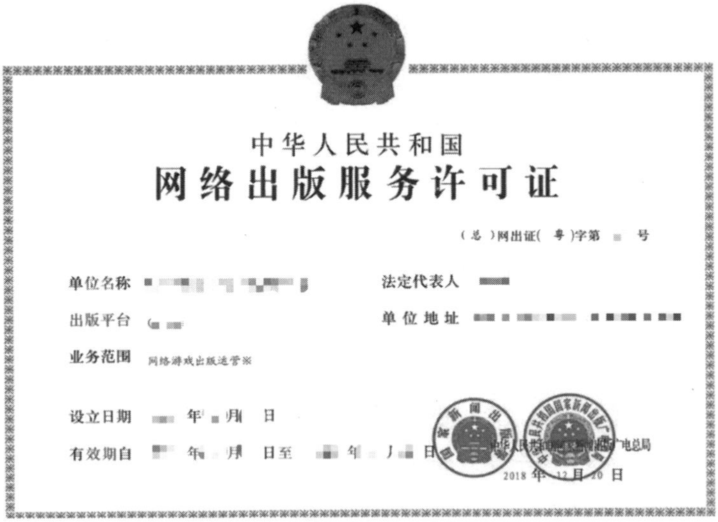
中华人民共和国

网络出版服务许可证

（总）网出证（粤）字第 [redacted] 号

单位名称 [redacted]　　法定代表人 [redacted]

出版平台 [redacted]　　单位地址 [redacted]

业务范围 网络游戏出版运营※

设立日期 [redacted] 年 [redacted] 月 日

有效期自 [redacted] 年 [redacted] 月 日至 [redacted] 年 [redacted] 月 [redacted] 日

中华人民共和国国家新闻出版广电总局

2018 年 12 月 20 日

图 2　中华人民共和国网络出版服务许可证示例

二、提供网络游戏是否需要取得《网络出版服务许可证》

网络出版服务，是指通过信息网络向公众提供网络出版物。提供网络出版物，是指通过信息网络向公众提供的，具有编辑、制作、加工等出版特征的数字化作品，主要包括：文学、艺术、科学等领域内具有知识性、思想性的文字、图片、地图、游戏、动漫、音视频读物等原创数字化作品等。

根据该规定可以看出，网络游戏属于网络出版服务的范畴，应该获得《网络出版服务许可证》。网络游戏的出版一般由网络游戏的发行商或运营商负责，因此网络游戏的发行商或运营商在发行或运营网络游戏时，必须具备《网络出版服务许可证》。

三、《网络出版服务许可证》的办理条件和要求

根据《网络出版服务管理规定》，从事网络出版服务需要符合以下条件：

1. 有确定的从事网络出版业务的网站域名、智能终端应用程序等出版平台；

2. 有确定的网络出版服务范围；

3. 有从事网络出版服务所需的必要的技术设备,相关服务器和存储设备必须存放在中华人民共和国境内;

4. 有确定的、不与其他出版单位相重复的,从事网络出版服务主体的名称及章程;

5. 有符合国家规定的法定代表人和主要负责人,法定代表人必须是在境内长久居住的具有完全行为能力的中国公民,法定代表人和主要负责人至少 1 人应当具有中级以上出版专业技术人员职业资格;

6. 除法定代表人和主要负责人外,有适应网络出版服务范围需要的 8 名以上具有国家新闻出版广电总局认可的出版及相关专业技术职业资格的专职编辑出版人员,其中具有中级以上职业资格的人员不得少于 3 名;

7. 有从事网络出版服务所需的内容审校制度;

8. 有固定的工作场所;

9. 法律、行政法规和国家新闻出版广电总局规定的其他条件。

从事网络出版服务的申报材料,需要包括以下内容:

1.《网络出版服务许可证申请表》;

2. 单位章程及资本来源性质证明;

3. 网络出版服务可行性分析报告,包括资金使用、产品规划、技术条件、设备配备、机构设置、人员配备、市场分析、风险评估、版权保护措施等;

4. 法定代表人和主要负责人的简历、住址、身份证明文件;

5. 编辑出版等相关专业技术人员的国家认可的职业资格证明和主要从业经历及培训证明;

6. 工作场所使用证明;

7. 网站域名注册证明、相关服务器存放在中华人民共和国境内的承诺。

《网络出版服务许可证》有效期为 5 年。有效期届满,需继续从事网络出版服务活动的,应于有效期届满 60 日前提出申请换发。网络出版服务单位实行年度核验制度,年度核验每年进行一次。

网络出版服务单位应当在其网站首页标明出版行政主管部门核发的《网络出版服务许可证》编号。

四、未取得《网络出版服务许可证》提供网络游戏的法律后果

根据《网络出版服务管理规定》，未经批准，擅自上网出版网络游戏（含境外著作权人授权的网络游戏），根据《出版管理条例》第61条、《互联网信息服务管理办法》第19条的规定，由出版行政主管部门、工商行政管理部门依照法定职权予以取缔，并由所在地省级电信主管部门依据有关部门的通知，按照《互联网信息服务管理办法》第19条的规定给予责令关闭网站等处罚；已经触犯刑法的，依法追究刑事责任；尚不够刑事处罚的，删除全部相关网络出版物，没收违法所得和从事违法出版活动的主要设备、专用工具，违法经营额1万元以上的，并处违法经营额5倍以上10倍以下罚款；违法经营额不足1万元的，可处5万元以下的罚款；侵犯他人合法权益的，依法承担民事责任。

网络出版服务单位不得转借、出租、出卖《网络出版服务许可证》或者以任何形式转让网络出版服务许可。网络出版服务单位允许其他网络信息服务提供者以其名义提供网络出版服务，属于前述所称禁止行为。违反此条规定的，根据《出版管理条例》第66条的规定，由出版行政主管部门责令停止违法行为，给予警告，没收违法所得，违法经营额在1万元以上的，并处违法经营额5倍以上10倍以下的罚款；违法经营额不足1万元的，可以处5万元以下罚款；情节严重的，责令限期停业整顿或者由国家新闻出版总局吊销《网络出版服务许可证》。

第三节　网络游戏的出版审批

一、什么是网络游戏的出版审批

网络游戏的出版审批，是指网络游戏上网出版前，必须向所在地省、自治区、直辖市出版行政主管部门提出申请，经审核同意后，报国家新闻出版广电总局（现已更名国家广播电视总局）审批，俗称“版号”。

“版号”包括“审批文号”以及“网络游戏出版物号（ISBN）”，是网络游戏上

网出版前，根据《出版管理条例》《网络出版服务管理规定》《关于移动游戏出版服务管理的通知》的规定，报国家广播电视总局审批，经审批同意相关游戏出版上线运营的批准文件(见图3)。

国家新闻出版署

网络游戏出版物号（ISBN）核发单

游戏名称	《[redacted]》
游戏类型	□客户端 □网页 √移动端 □其他____
出版单位名称	[redacted]
运营单位名称	[redacted]
审批文号	国新出审〔2019〕[redacted]号
批文名称	国家新闻出版署关于同意出版运营国产移动网络游戏《[redacted]》的批复
来文单位	上海市新闻出版局
来文文号	沪新出科数〔2018〕[redacted]号
来文名称	上海市新闻出版局关于拟同意[redacted]股份有限公司出版运营国产移动网[redacted]》的请示
网络游戏出版物号（ISBN）	ISBN 978-[redacted]

2019年2月11日

图3　网络游戏出版物号(ISBN)核发单示例

二、未取得出版前置审批的法律后果

国家新闻出版广电总局办公厅《关于移动游戏出版服务管理的通知》第13条规定："本通知自2016年7月1日起施行。自施行之日起，未经新闻出版广电总局批准的移动游戏，不得上网出版运营。"

未经批准，擅自从事网络出版服务，或者擅自上网出版网络游戏，根据《出版管理条例》第61条、《互联网信息服务管理办法》第19条的规定，由出版行政主管部门、工商行政管理部门依照法定职权予以取缔，并由所在地省级电信主管部门依据有关部门的通知，按照《互联网信息服务管理办法》第19条的规定给予责令关闭网站等处罚;已经触犯刑法的,依法追究刑事责任;尚不够刑事处罚的,删除全部相关网络出版物,没收违法所得和从事违法出版活动的主要设备、专用工具,违法经营额1万元以上的,并处违法经营额5倍以上10倍以下罚款;违法经营额不足1万元的,可处5万元以下的罚款;侵犯他人合法权益的,依法承担民事责任。

同时,国家新闻出版广电总局办公厅《关于移动游戏出版服务管理的通知》进一步细化了不涉及政治、军事、民族、宗教等题材内容,且无故事情节或者情节简单的消除类、跑酷类、飞行类、棋牌类、解谜类、体育类、音乐舞蹈类等休闲益智国产移动游戏出版审批的流程和要求,移动游戏出版服务单位,在预定上网出版(公测)运营至少20个工作日之前,必须报送属地省级出版行政主管部门审核,移动游戏上网出版运营时,移动游戏出版服务单位应负责游戏内容完整性,须在游戏开始前、《健康游戏忠告》后,设置专门页面,标明游戏著作权人、出版服务单位、批准文号、出版物号等经国家新闻出版广电总局批准的信息。

未履行相应审批手续即上网出版运营的移动游戏,一经发现,相关出版行政执法部门将按照非法出版物查处。

三、买卖"版号"或套"版号"的法律风险

如上文所述,如未取得网络游戏"版号"不得上网出版经营,一旦擅自出版经营将面临相应的行政处罚责任,但在实践中,往往出现由于各种原因导致网络游戏产品未取得"版号"就急需上线的情形,因而滋生了各种买卖"版号"或者套"版号"的行为。

(一)直接签署"版号买卖"协议的风险

如上文所述,游戏"版号"是经国家广播电视总局审批,同意相关游戏出版上线运营的批准文件,因此并不存在被交易的可能性。如果签订了《版号转让协议》或包含"版号转让"等字眼的合同内容,已经违反了国家出版的相关法律规定,根据法律,该合同是无效的。

(二)签署“游戏授权或游戏转让”协议的风险

如果合作协议签署的内容是“游戏授权或游戏转让”,是否还会构成“版号”买卖?游戏授权或游戏转让本身是一种合法的商业行为,但如果表面以游戏授权或转让的形式,实际目的是获得游戏“版号”,仍然有可能构成版号买卖行为。判断是否属于真实的游戏授权或者游戏转让,还是假借游戏授权或转让之名,实际买卖“版号”,关键还是在于双方合同的实际履行情况以及实际运营游戏与获得授权游戏的内容是否一致。

如授权游戏的类型是 ARPG,而实际运营的游戏是卡牌游戏;授权游戏是客户端或网页游戏,而实际运营的游戏是手机游戏;授权游戏画风是写实风格,而实际运营游戏的画风是 Q 版风格。此类不一致是很显著的区别,而且是没有办法融合的差别,本质上会导致备案的游戏与实际上线运营的游戏是两款不同的游戏。在此情况下,即便是游戏授权或转让的形式,还是有可能构成“版号”买卖行为,从而导致相应的后果。

(三)买卖“版号”或套“版号”的直接后果

“版号”虽然表现出来的是名为“××”的游戏获得出版发行的许可,但实际上“版号”审批的内在逻辑是国家广电总局在游戏上线前,审核确认游戏内容是否合规合法。因此,即便买卖“版号”通过游戏授权、游戏转让等方式将游戏产品套用版号名称上线,事实上,实际运营的游戏内容与原审批游戏内容已经发生变化。

根据《关于移动游戏出版服务管理的通知》的规定,网络游戏未办理“版号”的,不得出版运营。如内容发生重大改变的,视为新作品,需要重新履行出版审批手续。因此,直接套用“版号”的游戏仍可能被认为是非法出版物,行政机关有权删除全部相关网络出版物,没收违法所得或罚款,如果构成刑事犯罪的,还有可能被追究刑事责任。

从事网络游戏的经营事宜之前，取得政府的相关许可以及备案至关重要，具体可归纳汇总如下：

1. 网络游戏的运营主体必须取得增值电信经营许可证才能从事网络游戏的运营，如果存在多个运营主体，各个运营主体应该分别具备其各自的增值电信经营许可证；

2. 网络游戏的出版发行主体必须取得网络出版服务许可证才能进行网络游戏的出版发行事宜，如果存在多个出版发行的主体，各个出版主体均须具备网络出版服务许可证；

3. 上线的网络游戏产品必须取得国家广播电视总局的前置审批，并取得网络游戏出版物号（ISBN）核发单，即游戏“版号”。

第三章　网络游戏经营的合规要求

从事网络游戏研发生产、网络游戏运营、网络游戏虚拟货币发行、网络游戏虚拟货币交易，必须符合法律法规对于网络游戏经营的要求。本章将从以下几个方面对网络游戏的经营合规要求进行一一阐述和分析。

第一节　网络游戏虚拟货币发行、交易的合规要求

一、什么是网络游戏虚拟货币

网络游戏虚拟货币①，是指由网络游戏运营企业发行，网络游戏用户使用法定货币按一定比例直接或者间接购买，存在于游戏程序之外，以电磁记录方式存储于服务器内，并以特定数字单位表现的虚拟兑换工具。

网络游戏虚拟货币用于兑换发行企业所提供的指定范围、指定时间内的网络游戏服务，表现为网络游戏的预付充值卡、预付金额或点数等形式，但不包括游戏活动中获得的游戏道具。

根据上述条文可以总结出网络游戏虚拟货币的几个特征：

1. 由网络游戏经营单位发行；

2. 网络游戏用户使用法定货币按照一定比例直接或间接购买；

3. 存在于游戏程序之外，以特定数字单位表现；

4. 不包括游戏活动中获得的游戏道具。

---

① 文化部、商务部《关于加强网络游戏虚拟货币管理工作的通知》第1条。

二、网络游戏虚拟货币的表现形式

（一）网络游戏公司发行的点卡、点券、平台币等

网络游戏公司发行的点卡、点券或者平台币，一般由用户使用法定货币购买，可以用于该网络游戏公司旗下的游戏产品，兑换游戏产品中的游戏道具，如腾讯公司发行的Q点/Q币、网易公司发行的点卡、盛大公司发行的点券。

以腾讯公司发行的Q币为例，从图4可以看出，腾讯公司发行的Q币，符合网络游戏虚拟货币的全部特征：

1. 是由腾讯公司发行的，符合网络游戏经营单位发行的条件；

2. 可以使用人民币进行充值购买，其中人民币10元购买10Q币，符合网络游戏用户使用法定货币按照一定比例直接购买；

3. Q币存在于网络游戏程序之外，以电磁方式记录在服务器内，以特定的数字单位表现；

4. Q币可用来购买腾讯公司旗下游戏的游戏道具，符合可以兑换指定游戏的游戏服务的特征。

图4　腾讯充值页面

（二）直接使用人民币购买的游戏内货币

在网络游戏的电脑客户端时代和页游时代，网络游戏公司一般并不在游戏内直接提供游戏道具与法定货币的购买和兑换服务，游戏用户需要在游戏外购买点卡、点券或充值卡等虚拟货币，再通过这些虚拟货币购买游戏时间或者兑换游戏道具。

但在移动游戏盛行之后，由于移动支付等方式的便利，大部分的游戏运营商都直接在游戏内提供游戏商城，用户可以直接在游戏内使用法定货币购买各种名称命名的游戏内货币，如金币、钻石，甚至四叶草、回声等。在购买游戏内货币后，用户在游戏内可以使用该货币购买游戏体力、能量、道具等游戏内服务（见图5）。

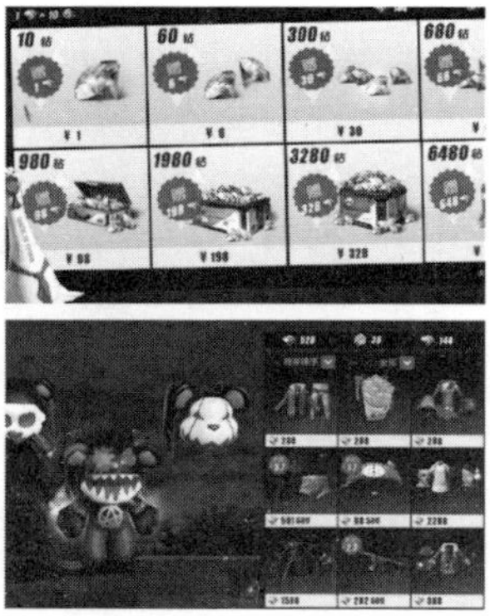

（a）

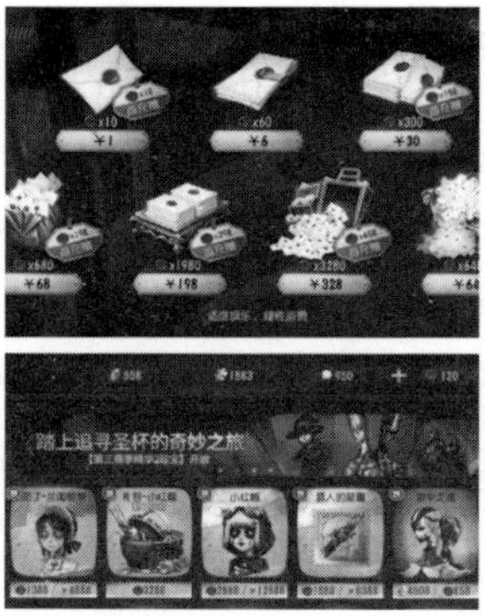

（b）

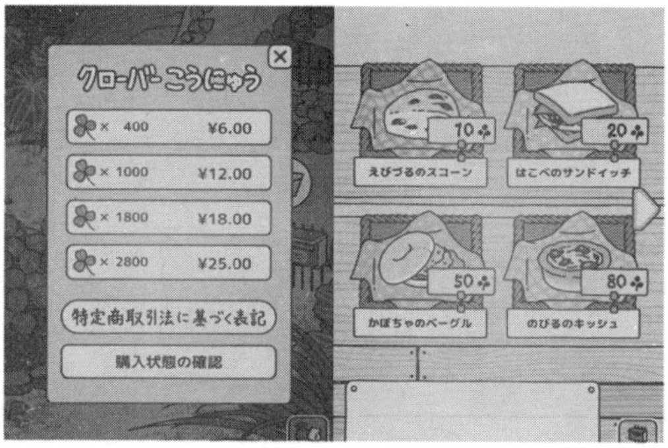

（c）

图5　某些游戏内人民币充值页面

此种游戏内货币虽然是游戏公司发行的,可以用法定货币直接按照比例购买,并可以用于购买指定游戏内的游戏服务,但是其存在于游戏程序之内,并不符合网络游戏虚拟货币定义所要求的“存在于游戏程序之外”的特征,因此不符合网络游戏虚拟货币的界定,并不是网络游戏虚拟货币,仍然是一种游戏虚拟道具。

此种游戏虚拟道具虽然并非网络游戏虚拟货币,但是仍然需要按照网络游戏虚拟货币的有关规定进行管理。文化部《关于规范网络游戏运营加强事中事后监管工作的通知》[①]第 2 条第 4 项明确说明:“网络游戏运营企业发行的,用户以法定货币直接购买、使用网络游戏虚拟货币购买或者按照一定兑换比例获得,且具备直接兑换游戏内其他虚拟道具或者增值服务功能的虚拟道具,按照网络游戏虚拟货币有关规定进行管理。”

三、网络游戏虚拟货币的管理要求

文化和旅游部对网络游戏虚拟货币进行严格管理,并对网络游戏虚拟货币的发行服务和网络游戏虚拟货币交易服务都提出了管理要求。

从事“网络游戏虚拟货币发行服务”和“网络游戏虚拟货币交易服务”业务的主体,依据《国务院对确需保留的行政审批项目设定行政许可的决定》(国务院第 412 号令)和《互联网文化管理暂行规定》,还需要向企业所在地省级文化行政部门提出申请,由省级文化行政部门初审后报文化部审批。

同时,文化部、商务部《关于加强网络游戏虚拟货币管理工作通知》明确指出:同一企业不得同时经营网络游戏虚拟货币的发行服务和交易服务。

(一)网络游戏虚拟货币发行服务的合规要求

网络游戏虚拟货币发行企业是指发行并提供虚拟货币使用服务的网络游戏运营企业,一般情况下,网络游戏虚拟货币发行企业都是网络游戏的运营商,如上文所述的腾讯公司、网易公司、盛大公司等网络游戏运营企业。

网络游戏运营商发行虚拟货币必须符合以下要求:

---

① 目前此规定已失效,但由于暂未有新的规定予以明确,此处仍将之前的规定作为参照。

1. 发行申请备案要求

申请从事“网络游戏虚拟货币发行服务”业务的主体,须在业务发展报告中提交虚拟货币表现形式、发行范围、单位购买价格、终止服务时的退换方式、用户购买方式(含现金、银行卡、网上支付等购买方式)、用户权益保障措施、技术安全保障措施等内容。

网络游戏运营商发行虚拟货币总量等情况,须按季度报送企业所在地省级文化行政部门。

网络游戏运营商在新增虚拟货币发行种类时,须报文化行政部门备案。

2. 网络游戏虚拟货币的发行要求

除利用法定货币购买之外,网络游戏运营商不得采用其他方式向用户提供网络游戏虚拟货币。

网络游戏运营商发行的网络游戏虚拟货币仅限于兑换自身所提供的虚拟服务,不得用以支付、购买实物产品或兑换其他企业的任何产品和服务。

网络游戏运营商不得变更网络游戏虚拟货币的单位购买价格。

网络游戏运营商不支持网络游戏虚拟货币交易的,应采取技术措施禁止网络游戏虚拟货币在用户账户之间的转移功能。

网络游戏运营商不得向用户提供网络游戏虚拟货币兑换法定货币或者实物的服务,也就是说只能用法定货币购买虚拟货币,不能用虚拟货币反向兑换法定货币或实物。

3. 用户的权利保障要求

网络游戏虚拟货币发行企业,必须保存用户的充值记录,该记录保存期自用户充值之日起不少于 180 天。

网络游戏运营商应采取必要的措施和申诉处理程序措施保障用户的合法权益,并在企业向用户提供服务的网站上的显著位置进行说明。

用户在虚拟货币的使用过程中出现纠纷的,应出示与所注册的身份信息相一致的个人有效身份证件,网络游戏运营商在核实用户身份后应提供虚拟货币充值和转移记录,按照申诉处理程序处理。用户权益受到侵害时,网络游戏运营商应积极协助进行取证和协商解决。

网络游戏运营商应积极采取措施保护个人信息安全,在相关部门依法调查时，必须积极配合，提供相应记录。

(二)网络游戏虚拟货币交易服务的合规要求

网络游戏虚拟货币交易服务企业，是指为用户间交易网络游戏虚拟货币提供平台化服务的企业，如“5173”、淘宝等交易平台(见图6)。

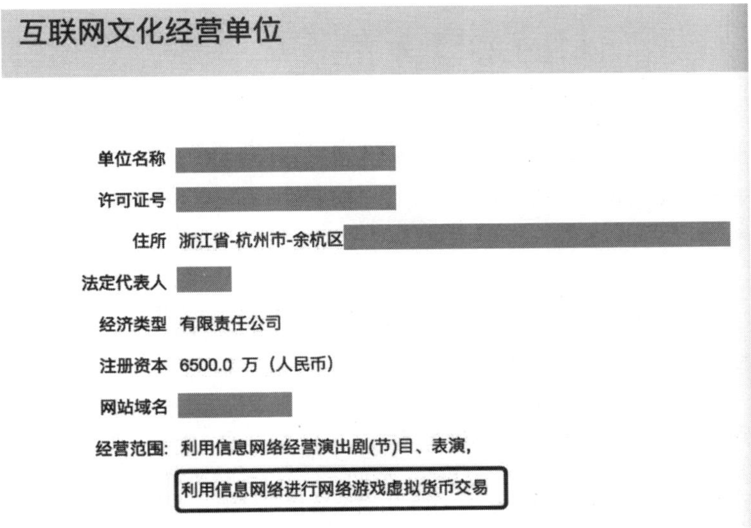
互联网文化经营单位

单位名称 [redacted]
许可证号 [redacted]
住所 浙江省-杭州市-余杭区[redacted]
法定代表人 [redacted]
经济类型 有限责任公司
注册资本 6500.0 万（人民币）
网站域名 [redacted]
经营范围：利用信息网络经营演出剧(节)目、表演，
利用信息网络进行网络游戏虚拟货币交易

图6　淘宝互联网文化经营单位备案

网络游戏虚拟货币交易服务企业必须满足以下要求：

(1)从事“网络游戏虚拟货币交易服务”业务的企业，必须符合商务主管部门关于电子商务(平台)服务的有关规定，在提出申请时，须在业务发展报告中提交服务(平台)模式、用户购买方式(含现金、银行卡、网上支付等购买方式)、用户权益保障措施、用户账号与实名银行账户绑定情况、技术安全保障措施等内容。

(2)网络游戏虚拟货币交易服务企业在提供网络游戏虚拟货币相关交易服务时，须规定出售方用户使用有效身份证件进行实名注册，并要求其绑定与实名注册信息一致的境内银行账户。网络游戏虚拟货币交易服务企业必须保留用户间的交易记录和账务记录，保留期自交易行为发生之日起不少于180天。

(3)网络游戏虚拟货币交易服务企业不得为未成年人提供交易服务。

(4)网络游戏虚拟货币交易服务企业要建立违法交易责任追究制度和技术措施,严格甄别交易信息的真伪,禁止违法交易。在明知网络游戏虚拟货币为非法获取或接到举报并核实的,应及时删除虚假交易信息和终止提供交易服务。

四、小结和建议①

1. 网络游戏公司发行的点卡、点券、平台币属于网络游戏虚拟货币;在网络游戏内发行的,可以直接使用人民币购买的游戏内货币,虽然不是网络游戏虚拟货币,但是仍然应该参照网络游戏虚拟货币的规定进行管理。

2. 网络游戏虚拟货币的发行和交易,不得由同一企业同时经营。

第二节　网络游戏内容的合规要求

一、网络游戏内容合规的相关规定

网络游戏作为一种互联网文化产品、网络出版物,《互联网文化管理暂行办法》《网络出版服务管理规定》都对网络游戏的内容合规提出了清楚明确的要求。其中《互联网文化管理暂行规定》第16条、《网络出版服务管理规定》第24条都规定了网络游戏不得含有以下内容:

(1)违反宪法确定的基本原则的;

(2)危害国家统一、主权和领土完整的;

(3)泄露国家秘密、危害国家安全或者损害国家荣誉和利益的;

(4)煽动民族仇恨、民族歧视,破坏民族团结,或者侵害民族风俗、习惯的;

(5)宣扬邪教、迷信的;

(6)散布谣言,扰乱社会秩序,破坏社会稳定的;

(7)宣扬淫秽、色情、赌博、暴力,或者教唆犯罪的;

---

① 关于网络游戏虚拟货币的部分规定已经失效,但由于暂未有新的规定予以明确,此处仍以之前的规定作为参照。

(8)侮辱、诽谤他人,侵害他人合法权益的;

(9)违背社会公德的;

(10)有法律、行政法规和国家规定禁止的其他内容的。

中国音像与数字出版协会 2016 年 3 月发布《移动游戏内容规范(2016 年版)》对于上述规定的每一条款的具体情形进行了明确细致的规定,虽然该规范只是针对移动游戏,但是具有一定的指导意义。具体内容如下:

1. 不得含有“反对宪法确定的基本原则”的内容,包括但不限于:

(1)反对人民民主专政,攻击、污蔑、贬损、歪曲、丑化我国的人民代表大会制度、选举制度、司法制度、民族区域自治和特别行政区制度、军事制度、中国共产党领导的多党合作和政治协商制度、基本经济制度和分配制度等社会主义制度。

(2)反对中国共产党的领导,攻击、污蔑、贬损、歪曲、丑化中国共产党的领导地位、执政能力和执政形象。

(3)反对马克思列宁主义、毛泽东思想、中国特色社会主义理论体系的指导,攻击、污蔑、贬损、歪曲、丑化马克思列宁主义、毛泽东思想、中国特色社会主义理论体系。

2. 不得含有“危害国家统一、主权和领土完整”的内容,包括但不限于:

(1)将台湾地区、香港特别行政区、澳门特别行政区、新疆维吾尔自治区、西藏自治区及钓鱼岛、赤尾屿、南海诸岛等中国任何地区从中华人民共和国分割出去。

(2)将台湾地区、香港特别行政区、澳门特别行政区等中国任何地区作为主权国家表示。

(3)将“中央研究院”“行政院”“总统”等中华人民共和国成立后的台湾地方当局官方机构及职务称谓的引号遗漏。

(4)出现中华人民共和国成立后的台湾地方当局官方机构的标识。

(5)宣扬侵略内容的:

①歪曲历史事实,对侵略者加以宣扬美化、对侵略行为加以刻意渲染、扮演侵略者的角色;

②虚构境外武装力量、组织或个人侵入我国领土、领空、领水、专属经济区、大陆架及底土;

③境外武装力量、组织或个人以反恐、追逃等任何名义、借口攻击我国领土上或我国驻外使领馆内的任何目标，或进入我国从事侵犯我国主权的活动。

(6)表现、描写外国民用船只、飞机等未经许可进入我国领土、领空、领水、专属经济区、大陆架及底土进行开发作业等活动。

(7)错误表述我国领土、领空、领水、专属经济区、大陆架、底土以及与其他国家有争议的界段和区域的名称。

(8)以下几种宣称为中国疆界地图的(虚构、形似或其他不定名为中国地图的不在此列)：

①凡标明为中华人民共和国国界的地图，未按照中华人民共和国同有关邻国签订的边界条约、协定、议定书及其附图绘制；

②凡标明为中华人民共和国尚未同有关邻国签订边界条约的界段的地图，未按照中华人民共和国地图的国界线标准样图绘制；

③凡标明为中国历史疆界的地图，1840 年至中华人民共和国成立期间的，未按照中国历史疆界标准样图绘制；1840 年以前的，未按照实际历史疆界绘制；

④其他与中国地图疆界相关的内容，违反有关法律法规及政策的。

3. 不得含有“泄漏国家秘密、危害国家安全或者损害国家荣誉和利益”的内容，包括但不限于：

(1)涉及以下保密内容的：

①含有党和国家事务重大决策中的秘密事项；

②含有保密地图和内部地图；

③含有国防建设和武装力量的秘密事项；

④含有外交和外事活动的秘密事项；

⑤含有国民经济、社会发展和科学技术中的秘密事项；

⑥含有维护国家安全活动和追查刑事犯罪中的秘密事项；

⑦相关法律法规规定的不得公开的其他保密内容。

(2)含有渲染、宣扬、美化、褒奖各种分裂势力、反华组织、间谍机构的内容。

(3)含有挑动、教唆、鼓励任何组织、个人以任何形式从事颠覆中国政府、分裂中国国家以及危害中国国家安全的内容。

(4)含有攻击、丑化、焚烧、毁损、玷污、亵渎以及其他以不庄重形式表现我国国旗、国歌、国徽、党旗、党徽、军旗、军歌、军徽、天安门、人民大会堂、长城、华表等象征中国国家、政权、军队和民族的标志物的内容。

(5)攻击、贬损、丑化、歪曲、捏造、篡改我国、我党、我军历史及其杰出人物的形象的内容。

(6)违背我国对外政策、国际准则立场的,攻击、诋毁、丑化、歪曲、损害他国政权、民族、党和领导人、军队等形象的内容。

(7)宣扬法西斯主义,美化侵略战争、军队及战犯形象,将上述军队或人物作为可选择角色等。

4. 不得含有“煽动民族仇恨、民族歧视,破坏民族团结,或者侵害民族风俗、习惯”的内容,包括但不限于:

(1)编造、渲染、夸大各民族间的矛盾、冲突和争端等。

(2)诋毁、侮辱、丑化、歪曲中华各民族形象,如民族特征、人物形象。

(3)贬低、歪曲、否定中华各民族历史、地位、作用、贡献和价值等。

(4)宣扬某一民族、某一宗教居于支配地位、享有特权等。

(5)破坏民族团结、宗教和睦、信仰自由等。

(6)诋毁、损害、丑化、侮辱中华各民族所特有的传统风俗、禁忌以及具有民族特征的标志等。

(7)宣扬外国势力破坏我国民族团结、干涉宗教事务等。

5. 不得含有“宣扬邪教、迷信”的内容,包括但不限于:

(1)宣扬“法轮功”等敌视国家、反政府、危害社会的邪教组织。

(2)宣扬“教主崇拜”,表现邪教首要分子肖像,神化邪教首要分子。

(3)宣扬邪教教规、教义、经书、典籍、标识等。

(4)宣扬从事邪教活动。

(5)制造、散布邪说,蛊惑、蒙骗他人,实施精神控制。

(6)歪曲或篡改传统的宗教教义。

(7)设置具有迷信色彩的算命、辟邪等功能。

(8)假借科学旗号,臆造、夸大、渲染现实生活中超物质、超自然的现象。

6. 不得含有“扰乱社会秩序、破坏社会稳定”的内容,包括但不限于:

(1)以现实社会生活为游戏背景,设定相关功能或情节,宣扬各种扰乱社会秩序、破坏社会稳定的活动。

(2)宣扬以暴力、威胁等手段抗拒、妨碍国家工作人员依法执行公务。

(3)恶意丑化、攻击特定区域的人群或种族。

(4)未明示具体规则而以随机抽取等偶然方式,诱导用户直接或者间接投入法定货币获取游戏产品或服务。

7. 不得含有“宣扬淫秽、赌博、暴力或者教唆犯罪”的内容,包括但不限于:

(1)含有淫秽色情的内容:

①表现乱伦、强奸、轮奸、集体淫乱等行为的过程和细节,或设置相关功能;

②表现未成年人性行为,或者成年人与未成年人之间的性行为,或设置相关功能;

③具体表现同性恋性行为,或设置相关功能;

④具体表现性变态行为或者与性变态有关的暴力、虐待、侮辱行为,或设置相关功能;

⑤具体表现卖淫、嫖娼的过程和细节,或设置相关功能;

⑥具体表现人类或类人的裸体和生殖器官;

⑦具体表现动物的生殖器官;

⑧具体表现性用品或其功能;

⑨具体表现性交行为或暗示性的表现性交行为及其声音;

⑩具体表现、描述或传授性技巧;

⑪具体表现、描述与性行为有关的梅毒、淋病、艾滋病等疾病;

⑫露骨地语言描述性交易、性心理、性行为、性体验等;

⑬宣扬性开放、性自由。

(2)含有赌博的内容:

①具体介绍赌博形式以及赌博器具的使用方法和技巧;

②设置赌博功能,提供赌博服务;

③收取或以“虚拟货币”等方式变相收取与游戏输赢相关的佣金;

④开设使用游戏积分押输赢、竞猜等功能,未设置用户每局、每日游戏积分输赢数量;

⑤提供游戏积分交易、兑换或以“虚拟货币”等方式变相兑换现金、财物的

服务；

⑥提供用户间赠予、转让等游戏积分转账服务。

（3）含有宣扬暴力、恐怖、残酷等内容：

①逼真表现、描述残缺人体或人体被分解等，表现清晰的伤害过程和鲜血喷涌、血流成河、血流满地等场景；

②刻意表现曝尸、肢解尸体、叉尸、虐尸等有悖常理的行为；

③宣扬、鼓吹大规模杀伤性武器、生化武器、核武器、反人类武器等的作用和效果，刻意渲染大规模杀伤的恐怖场景；

④刻意表现、设计外形过于恐怖的角色、形象或场景。

8. 不得含有“侮辱或者诽谤他人，侵害他人合法权益”的内容，包括但不限于：

（1）以语言或手势、动作对他人进行恶意嘲笑和侮辱。

（2）恶意使用政治人物、社会公众人物的姓名或姓名的谐音。

（3）刻意表现他人在生理、精神方面的缺陷，侵害他人人格尊严。

（4）传播虚假事实致使他人名誉受到损害、蒙受耻辱。

（5）非法或不尊重地使用他人肖像等，侵犯他人肖像权。

（6）传播他人隐私，干扰他人私生活。

9. 不得含有“危害社会公德或者民族优秀文化传统”的内容，包含但不限于：

（1）违背爱祖国、爱人民、爱劳动、爱科学、爱社会主义的基本道德要求。

（2）刻意表现斗殴、脏话、随地吐痰等污秽、粗俗、低级、下流的言行。

（3）侵占、损害、破坏我国文物、名胜古迹、政府办公场所、地标性建筑等。

（4）表现嘲弄、歧视、侮辱妇女、儿童、老人、残疾人等社会弱势群体。

（5）混淆是非、善恶、美丑界限，或表现其他不利于构建和谐社会的情节。

（6）宣扬金钱至上、挥霍无度、换妻游戏、婚外情、一夜情、养情人、包二奶、傍大款等腐化、寄生生活方式。

（7）宣扬以权谋私、权钱交易、权色交易等。

（8）践踏民族优秀文化遗产和恶意篡改重大历史、文化事件及代表人物形象。

(9)宣扬宗法观念、男尊女卑、一夫多妻、一妻多夫等内容。

(10)弱化、诋毁、否定中华民族优秀文化传统的历史地位和存在价值,将民族优秀文化传统虚无化、庸俗化,宣扬与民族优秀文化传统相悖的世界观、历史观、价值观。

(11)诋毁或者否认以爱国主义为核心的团结统一、爱好和平、勤劳勇敢、自强不息的伟大民族精神。

10. 不得含有“诱发未成年人模仿违反社会公德、违法犯罪的行为的内容以及妨害未成年人身心健康”的内容,包括但不限于:

(1)宣扬违法、犯罪,含有诱使未成年人模仿学习的内容:

①详细表现、描述犯罪手段、方法和细节,诱发或鼓动未成年人模仿犯罪;

②美化罪犯形象,易引起未成年人对罪犯同情或赞赏;

③宣扬以不正当手段侵害国家、集体和私人财产,例如,扮演盗贼角色,实施偷窃、骗取、抢夺或抢劫等行为;

④表现罪犯逃脱法律制裁,藐视法律尊严,如设置洗罪功能、贿赂、劫狱等;

⑤宣扬或具体表现黑社会性质的组织及其行为;

⑥鼓动、诱导、奖励恶意 PK。

(2)宣扬吸毒、贩毒,含有诱使未成年人模仿学习的内容:

①具体表现种植罂粟等毒品原植物;

②宣扬和具体表现制造、走私、运输、贩卖、购买毒品;

③宣扬或具体表现吸食、注射或引诱、教唆、欺骗、强迫他人吸食、注射毒品的方法或过程;

④宣扬、鼓吹毒品可带给人的功效;

⑤宣扬和具体表现通过贩卖毒品盈利。

(3)宣扬其他危害未成年人身心健康的内容:

①集中表现格调低俗的内容;

②具体表现未成年人饮酒、抽烟等行为,或在游戏中出现烟草这一道具;

③具体表现未成年人出入不适宜未成年人活动的场所;

④鼓励未成年人同居、结婚等不适宜未成年人的行为。

根据上述规定,如网络游戏存在上述内容,则可能面临两个方面的后果,一个是不符合互联网出版前置审批的要求，无法得到出版审批的批准，不能上线出版；另一个就是即使上线出版，但若存在上述内容，也有可能会被相关监管部门处罚。

二、常见游戏内容违法情形

如上文所述，在网络游戏内容中不得存在上述违法情形。因此如何更好地了解在实际执法过程中各种情形的尺度和界限，避免在网络游戏中违反上述有关违法内容情形的规定至关重要。下文将结合《移动游戏内容规范（2016 年版）》的规定和实践中发生的相关案例，来予以分析。

（一）涉及政治、民族、宗教等内容

一般而言，游戏公司会尽量避免在游戏中存在政治、民族、宗教等比较敏感的内容。但是在实际的游戏开发或者推广过程中，一些游戏开发公司或者运营公司因政治敏锐性不足，导致被处罚或整个产品无法运营。以某游戏涉及藏传佛教元素内容被处罚为例：

该游戏是一款射击类型的游戏，其在开始不删档测试后 1 个月即被停服审查。根据相关信息查询可发现，其被停服是由于在游戏地图中使用了具有藏传佛教元素导致的。

根据该团队发出的一封致歉信，可了解到以下内容：

“各位尊敬的同胞：

为了更好地展现中国的文化特点，××××在部分游戏地图中使用了经幡、寺庙、佛像、佛塔等藏传佛教元素，却未充分考虑到射击游戏这一游戏类型的特殊性，伤害了藏族同胞们的宗教感情，我们感到非常非常的抱歉。目前，这两张地图已经第一时间从游戏中撤除。

在收到藏族同胞们的反馈后，公司上下都非常重视，立刻做出响应，并咨询了活佛格桑等宗教专业人士的意见，决定删除游戏中涉及宗教元素的两张地图。

未来在游戏设计和素材选取方面，我们也会更加审慎和严格，尽可能充分地考虑到对文化与宗教的影响，避免类似情况发生。

最后，再次为我们的肤浅与无知，真诚地向各位藏族同胞致以深深的歉意，并请求你们慈悲为怀，请宽恕我们的罪过。”

其在3天后又发出停服公告，停服公告具体内容如下（见图7）：

亲爱的广大玩家朋友们：
由于[redacted]在“[redacted]”和“[redacted]”两副地图场景中不恰当的使用了藏传佛教的风景元素，在接到玩家投诉后，为减少不良影响，我们第一时间关闭了服务器，影响了广大玩家的正常体验，我们十分抱歉。
为此，开发组全体工作人员都在夜以继日的加班工作，尽早让游戏重新与玩家见面。在关服的3天时间里，我们全面排查了游戏内容并整改游戏版本、积极配合有关部门的审查工作、沟通藏族活佛格桑等专家意见，取得了大量藏族同胞的谅解。
目前游戏版本内已经彻底删除了有关藏传佛教元素的两张地图（[redacted]），该游戏版本已提交有关部门等待审查。审查结束通过后，我们会在第一时间内重新开启服务器，让玩家能够尽快回到热爱的战场！为了弥补关服给玩家正常体验造成的利益损失，开服后会推出相应的补偿措施。另外，在关服的时间内我们并未停止开发的脚步，在1月内我们还将推出一系列更好玩、更刺激的全新玩法。如全新的[redacted]，以及全新的职业系统[redacted]等，敬请期待！
最后，要感谢广大玩家对[redacted]》一如既往的支持、不离与不弃、宽容与谅解，我们开发组全体工作人员将尽最大努力维护和保障玩家利益，祝[redacted]与所有玩家一起共渡难关，重获新生。
[redacted]全体工作人员
敬上
[redacted]

图7　某游戏停服公告

（二）涉及违背社会公德的内容

某网络游戏由于其部分游戏情节允许玩家“刑讯逼供”“贪污受贿”，含有违背社会公德的禁止内容，被某区文化体育局依法责令改正，并给予该游戏开发商罚款的行政处罚。

（三）涉及宣扬色情的游戏内容

某游戏由于个别女性角色穿着暴露，动作带有明显的性暗示，含有宣扬色情的禁止内容，某行政执法总队依法责令游戏运营方予以改正，并给予其罚款的行政处罚。

（四）涉及宣扬赌博的游戏内容

2018年1月11日，某手机游戏由于涉嫌含有宣扬赌博的内容，被某市文化广电新闻出版局依据《网络游戏管理暂行办法》第9条第7项及第30条第1项等相关规定①，对该游戏的运营主体作出罚款人民币1万元的行政处罚。

三、小结和建议

针对上述比较容易出现的问题，笔者在此针对游戏内容的合规方面作出以下建议：

1. 在网络游戏的题材选择上面，应该尽量选择正面积极向上的题材，涉及黑暗、血腥、暴力或者其他有负面影响的题材容易出现较大的风险。

2. 对于游戏内容合法的要求，不仅仅及于游戏的具体内容，游戏的宣传、推广素材，也需要避免使用违法违规的内容。

3. 游戏内容中不得涉及会对国家行政机关、军队、政府人员产生不利影响的表达。

4. 游戏内容应尽量避免使用民族、宗教、政治等敏感素材，最好不要使用涉及民族、宗教、涉党涉政的素材。

5. 游戏内容不要宣扬不符合社会公德或者法律规定的内容，如游戏中不应存在允许行贿受贿、三妻四妾等内容。

6. 游戏内容应避免色情，游戏人物衣着不能过于暴露，游戏表达不得包含有性暗示等相关的内容。

7. 游戏内容应避免血腥、暴力，不能含有过于暴力的表达，避免直接表达血腥、暴力的内容。

8. 游戏内容不得含有赌博、涉毒等违反刑法规定的内容。

---

① 目前此规定已失效，但由于暂未有新的规定予以明确，此处仍以之前的规定作为参照。

第三节　网络游戏“随机抽取”的合规要求

一、什么是网络游戏随机抽取

网络游戏随机抽取，俗称“开箱子”“抽卡”，是指在网络游戏中，游戏用户可以通过投入一定对价，获取开宝箱（见图8）、抽卡（见图9）、转盘（见图10）或者其他随机抽取机会，以获得不同道具或者奖品的一种游戏玩法。

图8　某游戏内开宝箱玩法

图 9　某游戏内抽卡玩法

图 10　某游戏内转盘玩法

网络游戏随机抽取是一种非常普遍的游戏玩法，在非常多的游戏中都存在这种玩法。用户可以通过较小的代价博取较高价值的游戏道具，网络游戏运营者也可以借此吸引用户更多的投入。但是，由于此种具有随机概率性的玩法天然带有一种赌博的色彩，因此相关监管部门对随机抽取作出了明确的限制性规定。

二、网络游戏随机抽取的合规要求

（一）不得要求用户以直接投入法定货币或者网络游戏虚拟货币的方式参与

2009 年 6 月 4 日，文化部、商务部联合发布的《关于加强网络游戏虚拟货币管理工作的通知》中进一步规定：网络游戏运营企业不得在用户直接投入现金或虚拟货币的前提下，采取抽签、押宝、随机抽取等偶然方式分配游戏道具或虚拟货币。

所谓不得以直接投入法定货币或者网络游戏虚拟货币的方式，顾名思义，就是用户获得抽取机会，不能是直接通过法定货币或者虚拟货币购买。

以图 11、图 12 为例，该游戏虽然存在使用人民币购买欢庆宝箱或者所谓第一桶金等情况，但是可以看出宝箱中所购买的道具是固定的，不存在随机抽取的情形，因此属于法律允许的范围，但是如果使用人民币购买的宝箱物品存在随机的情形，那就属于违反法律规定的情形。

图 11　某游戏内宝箱购买界面

图12　某游戏内宝箱购买界面

（二）用户以法定货币直接购买、使用网络游戏虚拟货币购买或者按照一定兑换比例获得，且具备直接兑换游戏内其他虚拟道具或者其他服务的虚拟道具，也不能作为随机抽取机会获得的对价

由于文化部《关于规范网络游戏运营加强事中事后监管工作的通知》①中规定，网络游戏运营企业发行的，用户以法定货币直接购买、使用网络游戏虚拟货币购买或者按照一定兑换比例获得，且具备直接兑换游戏内其他虚拟道具或者增值服务功能的虚拟道具，按照网络游戏虚拟货币有关规定进行管理。

为便于陈述，由于上述虚拟道具可以由法定货币直接购买，以下统称"一级道具"，使用该"一级道具"可以购买的其他虚拟道具，以下统称"二级道具"。

因此，此条款中意味"网络游戏运营企业采取随机抽取方式提供虚拟道具和增值服务的，不得要求用户以直接投入法定货币或者网络游戏虚拟货币的方式参与"这一规定的限制，同样也包含上述一级道具。

以图13、图14为例，在该游戏中，获得随机抽取机会是通过星河许愿券购买，而其中钻石属于一级道具，星河许愿券不能通过人民币直接购买，可以通过钻石购买。因此，此种情况不属于法律规定的"用户以直接投入法定货币或者网络游戏虚拟货币的方式参与"这一限制情形。

---

① 目前此规定已失效，但由于暂未有新的规定予以明确，此处仍以之前的规定作为参照。

图 13　某游戏内购买抽取道具页面

图 14　某游戏内购买道具页面

（三）应当公示随机抽取的相关道具和服务信息、概率

网络游戏运营企业应当及时在该游戏的官方网站或者随机抽取页面公示可能抽取或者合成的所有虚拟道具和增值服务的名称、性能、内容、数量及抽取或者合成概率，公示的随机抽取的相关信息应真实有效。此条款包括以下几层含义：

(1)可在游戏官方网站公示，也可以在随机抽取的页面公示；

(2)公示可能抽取或合成的所有虚拟道具和增值服务的名称、性能、内容、数量；

(3)公示抽取或者合成概率；

(4)公示的随机抽取的相关信息应真实有效。

图 15、表 1 为业内随机抽取概率的公示办法：

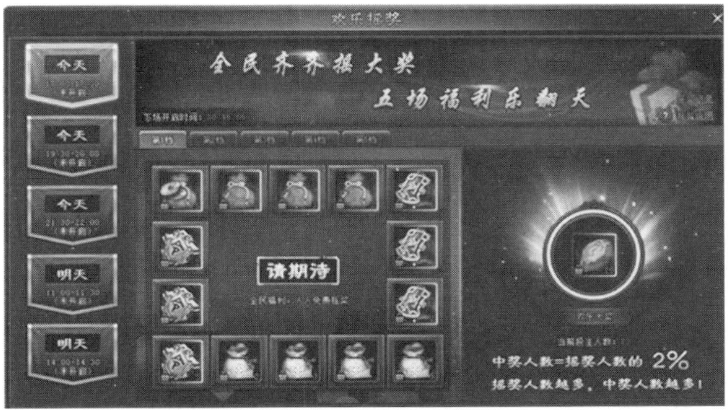

图 15　某游戏内随机抽取中奖概率公示页面

表 1　某游戏网站随机抽取道具信息及概率公示页面

抽奖档次	格子编号	抽奖物品	数量（个）	概率（%）	终极大奖	参与奖励	中奖率
全民免费档	1	精炼石礼包	5	1.0	强化石×20	无	2%
	2	精炼石礼包	1	16.0			
	3	精炼石礼包	3	4.0			
	4	精炼石礼包	2	6.0			
	5	护剑令牌	5	1.0			
	6	护剑令牌	1	16.0			
	7	护剑令牌	2	6.0			
	8	二级宝石礼包	5	1.0			
	9	二级宝石礼包	1	16.0			
	10	二级宝石礼包	3	4.0			
	11	二级宝石礼包	2	6.0			
	12	诛魔令	5	1.0			
	13	诛魔令	1	16.0			
	14	诛魔令	2	6.0			

(四)公布参与用户的随机抽取结果

网络游戏运营企业应当在游戏的官方网站或者游戏内的显著位置公布参与用户的随机抽取结果,并保存相关记录以备相关部门查询,公布随机抽取结果时,应当采取一定措施保护用户隐私。

对此,绝大多数公司都选择了在游戏的官方网站对随机抽取结果进行公示,公示示例如图 16、图 17 所示:

图 16　某游戏官方网站随机抽取结果公示页面(一)

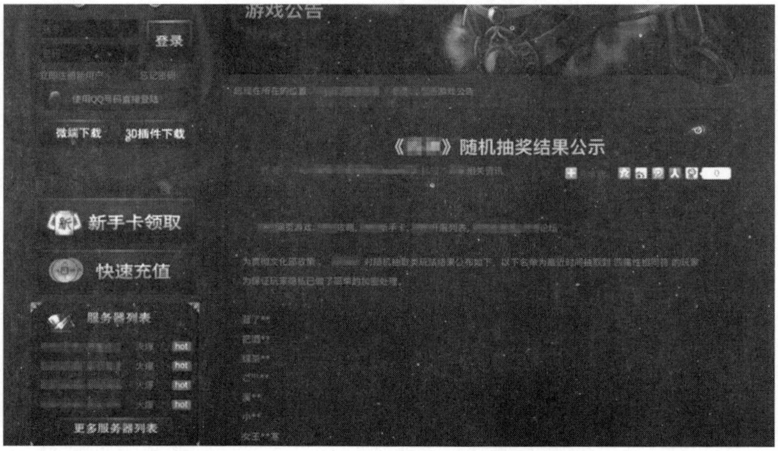

图 17　某游戏官方网站随机抽取结果公示页面(二)

（五）随机抽取的道具和服务可以存在其他的获得方式

网络游戏运营企业以随机抽取方式提供虚拟道具和增值服务时，应当同时为用户提供其他虚拟道具兑换、使用网络游戏虚拟货币直接购买等其他获得相同性能虚拟道具和增值服务的方式。

三、小结和建议

根据上述合规分析可知，游戏内设置“抽卡牌”“开宝箱”“大转盘”等相关随机抽取的玩法时，必须符合“随机抽取”的相关规定，针对相关合规要求，建议对游戏内随机抽取的玩法设置如下：

1. 对于玩家随机抽取使用的对价，建议设置为“二级道具”，而非可以直接使用人民币兑换的“一级道具”；

2. 玩家使用“一级道具”可以购买某种宝箱类的物品，但是宝箱内物品的价值必须是固定的，不存在随机性；

3. 游戏所设置的随机抽取的相关道具和服务信息、概率以及中奖结果都必须对外公示，可以选择在官网公示，也可以选择在游戏内公示，但是公示结果必须真实；

4. 随机抽取的道具和服务在游戏内必须存在其他的获取方式，不能仅仅通过随机抽取的方式获得。

第四节 网络游戏未成年人保护的合规要求

由于未成年人自控能力较弱，更容易沉迷游戏，故需要对未成年人予以特别的保护。因此，针对青少年沉迷游戏的问题，网络游戏的各监管部门分别制定了相关的规定，要求网络游戏经营单位采取技术措施，禁止未成年人接触不适宜的游戏或者游戏功能，限制未成年人的游戏时间，预防未成年人沉迷游戏，主要体现在防沉迷、家长监护以及实名制等特别的设置要求方面，下文将针对各个方案进行一一阐述。

一、防沉迷系统

针对青少年沉迷游戏的问题,2005 年《网络游戏防沉迷系统开发标准》就已经出台,其确定了健康游戏时间标准,促进使用者养成良好的游戏习惯。

新闻出版总署等部门又先后于 2007 年、2011 年发布《关于保护未成年人身心健康实施网络游戏防沉迷系统的通知》和《关于启动网络游戏防沉迷实名验证工作的通知》,2014 年国家新闻出版广电总局办公厅还发布了《关于深入开展网络游戏防沉迷实名验证工作的通知》。《关于启动网络游戏防沉迷实名验证工作的通知》要求所有网络游戏运营企业必须严格按照《网络游戏防沉迷系统开发标准》和《网络游戏防沉迷系统实名认证方案》进行开发部署,不得随意更改实施方式,扩大或缩小系统功能权限等,违者,相关部门将按照有关法律规定予以查处,并停止其网络游戏出版运营和相关互联网接入服务,直至取消相关许可。

2020 年 10 月 17 日修订的《未成年人保护法》也对此进行了规定,明确国家建立统一的未成年人网络游戏电子身份认证系统。网络游戏服务提供者应当要求未成年人以真实身份信息注册并登录网络游戏。同时,网络游戏服务提供者应当按照国家有关规定和标准,对游戏产品进行分类,作出适龄提示,并采取技术措施,不得让未成年人接触不适宜的游戏或者游戏功能,不得在每日 22 时至次日 8 时向未成年人提供网络游戏服务。

因此,游戏运营企业有义务在游戏中接入防沉迷系统,否则将面临监管部门的查处。

依照国家新闻出版署发布的《关于防止未成年人沉迷网络游戏的通知》,网络游戏企业须采取有效措施,限制未成年人使用与其民事行为能力不符的付费服务。网络游戏企业不得为未满 8 周岁的用户提供游戏付费服务。同一网络游戏企业所提供的游戏付费服务,8 周岁以上未满 16 周岁的用户,单次充值金额不得超过 50 元人民币,每月充值金额累计不得超过 200 元人民币;16 周岁以上未满 18 周岁的用户,单次充值金额不得超过 100 元人民币,每月充值金额累计不得超过 400 元人民币。

同时,游戏企业还应严格控制未成年人使用网络的游戏时段、时长。每日

22 时至次日 8 时,网络游戏企业不得以任何形式为未成年人提供游戏服务。网络游戏企业向未成年人提供游戏服务的时长,法定节假日每日累计不得超过 3 小时,其他时间每日累计不得超过 1.5 小时,具体情况见表 2:

表 2　网络游戏防沉迷系统设置标准

项目	合规要求
未成年人使用时段及时长	1. 限制使用时段:每日 22 时到次日 8 时; 2. 累计时间上限:法定节假日≤3 小时/天,其他时间≤1.5 小时/天
未成年付费用户的年龄要求及付费上限	1. 用户 <8 周岁的,不得提供充值服务; 2. 8 周岁≤用户 <16 周岁的,充值限额单次≤50 元人民币,每月累计≤ 200 元人民币; 3. 16 周岁≤用户 <18 周岁的,充值限额单次≤100 元人民币,每月累计≤ 400 元人民币。

二、家长监护系统

文化部、中央文明办、教育部等《关于印发〈"网络游戏未成年人家长监护工程"实施方案〉的通知》中提出,网络游戏经营单位应当落实"网络游戏未成年人家长监护工程",按照家长要求对未成年人的账号采取限制措施,并持续跟踪观察,及时反馈该账号的活动,为家长提供必要协助,制止或限制未成年人的不当游戏行为。

目前已有不少网络游戏运营商通过家长监护系统或其他类似设置,在游戏中对未成年玩家进行限制。一些网络游戏运营商在游戏中设置,如果玩家为未成年人,则系统会限制玩家的消费额度,玩家一旦充值,家长就会第一时间收到短信通知;系统会把玩家与游戏相关的信息,包括游戏账号的登录信息等都提供给玩家的法定监护人,使监护人能够及时了解玩家的游戏情况;监护人还可以设置允许玩家上线的时间段以及开启"一键禁玩"功能。

例如,某游戏就设置了"成长守护平台",并发布了《家长指引手册》(见图 18)。2017 年 7 月,有报道称该游戏健康系统上线试运行的第一天,在用户活跃高峰的同一个小时内,有 34 万个账号在登录游戏达到限时上限后下线。

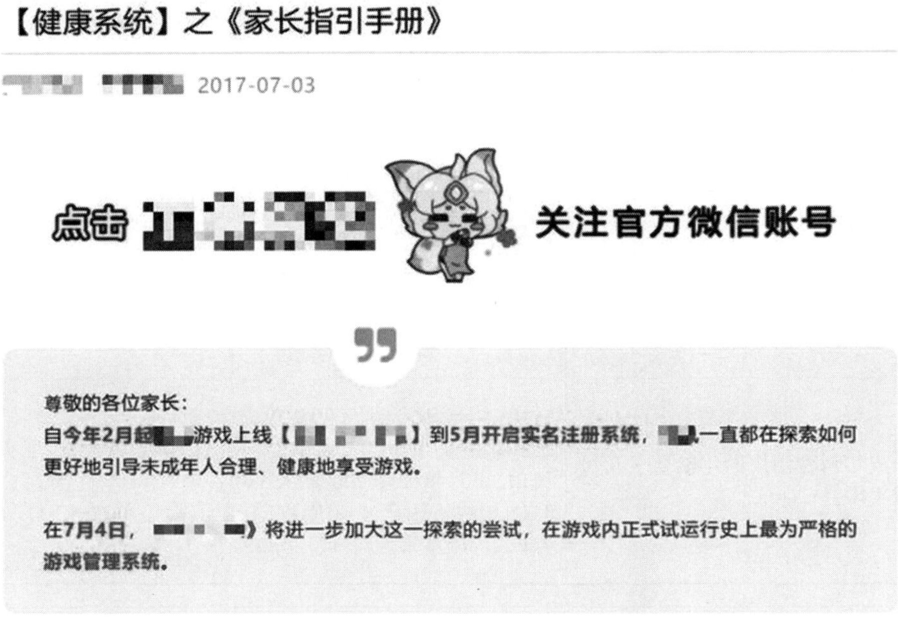

【健康系统】之《家长指引手册》

[redacted] 2017-07-03

尊敬的各位家长：

自今年2月起[redacted]游戏上线【[redacted]】到5月开启实名注册系统，[redacted]一直都在探索如何更好地引导未成年人合理、健康地享受游戏。

在7月4日，[redacted]》将进一步加大这一探索的尝试，在游戏内正式试运行史上最为严格的游戏管理系统。

图 18　某游戏家长指引手册

三、实名制注册

通过上文的描述，可以发现无论是防沉迷系统还是家长监护系统，未成年保护设置能够顺利生效的前提是玩家的身份或者年龄能够被正确识别，即玩家已经完成实名注册和验证。对玩家进行实名注册和验证也是网络游戏运营企业应当采取的一项措施（见图 19）。

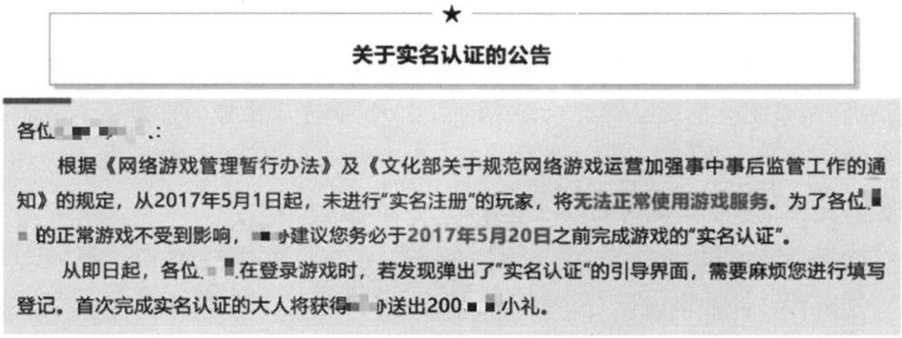

★

关于实名认证的公告

各位[redacted]：

根据《网络游戏管理暂行办法》及《文化部关于规范网络游戏运营加强事中事后监管工作的通知》的规定，从2017年5月1日起，未进行"实名注册"的玩家，将无法正常使用游戏服务。为了各位[redacted]的正常游戏不受到影响，[redacted]建议您务必于2017年5月20日之前完成游戏的"实名认证"。

从即日起，各位[redacted]在登录游戏时，若发现弹出了"实名认证"的引导界面，需要麻烦您进行填写登记。首次完成实名认证的大人将获得[redacted]送出200[redacted]小礼。

图 19　某游戏内关于实名认证的公告

根据2019年10月25日发布施行的国家新闻出版署《关于防止未成年人沉迷网络游戏的通知》的规定，所有网络游戏用户均须使用有效身份信息方可进行游戏账号注册。自该通知施行之日起，网络游戏企业应建立并实施用户实名注册系统，不得以任何形式为未实名注册的新增用户提供游戏服务。自该通知施行之日起2个月内，网络游戏企业须要求已有用户全部完成实名注册，对未完成实名注册的用户停止提供游戏服务。对用户提供的实名注册信息，网络游戏企业必须严格按照有关法律法规妥善保存、保护，不得用作其他用途。

另外，该通知还明确网络游戏企业可以对其游戏服务设置不超过1小时的游客体验模式，在游客体验模式下，用户无须实名注册，但不能充值和付费消费。且对使用同一硬件设备的用户，网络游戏企业在15天内不得重复提供游客体验模式。

除了游客体验模式的游戏用户外，文化部、商务部《关于加强网络游戏虚拟货币管理工作的通知》也提到，网络游戏虚拟货币交易服务企业不得为未成年人提供交易服务，因此未成年人同样不能成为网络游戏虚拟货币交易服务的服务对象。

从上述规定可以看出，实名注册要求用户使用有效身份证件进行注册，何为有效身份证件，经总结可以归为以下几类：

(1)居住在境内的中国公民，为居民身份证或者临时居民身份证；

(2)居住在境内的16周岁以下的中国公民，为户口簿或身份证；

(3)中国人民解放军军人，为军人身份证件；

(4)中国人民武装警察，为武装警察身份证件；

(5)香港、澳门特别行政区居民，为港澳居民往来内地通行证；

(6)台湾地区居民，为台湾居民来往大陆通行证或者其他有效旅行证件；

(7)外国公民，为护照。

用户采取上述身份证件进行注册均符合实名注册的规定。

四、小结和建议

因此，网络游戏在用户注册时应要求用户进行实名注册，并接入防沉迷系统。如游戏用户为未成年人时，则必须启动防沉迷系统，避免未成年用户沉迷游戏。同时,对于未进行实名注册的用户,在游戏内不得提供游戏内的充值和消费服务。

第五节　网络游戏停止运营的合规要求

一款网络游戏自有其生命周期,虽然有运营长达数十年的游戏,但也有运营数月就停运的游戏。此处停止运营,是指关停游戏服务器,游戏运营商不再向用户提供网络游戏服务,用户无法进入游戏、使用游戏。

对于网络游戏的停止运营,并非单纯网络游戏运营商自行关闭服务器就可以,还需要遵守相关的法律规定。

一、提前60日进行公告

文化部、商务部《关于加强网络游戏虚拟货币管理工作的通知》中规定:网络游戏运营企业终止运营游戏,应当提前60日予以公告(见图20)。

停运公告

2015-06-23

各位亲爱的《[redacted]》网络游戏玩家:

感谢您一直以来给予《[redacted]》网络游戏的支持与厚爱!由于业务发展上的调整,《[redacted]》网络游戏将于2015年12月31日0时终止运营。

为此,我们将于2015年12月31日0时关闭《[redacted]》网络游戏的服务器,届时起《[redacted]》网络游戏将不能登录、显示或运行。与此同时,我们也将关闭《[redacted]》网络游戏的官方网站([redacted])及官方游戏论坛([redacted]),届时起上述网站将不能访问。

图20　某游戏停运公告

二、用户尚未使用的网络游戏虚拟货币及尚未失效的游戏服务,应当退换

同样,文化部、商务部《关于加强网络游戏虚拟货币管理工作的通知》还规定了,网络游戏用户尚未使用的网络游戏虚拟货币及尚未失效的游戏服务,网

络游戏运营商应当按用户购买时的比例,以法定货币退还用户或者以用户接受的其他方式进行退换。

针对用户未使用的网络游戏虚拟货币及尚未失效的游戏服务,上述规定提供了使用法定货币退还用户或者用户其他可以接受的方式进行退换等方式。目前,很多网络游戏运营企业都采取将未使用的网络游戏虚拟货币或一级道具转移至该企业运营的其他产品或游戏中等措施(见图21)。

《[redacted]》玩家赠送方案

优惠一:

截止至2015年6月23日14时,《[redacted]》现有玩家[redacted]账号中尚未使用的的游戏的金叶子可继续使用,且对于《[redacted]》玩家[redacted]行证账号中尚未使用的收费金叶子(由通用点兑换的金叶子),[redacted]将以等额点数的方式存储于玩家[redacted]里,玩家可继续[redacted]的其他游戏中自由使用该点数。

优惠二:

为《[redacted]》玩家更好的体[redacted],[redacted]针对《[redacted]》玩家推出以下优惠活动,玩家可在《[redacted]》游戏中获得海量游戏道具。这也是[redacted]公司对[redacted]忠实玩家制定的专属优惠政策。

图21 某游戏停服后未失效游戏道具补偿方案

在实践中,还存在很多游戏运营企业,并不发出终止公告,直接停止提供服务的情形。文化部、商务部《关于加强网络游戏虚拟货币管理工作的通知》已经明确规定,网络游戏因停止服务接入、技术故障等网络游戏运营企业自身原因连续中断服务超过30日的,视为终止。因此,如果游戏运营企业停止提供服务超过30日的,用户有权要求游戏运营商退还未使用的网络游戏虚拟货币及尚未失效的游戏服务。

三、小结和建议

网络游戏公司不再对外提供网络游戏时,不能随意终止游戏服务,必须提前60日发布停服公告,并在停服公告内提供用户尚未使用的网络游戏虚拟货币及尚未失效的游戏服务的退换方式。

PART 2

第二编

网络游戏的知识产权权利和司法保护

在网络游戏行业，知识产权往往是一家游戏公司的核心保护内容。经济的高速发展总是伴随各种纠纷的出现。随着行业的迅猛发展，随之产生的争议纠纷的数量也日益增多，特别是在一个知识产权作为核心资产的行业，与此相关的争议几乎每天都在发生，每个拥有原创产品或者相应知识产权的游戏公司都在试图通过各种方式保护自己的合法权益。

笔者曾对网络游戏行业的321件侵权诉讼案件①（案件判决时间发生在2007年至2018年12月）进行了大数据分析，试图通过对网络游戏的相关侵权诉讼案件的起诉主体、起诉原因、判决数额以及法院判决的依据等多个维度的分析，来探讨司法实践中审判人员对游戏行业各种知识产权保护的认知状况、审判规律、判决尺度。在本编中，笔者将结合大数据分析的相关结论以及有关司法案例，来论述网络游戏的知识产权保护问题。

---

① 统计数据的321件案件来源于法院对外公布的裁判和判决，由于法院并非将全部判决上网公示以及判决上网的滞后性，该321件案件无法覆盖整个游戏行业所发生的全部侵权案件，本书全部数据分析依据这321件案件的统计结果。

第一章　网络游戏行业知识产权诉讼大数据分析

第一节　引发诉讼案件的原因

笔者对导致321件侵权诉讼案件发生的原因进行了分析，并将其所主张的侵权事由进行了分析，可以发现被主张侵权的事由主要集中在以下几个方面（见图22）：

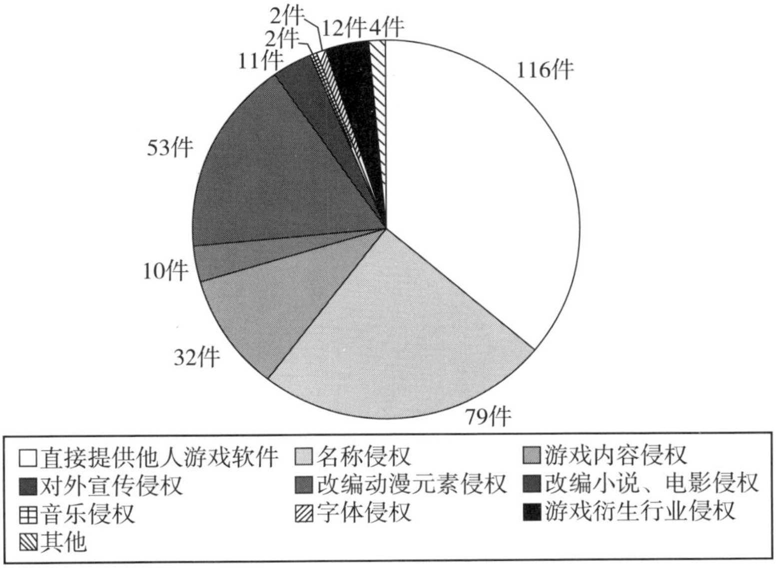

图22　被诉侵权缘由统计

一、直接提供他人游戏软件

在上述案件中，由于直接提供他人游戏软件而被诉侵权的案件数量高达116件，占全部案件的36.1%。

这种侵权行为大多数发生在游戏软件需要付费购买或者下载的情形下，比如单机版游戏盛行的时期，侵权主体也多数为网吧或者提供游戏下载服务的网站。

此类案件的高发期在2012年至2014年，目前随着网络游戏提供和下载方式的改变，此类型的案件数量也日益减少。

二、名称侵权

名称侵权的案件数量为79件，占全部案件的24.6%。此处名称侵权的案件包括两种类型，一种是使用与他人游戏、小说或其他作品名称相同或相似的字样作为游戏名称，此类型的案件有58件，占73.4%；另一种是使用他人的游戏、小说或其他作品的名称作为搜索推广的关键字，此类型的案件数量为21件，占26.6%（见图23）。

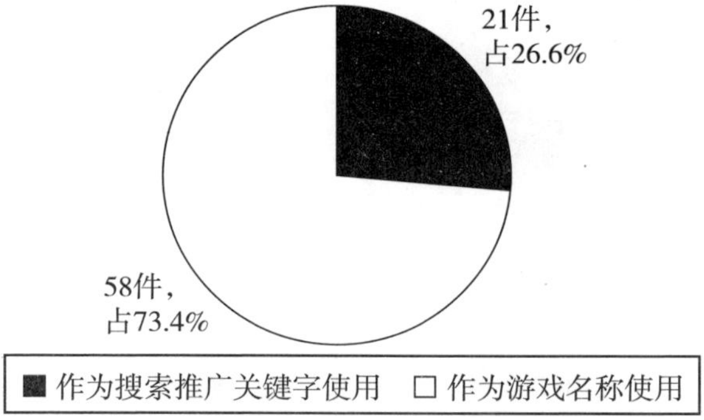

图23 名称侵权案件统计

在直接使用他人名称作为自己产品名称的侵权案件中，大部分情况是被侵权方已经将自己需要保护的游戏名称申请了商标，目前行业内的普遍做法是申请游戏名称在第9类、第41类等游戏相关类目的商标，然后主张商标侵权。

对于使用与他人商标相同或相近名称作为产品名称的行为，在目前汇总统计的58个案件判决中，法院普遍认为该种使用方式构成商标性使用。但是如果将他人商标并非作为游戏名称使用，比如其中一个案例，侵权方将他人的商标作为服务器的名称，法院认定该使用方式不属于商标性的使用，不构成侵犯商标权。

当然，也发生了多件名称没有被注册商标，但是被他人使用作为游戏名称的案例。在此种情况下，被侵权方如果能够证明其产品的知名度，可以主张其名称属于知名商品特有的名称，以不正当竞争为由来寻求法院的保护。在我们的统计中，有 4 件案件在被使用的名称没有被注册为商标的情况下，被法院认定该侵权名称的使用构成侵犯知名商品特有的名称。

除了直接使用他人的名称作为自己的产品名称外，还存在大量并未直接作为产品名称，而是在搜索时作为关键词推广使用的行为。对于这种情形，法院认定此种推广行为在主观上具有将其选定的他人关键词作为区别、指示其推广的商品来源的目的，属于商标性的使用，会构成侵犯商标权或者不正当竞争。

三、游戏内容侵权

游戏内容侵权指大量抄袭他人的代码、美术资源、玩法、数值、规则设定等各方面内容的情形，近几年此种类型的侵权行为已经成为行业内重点关注的案件类型。

目前统计到游戏内容侵权的案件总数为 32 件，占全部案件的 10%。其中涉及代码抄袭的案件有 11 件，占 34.4%；美术资源抄袭的案件有 12 件，占 37.5%；美术、玩法、设定、规则等多种因素排列组合综合侵权的案件有 9 件，占 28.1%（见图 24）。

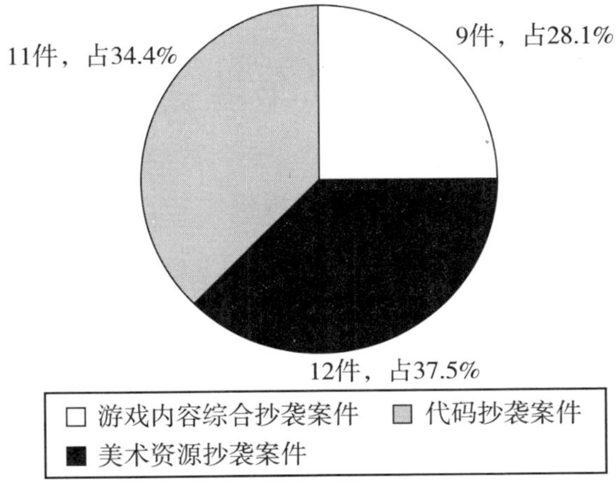

图 24　游戏内容侵权统计

此类案件是近几年出现较多的新型案件，由于大部分的产品抄袭并非直接的全盘使用，而是经过一定修改后再使用，因此导致这类型的案件举证难度大，证明困难，法律事实比较复杂，诉讼成本比较高，维权主体在提起诉讼时也较为谨慎。

但是值得说明的是，因游戏内容侵权而提起诉讼的这32件案件中，包含了本次统计中侵权赔偿数额最高的几件案件，因此，就大量的抄袭和侵权行为而言，一旦被法院认定侵权事实成立，赔偿金额方面亦会相较其他侵权案件大为提高。

而在司法实践中，法院也在逐步加强对游戏的保护力度，特别是在游戏画面、规则等方面的认定，都有了新的突破。因此，笔者也可以借此推断，在此种司法实践的趋势下，维权主体对侵权行为的包容尺度会日渐降低，此类型的案件数量将有大幅度的增长。

四、对外宣传侵权

对外宣传侵权是在游戏产品的推广、宣传过程中，使用其他产品的名称、人物形象的图片、小说的剧情内容等侵权行为，经统计，此类型的案件数量为10件，占全部案件的3.1%。

在买量投放盛行的情况下，此种类型的侵权行为比较容易发生。很多推广买量的渠道商为了导量，在推广过程中频繁使用其他游戏产品的名称或者人物美术形象来吸引用户，此种模式下产生的纠纷数量已经十分巨大。但是由于此类侵权行为的周期短且涉及的作品数量较少，目前被侵权者还较多地采用发函等方式来进行维权。然而在侵权行为增多的情况下，诉讼维权的案件数量亦会不可避免地增多。

五、动漫作品、小说、电影改编成游戏侵权

本次大数据统计中，因擅自将动漫作品改编成游戏构成侵权的情形集中表现为使用动漫作品的美术形象创作小游戏，涉及该类型的案件数量一共为53件。在权利人能够证明相应美术形象作品权属的情况下，法院认定未经授权使用他人享有著作权的作品，构成侵犯著作权。

因擅自将小说、电影改编成游戏而构成侵权的案件一共为11件，表现为擅自使用小说的人物名称、设定或者剧情内容。此类案件中比较有代表性的是将

金庸小说改编成游戏，主要是使用金庸小说的人物名称、人物关系设定、武功名称等内容。

六、游戏衍生行业的侵权行为

随着网络游戏的迅速发展，游戏衍生行业也蓬勃发展起来，游戏电竞赛事、游戏直播、游戏周边等衍生行业也产生巨大的利益，由此也产生一些相关的诉讼和纠纷，此类型案件数量为12件。

无论直播的电竞赛事、游戏直播的解说内容、游戏直播的内容是否在个案中被认定为侵权，只要未经权利人允许直播赛事，转播其他游戏主播的解说内容，游戏直播他人的游戏内容都有可能被认定构成不正当竞争。

七、游戏中使用未经授权的音乐、字体侵权

在321件案件中，存在2件未经授权使用他人音乐作品的案件以及2件未经授权使用字体的案件。关于音乐作品的著作权定性毋庸置疑，但是对于字体是否属于著作权法保护的范围仍有争议的空间。

第二节　侵权事实能否被认定的障碍

在笔者统计的321件案件中，全部诉讼请求被驳回的案件数量一共是40件，胜诉率为87.5%（见图25）。

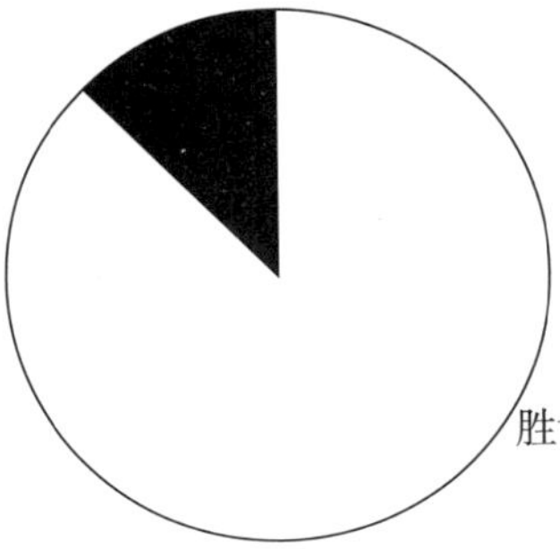

图25　胜诉比例统计

笔者分析了40件案件败诉的原因,发现这些案件未能获得法院支持的原因可以分为以下几点(见图26):

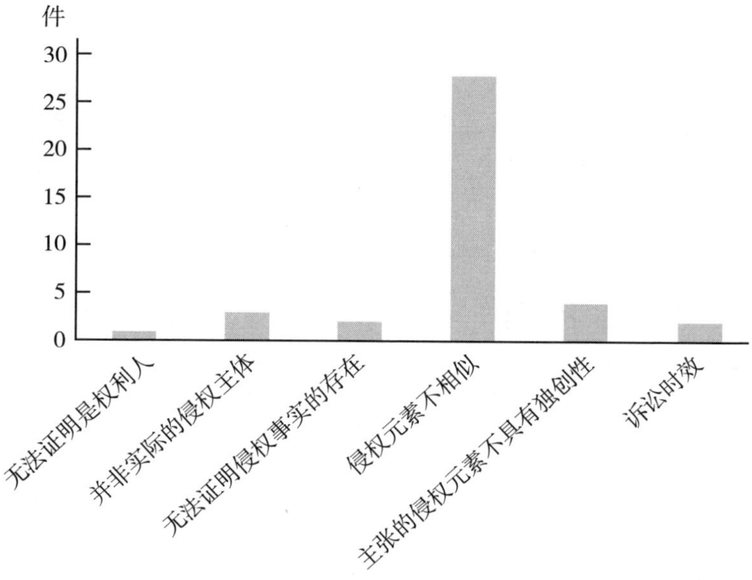

图26 败诉原因统计

从上述数据分析可以看出,败诉的原因主要在于侵权元素实质性相似的判断问题上,其次在于主张的侵权元素是否具有独创性以及是否属于法律保护的范畴。

第三节 法院判决赔偿数额具体情况

一、法院判决赔偿数据区间

笔者分析了321件案件中法院作出胜诉判决的赔偿损失金额,可以看出整体趋势(见图27)。

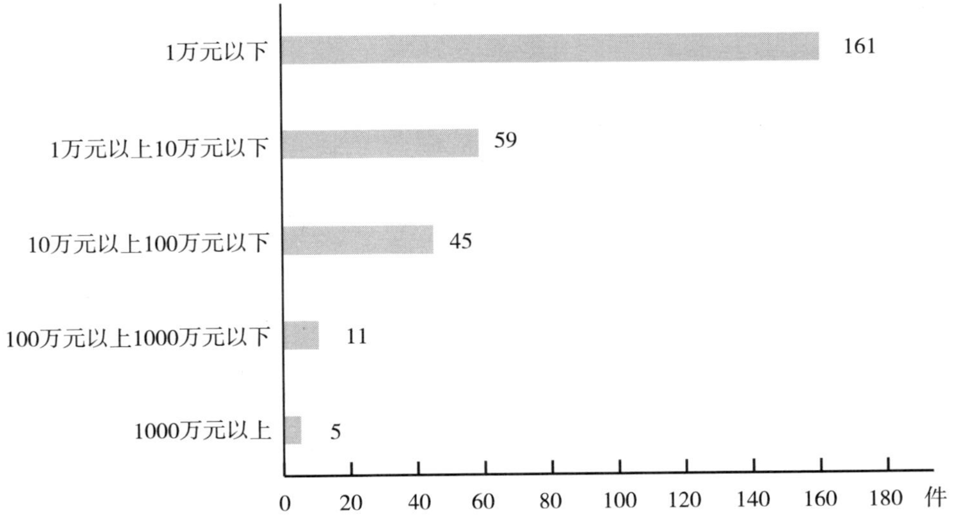

图 27 胜诉判决判赔数额区间统计

其中判决赔偿金额[①]在 1 万元以下的案件所占比例最高,共 161 件;1 万元以上 10 万元以下的案件数量为 59 件;10 万元以上 100 万元以下的案件数量为 45 件;100 万元以上 1000 万元以下的案件数量为 11 件;1000 万元以上的案件数量仅有 5 件。可以看出赔偿金额较高的案件数量相对较少,整体判决赔偿金额不高。

二、法院判决赔偿金额的依据

由于行业的特殊性以及无形资产所面临的普遍问题,游戏行业的侵权诉讼案件一方面很难证明侵权所造成的经济损失的数额,缺乏明确的计算标准;另一方面由于收入数据隐蔽性的问题,很难证明侵权方的实际违法所得。因此,在法院支持赔偿的 281 件案件中,仅有 1 件法院是按照对方的非法获利认定赔偿数额,而且也是因为该案在刑事调查阶段相关执法机关已经查明非法所得的数额。其余的 280 件案件中,法院均采取酌定的方式确定赔偿数额。

① 此处判决金额统计中,以上含本数,以下不含本数。

第四节　从大数据看网络游戏行业司法保护的趋势

一、对游戏的法律保护范围越来越广

通过对案件大数据的时间链条进行分析，可以发现，司法实践中对于网络游戏的认知和保护程度在不断地深化。由于网络游戏行业属于比较新兴的行业，对于画面、规则等游戏相关内容在法律上应该如何定性、应该使用何种权利进行保护等问题，法律一直在不断地前进并通过司法实践创设或者明确相应的保护规则。

比如，在上海某科技有限公司诉广州某科技有限公司、广州某网络科技有限公司等著作权侵权及不正当竞争纠纷①一案中，法院首次认定游戏的整体画面构成类电影作品，可以作为类电影作品获得著作权法的保护。

苏州某数字科技股份有限公司与成都某科技有限公司、北京某科技有限公司著作权侵权纠纷一案②中，一审法院认为涉案游戏的玩法规则之特定呈现方式，可以认定为其具有独创性，受《著作权法》保护，其对游戏玩法规则在司法实践中可以得到认可和保护创造了先例，二审法院对此也予以维持。

二、网络游戏行业案件胜诉比例较高

从前文的大数据分析的结论可以看出，321 件案件中，法院判决胜诉的案件数量为 281 件，高达 87.5%。

三、诉讼禁令开始出现

由于司法诉讼流程较长，经统计，诉讼流程在 1 年以上的案件超过 95 件，2 年以上的案件数量为 35 件，有的案件流程甚至超过 4 年以上。对于网络游戏

---

① 案号：(2016)沪 73 民终 190 号。

② 案号：(2018)苏民终 1054 号。

这样一个更新迭代十分迅速、一款游戏在 3 个月内能走完兴衰流程的行业来说，长达数年之久的司法诉讼行为对于权益的保护往往有很大的滞后性。

但是近年来，维权的公司开始频繁向法院申请诉前或诉讼行为保全的方式来对侵权行为进行限制，保护自己的权益。

2014 年，海淀区人民法院在案件审理过程中发布诉讼禁令，要求被告立即停止侵权游戏的宣传、测试、运营等事宜。

2015 年，广州市知识产权法院在某两案中发布临时禁令，禁止被告复制、发行、传播侵权游戏。

2017 年，长沙中级人民法院也在审理的一个案件中发布禁令，停止诉争游戏的下载、安装、宣传及运营行为，效力维持到案件判决生效日止。行为保全期间不影响被告为该游戏用户提供退费等服务。

四、司法判赔金额越来越高

多年来，由于知识产权案件类型的特点，司法实践中对于损失酌定的标准普遍较低，往往导致侵权行为的获利远远高出因为侵权最终被判决承担的赔偿责任。

但是，近年来，随着在司法实践中，法官对游戏行业的了解和深入，法院对侵权赔偿金额的酌定标准也在逐步的提高，开始不断出现千万元以上赔偿金额的案件，并且法院判决的赔偿金额也在逐年提高（见图 28）。

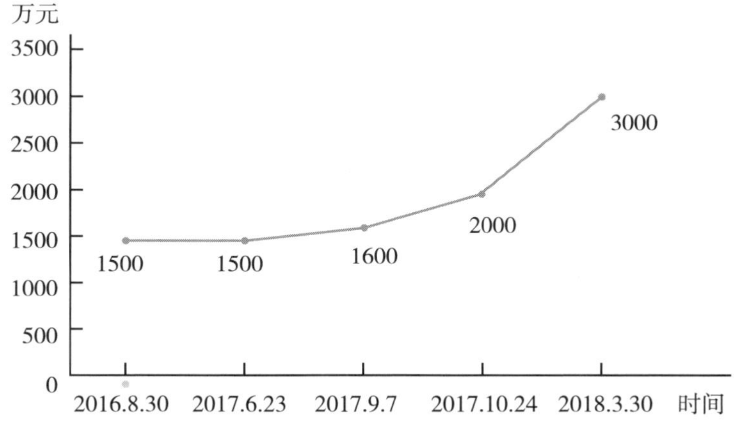

图 28 判决金额曲线

五、越来越多的公司选择了诉讼维权的方式

随着司法保护的范围越来越广，法院对游戏侵权案件的判赔金额逐年提升，以及行业竞争越来越激烈的情况下，越来越多的公司选择通过诉讼的途径，来维护自己的合法权益，案件的数量也在逐年的稳步增长①（见图29）。

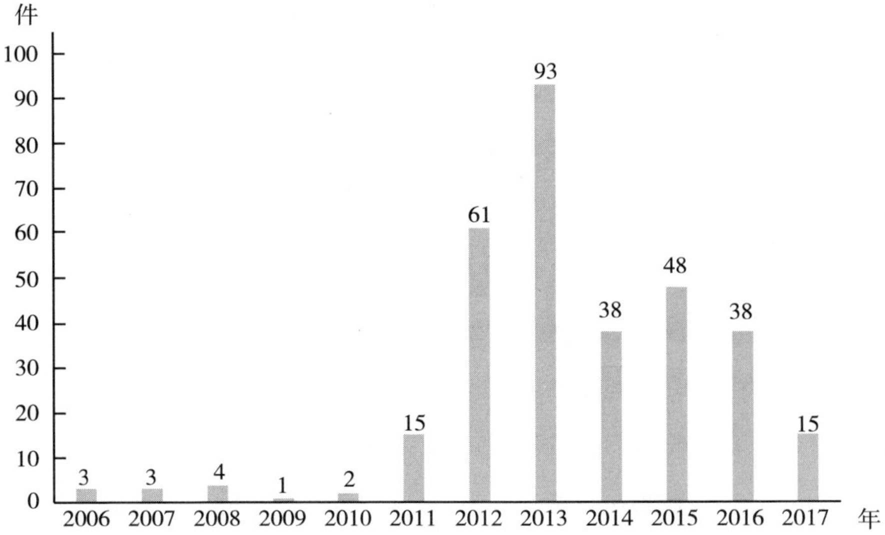

图29　2006年至2017年案件判决数量

第五节　游戏公司通过诉讼维权仍然面临的困难和障碍

虽然从整体的趋势来看，司法环境越来越完善，对行业的保护越来越深入，但是由于网络游戏行业本身特点的问题，各游戏公司在通过诉讼维权时，仍然存在一些困难和障碍。

---

① 一般在案件审理完毕之后，法院才会将该案件的判决上网公示，而且由于起诉到判决的时间间隔较长，再加上判决上网公示的滞后性，因此时间越靠后，案件数量的统计就越具有不完全性。

一、侵权行为复杂和隐蔽，举证成本高

由于游戏行业本身的特性，导致侵权具有极为复杂的特性，主要体现在侵权主体多重和隐蔽、游戏作品权利基础复合、侵权行为变动较大导致取证困难、损害结果难以量化等多个方面。

究其原因，一是因为游戏行业中，一款游戏从开发到运营会涉及各种复杂的上下游主体，并且很多时候侵权主体隐藏在网络之后，需要通过各种途径、方式以及证据才能确定真正的侵权主体；二是因为游戏本身是一种综合性的作品，一款游戏往往是多个元素（如美术、音乐、文字）的集合，导致了侵权行为中的权利基础和属性定性极其复杂；三是因为一部分的侵权行为的出现存在随机性，另一部分的游戏侵权行为也会随着技术和产品的迭代而发生多种变化，从而导致了在实际追责中取证的困难。

二、损失和侵权获利难以证明，赔偿数额不高

虽然根据之前的大数据的分析，相关游戏侵权案件的赔偿数额在不断提高，但是迄今为止在游戏行业内判赔金额最高的为 3000 万元[①]，相对一款侵权游戏可能达到的数千万元甚至数亿元的收益来说，侵权成本远低于侵权获利。

同时，由于游戏的开发成本和游戏价值计算的复杂性，侵权产品的获利往往由于维权人无法获得等原因，导致无法量化侵权的损害后果，从而出现较多的争议。

虽然目前法院也逐步在通过一些行业内比较通行的计算方式来计算其侵权游戏的获利，但是往往很多时候，维权主体无法获得侵权产品的相关数据，导致无法依据公式计算相应的侵权所得，这也往往是案件处理中的难点之一。

三、不同地区的法院对游戏核心玩法、数值、规则的保护标准尺度不统一

虽然现在司法实践中，对游戏内容的保护在逐步扩大，但是由于游戏本身

---

① 另有著作权权属纠纷、侵权纠纷、商业贿赂不正当竞争纠纷案的一审判决金额为 4524 万余元，案号为（2017）粤 03 民初 559 号，但并非终审判决。

具有一定的专业性和技术性，且并无准确可量化的判断标准和尺度，因此不同的法院甚至同一法院不同的法官由于认知尺度的不一，对相同案例也会作出不同的判决。

比如在笔者检索的案件中，就出现过对同一问题，不同的法院分别作出了不同结论的情形。对于某一款游戏的门派法术技能的设定规则，一个法院认为该门派技能法术介绍是汉语的日常用语或西游记的内容或是简单组合，不享有著作权；而另一个法院认为该文字作品属于运用独特的词句组合方式，在整体描述具有武侠剧情的网络游戏背景故事之余，留存玩家互动参与塑造具体人物、情节的空间，同时兼有介绍游戏体系和游戏规则的功能，此种思想表达方式在当时具有独创性，应受法律保护。

四、诉讼流程时间长，制止侵权行为不及时

由于司法审判存在一审、二审的流程，因此一个诉讼案件要走完相应的法律程序需要一段不短的时间，越是复杂的案件，法院需要的审理时间就越长，不可避免地导致对侵权行为的制止在时效性方面成效甚微。

前文提到禁令的出现让侵权行为能够提前止损，但是在现今司法环境下，法院对禁令的作出仍然持十分审慎的态度，而且禁令的作出也需要一定的担保成本，因此能够通过禁令提前阻却侵权行为的机会非常之小。

从上述大数据分析可以看出，一款网络游戏涉及多方面的综合的复杂权属，往往并不能单纯地只通过某一种知识产权的权利类型进行保护，接下来的内容中，笔者将从商标权、著作权、专利权以及商业秘密等角度，并结合大数据的分析，来分别探讨一款网络游戏需要被保护的知识产权问题。

第二章　网络游戏商标权的保护

商标权是一种法定的权利，只有获得了相关的注册商标，才有可能获得商标权的保护，注册商标的申请和获得是网络游戏经营主体通过商标权进行保护的前提基础。

第一节　网络游戏商标权的保护

根据商标法的规定，任何能够将自然人、法人或者其他组织的商品区别开的标志，包括文字、图形、字母、数字、三维标志、颜色组合和声音等，以及上述要素的组合，均可以作为商标申请注册。因此，在网络游戏中，相关的权利主体为了将自己开发或者运营的游戏与其他人的区别开来，可以申请相应的注册商标，以保护自己的合法权利。

为了更好地维护自己在商标方面的合法权利，网络游戏开发商或者运营商在游戏商标权的保护方面需要明确可以用于申请注册商标的内容。

一、公司名称、特定的品牌或者特殊的标识

在网络游戏行业内，试图开展和进行品牌化运营的游戏公司，可以将自己的公司名称，或者游戏品牌的名称或者特殊图形的标识申请进行商标保护。

在业界部分较为知名的游戏公司，除通过公司名称将自己开发或者运营的游戏与其他主体相区别外，还可设计专门的游戏品牌 LOGO 或者标识，以便更好地让用户识别自己的产品。用户在打开一款游戏时，最先出现的往往是这个

公司专门的游戏品牌或者标识。

因此，如果一个游戏公司有自己独特的名称、专有的品牌设计或者标识，建议对该部分的名称进行首要的商标保护。

下面将结合案例来分析公司名称、特定的品牌或者特殊标识注册商标保护的重要性。

（一）游戏公司名称注册商标后，受到保护的案例

【典型案例】北京某科技有限公司（以下简称北京某公司）与深圳市某信息技术有限公司（以下简称深圳某公司）、广州某信息技术有限公司（以下简称广州某公司）商标权权属、侵权纠纷案①

北京某公司于2013年申请注册的第12××××22号“拇×玩”商标核定使用的商品为第42类计算机编程；计算机软件设计、维护、安装、出租；计算机程序复制等，专用权期限自2014年10月21日至2024年10月20日。2014年申请注册的第13××××85号“MU×××WAN”商标核定使用的商品为第9类电子出版物；计算机软件；计算机程序、电脑软件等，专用权期限自2015年3月14日至2025年3月13日。2014年申请注册的第13××××89号“MU×××WAN”商标核定使用的商品为第35类计算机网络上的在线广告；广告；广告代理等，专用权期限自2015年3月14日至2025年3月13日。2014年申请注册的第13××××87号“MU×××WAN”商标核定使用的商品为第42类计算机编程；计算机软件设计、维护、安装、出租；计算机程序复制等，专用权期限自2015年3月14日至2025年3月13日。

而深圳某公司将其公司命名中含有“拇×玩”三字，并在其经营的网站中公开宣称该平台专注于经营手机游戏、软件等产品的发行、联合运营、代理等业务，还大量发布手机游戏程序员、渠道经理等招聘信息。

北京某公司认为深圳某公司在产品上与其存在竞争关系，且未经许可，擅

---

① 案号为（2015）深宝法知民初字第1631号，此为一审判决，根据公开渠道暂无法确认是否进入二审流程。

自使用与其相同和近似的注册商标进行自我宣传，客观上减弱了其商标的显著性，侵犯了原告享有的注册商标专用权。

对此，一审法院认定，北京某公司依法享有“拇×玩”第28类、第42类、第45类注册商标专用权及“MU×××WAN”第9类、第35类、第42类注册商标专用权。上述商标处于法律规定的保护期之内，依法应受到法律的保护。

深圳某公司的经营范围为计算机网络技术咨询、技术开发，移动互联网软件的开发与销售，广告等。其公开在经营的网站中宣称该平台专注于经营手机游戏、软件等产品的发行、联合运营、代理等业务。与北京某公司的业务存在近似，在产品上存在竞争关系。

北京某公司开发了“拇×玩”游戏产品及相关游戏下载平台，并致力于宣传、推广“拇×玩”品牌产品，涉案商标“拇×玩”因其使用和广泛宣传已产生较强的显著性，代表了提供的服务品质和品牌价值，在业内人士和相关公众中有较为广泛的影响力与知名度。

深圳某公司成立的时间，晚于北京某公司的名称变更时间、注册商标核准时间及成立广州分公司的时间，且当时北京某公司“拇×玩”商标已经享有一定知名度。同时，互联网领域有弱地域性的特点，因此可以推定深圳某公司明知北京某公司的注册商标使用情况。因此深圳某公司名称中含有的“拇×玩”三个字，是其中的主要识别部分，容易使相关公众对北京某公司与深圳某公司提供的服务产生混淆和误认。作为相同领域的经营者，在明知相关情况下仍将“拇×玩”文字组合登记并作为企业名称进行商业使用，在主观上有攀附北京某公司企业字号和涉案注册商标的故意，明显违背诚实信用原则和公认的商业道德，属于典型的不正当竞争行为，依法应当予以禁止。

（二）在游戏名称没有商标的情况下，通过公司的特别标识或者其他品牌的名称予以保护自己的权利

【典型案例】 北京某通信科技股份有限公司(以下简称某通信公司)与深圳市某计算机系统有限公司(以下简称某计算机公司)、某科技(深圳)有限公司(以下简称某科技公司)等不正当竞争、垄断纠纷案①

某计算机公司、某科技公司于2010年7月发现某通信公司通过互联网传播一款名为“Q×斗地主”的手机游戏产品，并通过对安装用户收取每次4元的使用费获利。某通信公司经营的上述手机游戏软件产品，名称与某计算机公司的手机软件名称相同，在软件初始界面和游戏背景文字上多处使用“Q×”图形标识以及与“企×”图形相似的企×头标来装饰软件界面、图标、头像、底图等部位。

对此，某计算机公司、某科技公司提起诉讼，要求判令停止商标侵权行为和不正当竞争行为，赔礼道歉、消除影响，赔偿经济损失100万元和合理费用6万元。

法院认为：根据我国商标法的有关规定，未经注册商标专用权人的许可，在同一种或者类似商品使用与其注册商标相同或者近似的商标的，为侵犯注册商标专用权的行为。本案中，涉案游戏中出现了“正在打开Q×斗地主”“关闭应用软件Q×斗地主”文字，以及企×、“Q×GAME”标识。上述内容与某计算机公司、某科技公司享有商标权的第466××32号、第350××23号、第466××57号、第191××47号、第196××25号、第191××48号、第195××12号、第17××671号注册商标相同或近似，因此涉案游戏是侵犯某计算机公司、某科技公司注册商标专用权的侵权商品，故某通信公司系该游戏的提供者且提供收费服务，侵犯了某计算机公司、某科技公司的注册商标专用权，应当承担相应的法律责任。

---

① 案号：(2014)二中民终字第00171号。

二、游戏名称或者游戏标识

（一）游戏名称

游戏名称，在业内一般用来指称或描述某款游戏，可以用来区分不同的网络游戏，用户一般通过游戏名称来识别和区分市面上所存在的各种网络游戏。对于知名度较高的网络游戏，用户更容易将对应的名称与游戏的提供者或者该款游戏相关联。

在业内，将游戏名称申请商标保护已经是一种业界常态，但是在实践中，游戏名称能否作为商标使用，要看其是否发挥区分商品和服务来源的功能，虽然大部分的游戏名称可以实现这一功能，但也不必然在任何情况下都实现这一作用。比如游戏名称为“麻将”“斗地主”等，由于麻将和斗地主已经成为一种游戏玩法的通用名称，这种游戏名称仅是对该游戏玩法的描述，显著性不强，不具有区分游戏产品来源的功能，因此这种名称首先是难以注册成为商标，或者获得商标注册之后，可能难以受到保护。

【典型案例】　北京某数码科技有限公司（以下简称某数码公司）与深圳市某计算机系统有限公司（以下简称某计算机公司）侵害商标权纠纷案①

某数码公司起诉称，2010 年其自行研发并发行了网络游戏“三 × 塔防”，在多个销售平台在线发售。2012 年 3 月 16 日，其向国家商标局申请“三 × 塔防”为注册商标，并于 2013 年 5 月 14 日取得了“三 × 塔防”注册商标。2012 年下半年，某计算机公司在其开放平台上公开发布一款名为“塔防三 × 志”的网络游戏，对外大肆宣传并取得了巨额经济利益。其认为这种未经许可，在同一款网络游戏中使用与注册商标近似商标的行为，侵犯了其商标权，并造成了巨额经

---

① 案号为（2015）朝民（知）初字第 37184 号，此处为一审判决，根据公开渠道暂无法确认是否进入二审流程。

济损失。

一审法院认为：注册商标中含有的本商品的通用名称，注册商标权人无权禁止他人正当使用。某数码公司在第41类“（在计算机网络上）提供在线游戏”注册的第106××145号文字商标“三×塔防”，其构成组合缺乏显著特征。“三×塔防”中含有两个词组“三×”和“塔防”，“三×”是特指我国的一段历史时期，“塔防”是一类网络游戏的统称，其两者的组合构成的文字商标显著性极低。在网络游戏领域中，对游戏类别名称的使用，任何人不能垄断。而涉案游戏的题材涉及三×，表述为“三×志”有其合理性；游戏的类别属于塔防类，“三×志”与“塔防”的组合，反映了涉案游戏的内容、特点，符合公众惯常理解的方式，故涉案游戏“塔防三×志”名称的使用具有正当性。因此，“塔防三×志”对某数码公司的注册商标不构成侵权，从而最终驳回了某数码公司的全部诉讼请求。

（二）网络游戏标识

网络游戏标识是指网络游戏的icon或者特殊设计的标识，如果网络游戏的提供者在提供网络游戏的同时，经常性地提供该特殊设计的标识，足以使用户通过该特殊标识与其提供的网络游戏相关联，可以将该标识申请商标予以保护（见图30）。

商品/服务：演出；娱乐信息（消遣）；在计算机网络上提供在线游戏；教育信息；出借书籍的图书馆；在线电子书籍和杂志的出版；电子桌面排版；提供在线电子出版物（非下载）；除广告片外的影片制作；组织教育或娱乐竞赛；广播和电视节目制作；演出制作；娱乐；查看详细信息

类似群：4101;4102;4103;4104;4105;

申请/注册号 申请日期 2014年05月22日 国际分类 41

申请人名称（中文） 有限公司

图30　某游戏图形商标信息

三、游戏内具有一定知名度的特殊场景、人物等的名称

对于某些知名度较高的游戏产品，除了该游戏的名称之外，该游戏内的特

殊场景名称、人物名称或者别称也具有足够高的知名度,某些试图将自己游戏与知名游戏相关联或者误导用户二者之间存在关联的侵权主体,并非简单地使用知名游戏的名称,反而有可能使用游戏内较为知名的游戏场景、人物甚至游戏的别称等名称。

因此,在条件允许且商标保护特别重要的某些产品中,可将比较特殊的,知名度较高的某些场景、人物的名称,予以商标申请和保护(见图 31)。

申请/注册号	国际分类	申请日期	商标名称	申请人名称
2[redacted]9	41	2018年02月07日	狱岩石	[redacted]股份有限公司
2[redacted]8	9	2018年02月07日	远古镇魂曲	[redacted]股份有限公司
2[redacted]7	41	2018年02月07日	远古镇魂曲	[redacted]股份有限公司
2[redacted]6	9	2018年02月07日	月光酒馆	[redacted]股份有限公司
2[redacted]5	41	2018年02月07日	月光酒馆	[redacted]股份有限公司
2[redacted]4	9	2018年02月07日	月溪镇	[redacted]股份有限公司
2[redacted]3	41	2018年02月07日	月溪镇	[redacted]股份有限公司
2[redacted]2	9	2018年02月07日	震颤的大地	[redacted]股份有限公司
2[redacted]1	41	2018年02月07日	震颤的大地	[redacted]股份有限公司
2[redacted]7	9	2018年02月07日	荒古遗尘	[redacted]股份有限公司
2[redacted]6	41	2018年02月07日	荒古遗尘	[redacted]股份有限公司
2[redacted]5	9	2018年02月07日	抉择之沼	[redacted]股份有限公司
2[redacted]4	41	2018年02月07日	抉择之沼	[redacted]股份有限公司
2[redacted]3	9	2018年02月07日	兰蒂卢斯的鹰犬	[redacted]股份有限公司
2[redacted]2	41	2018年02月07日	兰蒂卢斯的鹰犬	[redacted]股份有限公司
2[redacted]1	9	2018年02月07日	灵魂晶石	[redacted]股份有限公司
2[redacted]0	41	2018年02月07日	灵魂晶石	[redacted]股份有限公司
2[redacted]9	9	2018年02月07日	流光星陨刀	[redacted]股份有限公司
2[redacted]8	41	2018年02月07日	流光星陨刀	[redacted]股份有限公司
2[redacted]7	9	2018年02月07日	根特	[redacted]股份有限公司
2[redacted]6	41	2018年02月07日	根特	[redacted]股份有限公司

图 31 某游戏内场景商标注册信息

网络游戏行业的商标保护十分重要,在一般情况下,如果未对相关游戏名称或者标识申请商标进行商标权保护,在他人使用与自己提供的游戏名称或游戏标识相同或近似的名称或者商标,并试图借此引流自己产品客户的情况下,只能根据《反不正当竞争法》第 6 条第 1 项的规定"擅自使用知名商品特有的名称、包装和装潢"来主张权利,而依据此条款主张权利的基础,必须首先证明所提供的游戏属于知名商品。如果对相关名称和标识申请了商标权,即可以通过商标权予以保护。

同时,商标权有时会对产品运营甚至公司上市都产生实质性的影响。根据近日中国证监会公布的新规,没有第 9 类注册商标的互联网企业可能将无法上市。而中国证监会《首次公开发行股票并上市管理办法》规定发行人应合法拥有与其生产经营有关的商标所有权或使用权,因此,如网络游戏行业的主体未及时申请相关类别的商标,可能导致公司无法上市并将为此付出巨大的代价。

第二节　网络游戏商标的注册和申请

一、需要申请的商品或服务类别

根据《商标法》的相关规定,除驰名商标外,商标权的保护一般基于与注册商标相同或近似的商品和服务的类别。因此,为了更好地保护相关商标,选择合适和准确的商标或者服务类别至关重要,网络游戏行业一般有以下几种选择商品或服务类别的方式:

(一)商标注册类别的概念

商标是区别商品或服务来源的一种标志,每一个注册商标都是用于指定的商品或服务上。

国际上为了商标检索、审查、管理工作的需要,把某些具有共同属性的商品组合到一起,编为一个类,将所有商品及服务共划分为 45 个类别,形成了《类似商品和服务区分表》。《类似商品和服务区分表》由多个层次所组成,分别为类、群组、项目三个层次,全表共有 45 个类别,其中前 34 类为商品分类,后 11 类为服务分类。以网络游戏最常见的所属类别第 41 类为例(见图 32)。

第四十一类

【4101 组】教育

【4102 组】组织和安排教育、文化、娱乐等活

【4103 组】图书馆服务

【4104 组】出版服务

【4105 组】文娱、体育活动的服务

【4106 组】驯兽

【4107 组】单一服务

4105–文娱、体育活动的服务（2018版本）

410003游乐园服务；410004娱乐服务；410006电影摄影设备出租；410007演出；410008电影摄影棚服务；410009马戏表演；410013演出用布景出租；410014提供娱乐设施；410015无线电文娱节目；410018唱片出租；410019电影胶片出租；410020除广告片外的影片制作；410021体操训练；410025收音机和电视机出租；410026广播和电视节目制作；410027综艺表演；410028管弦乐团；410029戏剧制作；410030演出制作；410031电视文娱节目；410032舞台布景出租；410035提供体育设施；410043俱乐部服务（娱乐或教育）；410047迪斯科舞厅；410050娱乐信息；410053提供高尔夫球设施；410054健身俱乐部（健身和体能训练）；410055假日野营娱乐服务；410056现场表演；410057电影放映；410060筹划聚会（娱乐）；410062提供博物馆设施（表演、展览）；410063录音棚服务；410064娱乐消遣信息；410065浮潜设备出租；410066体育设备出租（车辆除外）；410067体育场设施出租；410068录像机出租；410069录像带出租；410071体育野营服务；410073体育比赛计时；410078演出座位预订；410079配音；410084游戏厅服务；410085音响设备出租；410086剧院或电视演播室用灯光设备出租；410087网球场出租；410088摄像机出租；410089非广告剧本的编写；410090录像带剪辑；410093配字幕；410094在计算机网络上提供在线游戏；410095提供卡拉OK服务；410097作曲；410098夜总会娱乐服务；410100摄影报道；

图 32　类似商品和服务区分表第 41 类

在申请商标注册时，可以选择申请一个类别中的一个群组的一个项目注册，也可以就多类别、多群组、多项目申请注册。

（二）多类别、全类别的注册商标

这是一些大型游戏公司或针对某款“爆款游戏”保护商标权的通行做法，这样做的好处是在日后维权或诉讼中，权利归属非常明确，基本不用担心因为没有相应的商标权，而无法主张商标侵权的赔偿（见图 33）。

WWW.CTMO.GOV.CN SBJ.SAIC.GOV.CN　帮助　当前数据截至：（2018年09月18日）

检索到86件商标　仅供参考，不具有法律效力

序号	申请/注册号	国际分类	申请日期	商标名称	申请人名称
1	[redacted]6024	19	2018年04月23日	[redacted]	[redacted]（深圳）有限公司
2	[redacted]571	35	2018年01月02日	[redacted]	[redacted]（深圳）有限公司
3	[redacted]953	41	2017年12月08日	[redacted]	[redacted]（深圳）有限公司
4	[redacted]680	35	2017年12月08日	[redacted]	[redacted]（深圳）有限公司
5	[redacted]662	28	2017年12月08日	[redacted]	[redacted]（深圳）有限公司
6	[redacted]528	9	2017年12月08日	[redacted]	[redacted]（深圳）有限公司
7	[redacted]305	21	2017年12月08日	[redacted]	[redacted]（深圳）有限公司
8	[redacted]878	7	2017年12月08日	[redacted]	[redacted]（深圳）有限公司
9	[redacted]667	22	2017年12月08日	[redacted]	[redacted]（深圳）有限公司
10	[redacted]108	24	2017年12月08日	[redacted]	[redacted]（深圳）有限公司
11	[redacted]554	45	2017年12月08日	[redacted]	[redacted]（深圳）有限公司
12	[redacted]701	25	2017年12月08日	[redacted]	[redacted]（深圳）有限公司
13	[redacted]272	42	2017年12月08日	[redacted]	[redacted]（深圳）有限公司
14	[redacted]739	8	2017年12月08日	[redacted]	[redacted]（深圳）有限公司
15	[redacted]258	37	2017年12月08日	[redacted]	[redacted]（深圳）有限公司

图 33　某游戏名称多类别注册商标信息

但需要注意的是多类别注册会增加商标注册的成本，同时根据我国《商标法》的规定，如连续3年不使用的，任何单位或个人可以向商标局申请撤销注册商标。也就是说，除游戏类别外，其他类别的注册商标不使用的，可能会面临被撤销的风险。

（三）在网络游戏的密切相关类别注册商标

由于网络游戏是指网络游戏提供者提供的由软件程序和信息数据构成，通过互联网、移动通信网等信息网络提供的游戏产品和服务，因此可以看出提供网络游戏主要会包括以下商品或服务：提供游戏软件的产品，提供在线游戏的服务或者软件服务。

结合上述概念，考虑网络游戏的功能和用途以及《类似商品和服务区分表》的规定，可以看出与网络游戏产品最为相关的类目为：第9类的计算机游戏软件，第41类（在计算机网络上）提供在线游戏服务，以及第42类的软件服务。

但是根据最高人民法院《关于审理商标民事纠纷案件适用法律若干问题的解释》，《商标注册用商品和服务国际分类表》《类似商品和服务区分表》可以作为判断类似商品或者服务的参考，在具体案件的处理中要综合考虑商品的功能、用途、生产部门、销售渠道、消费对象、服务的目的、内容、方式、对象等来认定商品或服务是否类似。

因此，在考虑商品与服务是否类似时，要看商品和服务之间是否存在特定的联系、容易使相关公众混淆。因此，除上述第9类、第41类、第42类等直接相关的商品和服务类目外，同时注册与网络游戏密切相关类目的注册商标也存在一定的必要性。在实践中，第28类的游戏机产品、第38类的通讯服务以及第45类的社交网络服务等均可能存在较为密切的关联性。

（四）注册网络游戏利益化衍生的相关类别商标

一款成功的网络游戏可能会产生一系列的衍生产品和服务，带来巨大的商业利益，如第16类的文具产品、第18类的箱包、第25类的服装、第28类的玩具以及第3类的化妆品、第9类的眼镜甚至第32类的饮料、第30类的食品。网络游戏的游戏名称在这些产品上作为商标性使用都有可能带来巨大的商业利益，即使游戏公司自身并不经营相关的商品，也可以在注册商标后将商标许可给其他生产商使用，进而赚取许可费。在商品化利益相关类别的注册中，除游戏名称外，可以考虑游戏中的角色名称、特定场所名称、道具、技能名称等标识。这些具有高知名度的标识同样能够带来商业利益，因此，关于商标注册，在具体的商品或者服务的选择过程中，要充分考虑游戏的特点、风格、玩家群体等来界定商标注册的范围。

同时，由于泛娱乐化的相关经营理念和现状，在实践中，网络游戏授权改编小说或者拍摄电影电视的情形也十分普遍。因此，为了在日后的改编行为中能够使用该游戏的名称，也可以提前考虑申请小说、电影电视的相关类别的注册商标，如第41类的出版书籍、文娱、体育活动的服务、教育娱乐等以及第35类广告等类目。

二、商标的申请和注册流程

商标申请需要进行形式审查、实质审查、审定公告、注册公告等流程，同时在注册申请的过程中，还可能面临商标局或者商标评审委员会审查不通过或者其他主体异议，因此取得一个注册商标需要耗费较长的时间，为不影响游戏产品的上线和权利保护，在许可的情况下，应及早定名，并早日申请注册商标。

按照《商标法实施条例》的规定，申请注册商标，在商标无取得障碍的情况下，一般可能耗费12个月的时间；如果面临被商标局或者商标评审委员会驳回，则可能需要18个至20个月的时间；如果面临其他商标权利人的异议，则可能耗费到21个至45个月的时间。全部申请注册流程可参照以下商标申请的流程简图（见图34）。

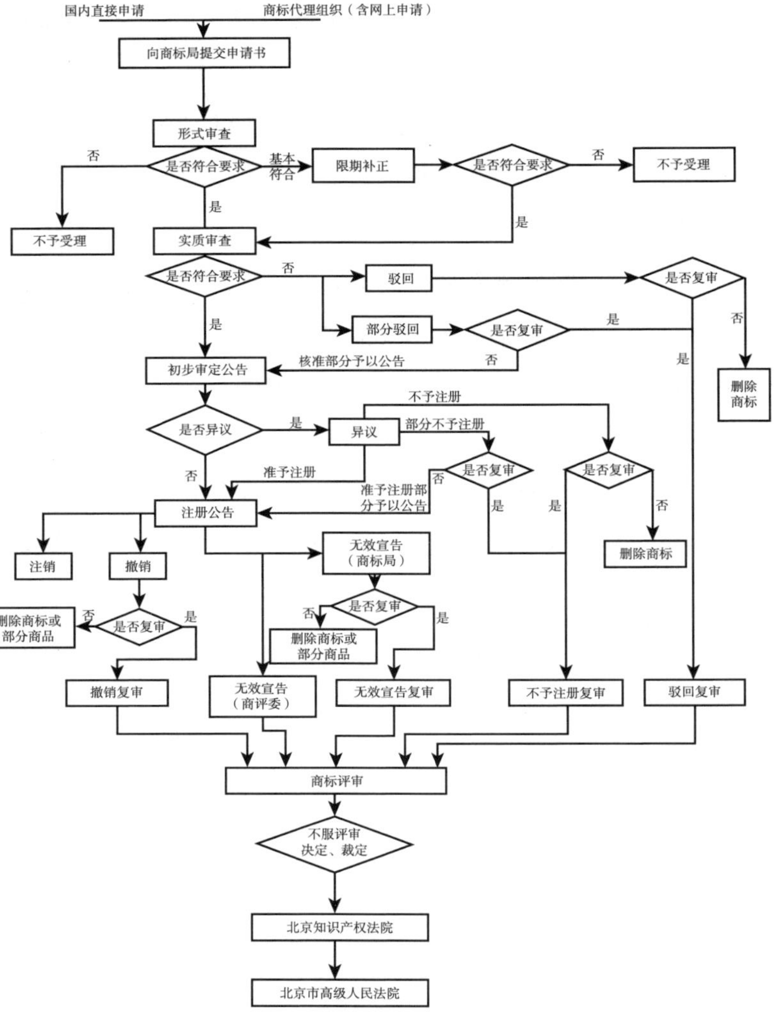

图 34　商标局官网公布的商标注册流程

三、不能申请商标的情形

《商标法实施条例》第 21 条规定："商标局对受理的商标注册申请，依照商标法及本条例的有关规定进行审查，对符合规定或者在部分指定商品上使用商标的注册申请符合规定的，予以初步审定，并予以公告；对不符合规定或者在部分指定商品上使用商标的注册申请不符合规定的，予以驳回或者驳回在部分指定商品上使用商标的注册申请，书面通知申请人并说明理由。"从该条款可以看出，并非所有的名称或者标志都能作为商标使用，因此在商标申请中，应避开不能申请商标的情形。

《商标法》第10条、第11条直接规定了不能作为商标注册和使用的名称和标志，具体情形如下：

1. 不得作为商标使用的标志：

（1）同中华人民共和国的国家名称、国旗、国徽、国歌、军旗、军徽、军歌、勋章等相同或者近似的，以及同中央国家机关的名称、标志、所在地特定地点的名称或者标志性建筑物的名称、图形相同的；

（2）同外国的国家名称、国旗、国徽、军旗等相同或者近似的，但经该国政府同意的除外；

（3）同政府间国际组织的名称、旗帜、徽记等相同或者近似的，但经该组织同意或者不易误导公众的除外；

（4）与表明实施控制、予以保证的官方标志、检验印记相同或者近似的，但经授权的除外；

（5）同"红十字""红新月"的名称、标志相同或者近似的；

（6）带有民族歧视性的；

（7）带有欺骗性，容易使公众对商品的质量等特点或者产地产生误认的；

（8）有害于社会主义道德风尚或者有其他不良影响的。

县级以上行政区划的地名或者公众知晓的外国地名，不得作为商标。

2. 下列标志不得作为商标注册：

（1）仅有本商品的通用名称、图形、型号的；

（2）仅直接表示商品的质量、主要原料、功能、用途、重量、数量及其他特点的；

（3）其他缺乏显著特征的。

前款所列标志经过使用取得显著特征，并便于识别的，可以作为商标注册。

上述不得作为商标使用和不得作为商标注册的两条规定的区别主要在于，对于第10条，不得作为商标使用，意味着不仅不能申请注册商标，也不能在商品或服务上作为商标性使用，而对于第11条的情形，可以在商品或服务上作为名称使用，但无法取得注册商标，也不能禁止其他人使用。

第三节　网络游戏的商标权侵权行为

根据上文的大数据分析可以看出，在实践中，网络游戏行业一般比较普遍存在的商标侵权的案件类型主要包括以下两种：一种是使用与他人商标相同或相似的字样作为游戏名称，另一种是使用他人商标作为搜索推广、宣传的关键字。

一、使用与他人商标相同或近似的游戏名称

由于目前在网络游戏行业中，网络游戏研发、发行或运营主体将自己需要保护的游戏名称申请商标保护已经是较为通行的做法。目前在行业内普遍的做法是申请游戏名称在第9类、第41类游戏相关类目的商标，然后针对他人直接使用自己已经注册商标的游戏名称的行为主张商标侵权。在笔者汇总统计的58个案件判决中，大部分侵权行为下是侵权方使用与他人商标相同或相近名称作为游戏产品名称的行为。对于这种行为，法院普遍认为该种使用构成商标性使用。但是如果将他人商标并非作为游戏名称使用，比如其中一个案例，侵权方将他人的商标作为服务器的名称，在此案中法院认定该使用不属于商标性使用，不构成侵犯商标权。

（一）使用与他人已经申请商标的网络游戏名称相同或近似的游戏名称

【典型案例】	**某科技（深圳）有限公司（以下简称某科技公司）、深圳市某计算机系统有限公司（以下简称某计算机公司）等与广州某信息科技有限公司（以下简称广州某公司）、某网络股份有限公司（以下简称某网络公司）商标侵权及不正当竞争纠纷案①**

某软件株式会社（以下简称某会社）开发了“剑×”游戏，并注册了第69××14号“剑×”商标，核定使用在第41类包括文字出版（广告宣传册除外）、

① 案号：（2016）粤73民终559号。

书籍出版、(在计算机网络上)提供在线游戏等服务项目上,注册有效期自2010年9月21日起至2020年9月20日止。2014年11月1日,某会社将“剑×”游戏授权给某科技公司、某计算机公司独家代理运营,并同时将“剑×”商标权排他许可某科技公司、某计算机公司使用。

广州某公司开发了一款名为“格斗剑×”的手机/平板客户端游戏软件,下载安装游戏后,进入游戏后显示有“格斗剑×”字样,游戏过程中进行了充值,充值页面显示有“某手游充值”字样。

某科技公司、某计算机公司认为涉案被控侵权游戏“格斗剑×”的游戏名称、游戏运行界面及游戏宣传中使用的“格斗剑×”文字,已构成商标性使用,该标识侵犯了某科技公司、某计算机公司对“剑×”商标享有的商标权,构成商标侵权。另外“剑×”亦为某科技公司、某计算机公司运营“剑×”游戏和提供相关在线服务的知名商品及服务的名称,广州某公司、某网络公司将该名称作为其商品名称使用,会造成与他人的知名商品及知名服务相混淆,使购买者误认为是知名商品及知名服务,构成不正当竞争行为。

关于涉案被控侵权游戏使用的“格斗剑×”文字是否构成对第69×××14号“剑×”注册商标专用权的侵害的问题。二审法院判决如下:

《中华人民共和国商标法》第四条第二款规定:“本法有关商品商标的规定,适用于服务商标。”该法第五十七条规定:“有下列行为之一的,均属侵犯注册商标专用权:(一)未经商标注册人的许可,在同一种商品上使用与其注册商标相同的商标的;(二)未经商标注册人的许可,在同一种商品上使用与其注册商标近似的商标,或者在类似商品上使用与其注册商标相同或者近似的商标,容易导致混淆的;(三)销售侵犯注册商标专用权的商品的;(四)伪造、擅自制造他人注册商标标识或者销售伪造、擅自制造的注册商标标识的;(五)未经商标注册人同意,更换其注册商标并将该更换商标的商品又投入市场的;(六)故意为侵犯他人商标专用权行为提供便利条件,帮助他人实施侵犯商标专用权行为的;(七)给他人的注册商标专用权造成其他损害的。”本案中,广州某公司、某网络公司未经商标注册人的许可,在其涉案游戏上使用“格斗剑×”为名称,构成商标侵权,具体理由分析如下:

首先,某科技公司、某计算机公司所注册的第69×××14号“剑×”核定使用在第41类服务上的“(在计算机网络上)提供在线游戏”,而被控侵权的“格斗剑×”游戏亦属于网络游戏,两者在服务目的、内容、方式及对象等方面均相同,属于同一种服务。

其次,被控侵权的“格斗剑×”由“格斗”和“剑×”两部分构成,被控侵权游戏本身为一款格斗游戏,被控标识中的“格斗”是游戏类型的描述,未能起到识别服务来源的作用,被控标识的主要识别部分应为“剑×”,将某科技公司、某计算机公司的涉案商标与被控侵权标识的主要识别部分进行比较,两者虽然在所用字体上存在差异,但文字的排列方式一致,构成商标近似。

最后,被控侵权“格斗剑×”游戏与某科技公司、某计算机公司注册的“剑×”均为网络角色游戏,其服务对象均为网络玩家,对于普通游戏玩家等相关公众的一般注意力来说,其并不能将两者进行有效识别,容易产生混淆,误认为其存在特定联系。

综上,广州某公司、某网络公司在被控侵权游戏上使用“格斗剑×”属于在同一种服务上使用与某科技公司、某计算机公司第69×××14号“剑×”注册商标近似的商标,容易导致混淆。

(二)使用与他人已经申请商标的网络游戏相同或近似的名称作为游戏服务器的名称

【典型案例】某某资讯股份有限公司与上海某某网络科技有限公司、北京某某科技有限公司侵害商标权纠纷、不正当竞争纠纷案①

“仙剑××传”系列游戏是原告某某资讯股份有限公司与关联公司制作、发行的计算机游戏,该系列迄今已发行6款单机角色扮演游戏,为此申请注册了“仙剑××传”“轩×剑”的多种商标以保护品牌。原告发现被告某某公司、某某公司系“神×道”网页游戏的合作运营商,四被告于某某公司持有的某网站中

① 案号为(2012)徐民三(知)初字第310号,此处为一审判决,根据公开渠道暂无法确认是否进入二审流程。

使用“轩×剑”商标，在某某公司持有的某网站中使用“仙剑××传”商标，侵害了原告享有的注册商标专用权。

对于原告主张的其中一个涉案页面中“轩×剑”的使用方式，为游戏“神×道”游戏服务器的名字，对此法院作出认定：

对于在涉案页面中使用“轩×剑”文字的方式是“S2‘轩×剑’8月23日10:00震撼开启”，被告某某公司认为该处的“轩×剑”只是某某公司运营“神×道”网页游戏第2个服务器的名称，根据公证书的记载，保全页面显示的网页标题栏为“巴士神×道－双线2区轩×剑”，页面上方显示“当前服务器：巴士神×道－双线2区轩×剑”，结合涉案页面二中的文字表述，法院认为被告某某公司关于“轩×剑”系指服务器名称的解释合理。而且法院认为，在上述文字上方中央，有显著的“神×道”标识，该标识有助于社会公众识别该网页提供“神×道”网页游戏的相关内容。

法院综合上述因素认定，涉案页面二使用的“轩×剑”文字，只是作为“神×道”网页游戏中服务器的名称，并非识别涉案页面二网页游戏来源于原告某某公司或者是被告某某公司、某某公司的作用，这种使用不是商标意义上的使用，亦不会侵害原告某某公司享有的相应注册商标专用权。

二、使用他人商标作为搜索推广、宣传的关键字

除了直接使用他人的商标作为自己的游戏产品名称，还有大量的并未直接作为游戏产品名称，而是在搜索时进行关键词推广的行为。对于这种情形，法院认定此种推广行为在主观上具有将其选定的他人关键词作为区别、指示其推广的商品来源的目的，属于商标性的使用，会构成侵犯商标权。

【典型案例】 北京某数码技术有限公司（以下简称某数码公司）与上海某娱乐信息科技有限公司（以下简称某娱乐公司）侵害商标权纠纷案①

某娱乐公司与案外人张某签订《补充协议》，约定张某同意将其创作的作品

① 案号：(2017)沪73民终267号。

《××独仙》的信息网络传播权及作品电子形式的汇编权、改编权、复制权、发行权等全部永久转让于某娱乐公司。

某娱乐公司在第9类商品上注册了第××××××××号"××独仙"商标，核定使用商品包括计算机软件（已录制）、电子出版物（可下载）、计算机游戏软件、计算机程序（可下载）、计算机等，注册有效期自2011年8月28日起至2021年8月27日止。某娱乐公司在第41类商品上注册了第××××××××号"××独仙"商标，核定使用服务项目包括娱乐、（在计算机网络上）提供在线游戏、在线电子书籍和杂志的出版等，注册有效期自2010年7月14日起至2020年7月13日止。

在搜狗搜索引擎（网址：www. sogou. com）的搜索框中输入"××独仙"进行搜索，在搜索结果的网页右侧有标题为"点击进入××独仙游戏，××独仙小说改编页游"的推广链接，显示的网址为www. w×n. com，点击该推广链接，进入域名为b×tg. w×n. com的网站，网页有"开始游戏"字样，该网页没有"××独仙"字样，点击"开始游戏"，出现用户注册页面。注册后进入游戏《风云××》的操作界面，网页上方有某数码公司的标识，网页下方标注的版权人为某数码公司。

对于上述在推广链接中使用他人注册商标的文字的行为，法院认定侵权行为成立，理由如下：

首先，某数码公司系"风云××"网络游戏的经营者，某数码公司为经营"风云××"网络游戏而向相关公众提供的"风云××"网络游戏的相关程序与某娱乐公司涉案第××××××××号"××独仙"注册商标核定使用的计算机游戏软件属于同类商品，某数码公司公司在经营"风云××"网络游戏的过程中，为相关公众使用"风云××"网络游戏而提供的服务，与涉案第××××××××号"××独仙"注册商标核定使用的（在计算机网络上）提供在线游戏属于相同服务。

其次，《商标法》第四十八条规定，本法所称商标的使用，是指将商标用于商品、商品包装或者容器以及商品交易文书上，或者将商标用于广告宣传、展览以及其他商业活动中，用于识别商品来源的行为。某数码公司作为"风云××"网络游戏的经营者，在推广链接的标题中以"点击进入××独仙游戏，××独仙小说改编页游”等进行宣传，属于在其推广宣传的游戏上使用“××独仙”的商标使用行为。

再次，《商标法》第五十七条第（一）项规定，未经商标注册人的许可，在同一种商品上使用与其注册商标相同的商标的，属于侵犯注册商标专用权的行为。现某数码公司在相同商品、服务上使用了与涉案第×××××××号、第×××××××号“××独仙”注册商标相同的“××独仙”标识，属于侵害涉案第×××××××号、第×××××××号“××独仙”注册商标的侵权行为。

最后，某娱乐公司已在电子出版物等商品上实际使用了涉案商标，而某数码公司的上述使用行为明确指示了涉案推广链接的游戏与“××独仙”相关联，足以使相关公众产生涉案推广链接所链接的游戏与涉案商标相关联的混淆和误认。

当然，也发生了多件在没有商标的情况下，但是被他人使用游戏的名称搭便车的情况。在此种情况下，被侵权方如果可以举证证明其产品的知名度，可以主张其名称属于知名商品特有的名称，通过不正当竞争这一案由来寻求法院的保护，在笔者的统计中，有4件案件在没有商标的情况下，被法院认定该侵权名称的使用构成侵犯知名商品特有的名称予以支持，但前提是，被侵权方需要提供大量的证据来证明产品的推广力度和知名度。

关于网络游戏商标权的保护，根据上述的汇总分析，笔者给出如下的意见和建议：

一、关于商标注册保护方面的相关建议

1. 商标权得以保护的基础在于已经注册了商标权，因此为了能够更好地保护游戏产品的商标权，建议至少在游戏相关的类别（第9类和第41类）予以商标注册。

2. 为了商标权利能够得到更全面的保护，可以就网络游戏的相关行业或衍生行业的商品或服务类别进行商标注册。

3. 由于商标注册的流程和时间较长,因此为了在产品上线后即可以通过商标权来予以保护自身的权利,建议在产品立项时即进行产品定名和申请注册商标,给商标申请留下足够的时间和空间。

4. 由于商标局将对商标是否可以注册进行实质的审核,因此在商标申请注册之前,应对相关名称是否可以申请进行评估,包括但不限于是否存在在先商标,该名称是否存在不良影响,是否是通用商标,是否属于不能申请商标的情形。

二、关于商标权利保护方面的相关建议

1. 如遇他人使用与自身游戏产品相同或近似的游戏名称,或者在推广过程中使用与自身游戏产品相同或近似的名称,可以先进行前期的排查:(1)自身是否已经取得合法的商标权利;(2)对方是否属于在先使用的情形;(3)对方是否取得合法的商标权利。

2. 如已经确认第一点的相关问题,由于行业特性导致侵权证据极易发生灭失,因此应尽快地保全证据,为后续采取措施进行准备。

3. 对于商标权的侵权行为,权利方可以采取发函要求对方停止使用、提起民事诉讼的方式要求对方停止侵权行为,甚至如果有证据证明侵犯商标权的行为构成了严重后果,可以通过刑事报案的方式予以保护。

第三章　网络游戏著作权的保护

由于网络游戏是一种综合了多方面元素组成的复合作品，因此导致网络游戏的著作权保护是一个非常复杂的问题，其中网络游戏哪些内容能通过著作权予以保护，著作权保护的尺度和界限范围在哪里，笔者将在下文分别进行分析和阐述。

第一节　网络游戏作品的界定

根据《著作权法》的立法目的，《著作权法》是为了保护文学、艺术和科学作品作者的著作权以及与著作权有关的权益所制定的法律。因此，著作权得以存在的前提基础为存在法律所界定的作品。

《著作权法》第 3 条明确规定了作品的范围：

本法所称的作品，包括以下列形式创作的文学、艺术和自然科学、社会科学、工程技术等作品：

（1）文字作品；

（2）口述作品；

（3）音乐、戏剧、曲艺、舞蹈、杂技艺术作品；

（4）美术、建筑作品；

（5）摄影作品；

（6）电影作品和以类似摄制电影的方法创作的作品；[①]

---

① 《著作权法》（2020 修正）将此类别修改为视听作品。

(7)工程设计图、产品设计图、地图、示意图等图形作品和模型作品;

(8)计算机软件;

(9)法律、行政法规规定的其他作品[①]。

从上述作品范围来看,可以发现并无明确的一个作品类型叫“网络游戏作品”,同时,由于网络游戏并非单一的作品形式,而是由代码、美术、音乐、动画、剧情规则描述等多方面元素组合而成,因此对于网络游戏的不同部分的不同认识,可能会因为不同元素分别属于法律保护的不同作品类型受到不同的保护。下文将对一款网络游戏作品中,所涉及的不同的作品类型分别进行介绍和阐述。

一、计算机软件

根据《计算机软件保护条例》的规定,计算机软件,是指计算机程序及其有关文档。计算机程序是指为了得到某种结果而可以由计算机等具有信息处理能力的装置执行的代码化指令序列,或者可以被自动转换成代码化指令序列的符号化指令序列或者符号化语句序列。同一计算机程序的源程序和目标程序为同一作品。文档,是指用来描述程序的内容、组成、设计、功能规格、开发情况、测试结果及使用方法的文字资料和图表,如程序设计说明书、流程图、用户手册等。

而一款网络游戏产品,是指网络游戏开发商或者个人开发的游戏软件,包括游戏程序和相关的策划文档。因此,网络游戏的相关计算机程序和文档属于计算机软件作品,应当被作为计算机软件作品予以保护。

目前在网络游戏行业,无论是何种类型的网络游戏,被认定为计算机软件进行保护已不存在太多的障碍。但是在实践中,仅仅通过计算机软件并不足以全部地保护一个网络游戏产品的合法权益。

取得一个网络游戏的计算机软件著作权登记证书也已经是一款游戏上线时,合作方以及各平台、渠道方要求具备的前提条件。

---

① 《著作权法》(2020 修正)将此类别修改为符合作品特征的其他智力成果。

二、文字作品

在大部分网络游戏中,存在大量使用文字进行描述的内容,包括游戏的背景介绍、情节线索、任务剧情、游戏技能介绍、游戏人物、场景的介绍、游戏规则的说明等内容。

这些文字表述,通常以简短的词汇或者语句的形式呈现,但综合组成一个完整的故事系统或者游戏独特的玩法规则描述,这些文字表述是具有独创性的。因此,一款游戏此部分的相应表达元素可以被认定为属于文字作品而予以保护。

三、美术作品

组成网络游戏最直观的部分,也就是网络游戏的场景、人物角色形象、游戏道具等美术资源的表现。

《著作权法实施条例》规定:美术作品,是指绘画、书法、雕塑等以线条、色彩或其他方式构成的有审美意义的平面或者立体的造型艺术作品。而网络游戏中的场景、人物形象是开发者创作并附有有形的外在表现形式,因此该部分美术资源构成法律所保护的美术作品。

四、音乐作品

游戏中存在音乐和音效两种不同类型的声音元素,对于网络游戏的音效而言,比如一些打斗声、基于某一种特定动作、行为、场景所产生的音效,比如鸟叫声、水声等表达方式比较唯一的声音,不具有独创性,不属于法律所保护的作品。但是游戏中的配乐不同,网络游戏的配乐是游戏开发者为不同的场景和情节所匹配,具有一定的节奏和表现形式的乐曲。

《著作权法实施条例》规定:音乐作品,是指歌曲、交响乐等能够演唱或者演奏的带词或者不带词的作品。因此,网络游戏中的音乐作品与美术作品一样,属于法律所保护的音乐作品。

五、类似摄制电影的方法创作的作品①

某些网络游戏，在游戏中会有连续播放的背景故事的连续画面，玩家只能选择观看或者不观看这段视频，无法对视频内容进行修改和操作。除此之外，很多游戏都会因为玩家的操作，由一帧一帧的图片结合、串联而形成连续的动态的画面，更有部分游戏，所形成的动态画面不仅有故事背景，还有故事情节和内容。

对于游戏中所存在的视频画面或者由玩家操作而形成的动态画面，特别是游戏玩家操作游戏角色，遵循游戏策划者制定的游戏规则，按照安排操作所形成的动态画面。从表现形式上看，随着玩家的操作，游戏人物在游戏场景中不断展开游戏剧情，所产生的游戏画面由图片、文字等多种内容集合而成，并随着玩家的不断操作而出现画面的连续变动。上述游戏画面由一系列有伴音或者无伴音的画面组成，通过电脑进行传播，具有和电影作品相似的表现形式。

虽然一款网络游戏涉及上述作品资源的，可以通过上述内容来予以寻求保护，但是在实践中某些内容是否能够被认定为法律保护的作品具有不确定性，比如上文所陈述的游戏规则的文字表达，如果具有独创性，可以作为文字作品予以保护。然而很多时候，玩法规则等内容或者常以简短的词汇或语句的表达出现，或者属于通行的表述方式，很多时候很难认定其独创性，不足以成为著作权保护的作品。此外，虽然游戏内的人物、场景可以作为美术作品予以保护，但游戏内的 UI 界面、界面上按钮的排列方式等内容是否可以通过美术作品予以保护，不能一概而论，往往需要个案分析。

除此之外，侵权行为的发生往往是复杂多样的，或者抄袭使用他人游戏的代码，或者抄袭使用他人游戏的部分玩法内容，更有甚者对整个游戏进行改头换面的抄袭，往往很难用某一种作品形式予以保护。

---

① 《著作权法》（2020 修正）将此类别修改为视听作品。

第二节　网络游戏著作权的保护

一、网络游戏著作权的权利

如上文所述，网络游戏属于著作权保护的作品范围，可以作为作品保护。然而在网络游戏行业，一款网络游戏产品的开发往往需要多个人、一个公司的多个部门甚至多个公司一起完成，在此种情况下，网络游戏的著作权如何归属，其何种权利可以受到保护是接下来需要主要阐述的内容。

（一）网络游戏著作权的归属

根据《著作权法》的规定，网络游戏的著作权主体既可以是个人，也可以是法人或其他组织。一般而言，创作作品的公民是作者，但如果是由法人或者其他组织主持，代表法人或者其他组织意志创作，并由法人或者其他组织承担责任的作品，该法人或者其他组织视为作者。

因此，一款网络游戏的著作权主体是谁，需要考虑这款游戏的创作开发的过程，一般分为如下几种情况：

（1）个人独立完成游戏的开发，该个人属于创作作品的主体，为该游戏产品的作者。

（2）由网络游戏公司主持，公司的员工根据公司的意志创作，并由公司最终承担责任，该网络游戏产品是法人作品，作者是该公司。

（3）由网络游戏公司的员工为完成公司的工作任务，并且利用公司的物质技术条件创作完成的，属于职务作品，作者是该员工，但公司有权在业务范围内优先使用。

（4）委托其他个人或者其他公司创作的游戏产品，该游戏产品的著作权的归属由委托人和受托人通过合同约定。如合同未作明确约定或者没有订立合同的，创作完成的游戏产品著作权属于受托人。

（5）两个以上个人或者公司合作创作的网络游戏产品，著作权由合作的个人或者公司共同享有。但没有参加创作的人,不能成为合作作者。

一般情况下,如果没有相反证据,在网络游戏产品上署名的公司,比如在网络游戏发布页面列明的开发商或者著作权权利主体、在相关主管部门如文化和旅游部和国家广播电视总局备案的著作权权利主体,可以认定为是该游戏的著作权人。

(二)网络游戏的著作权权利

网络游戏作为著作权法保护的作品,其作者拥有著作权法所规定的全部著作权权利,著作权分为人身权和财产权两类。

1. 著作人身权

著作人身权包括:(1)发表权,即决定某款网络游戏是否公之于众的权利;(2)署名权,即在网络游戏上表明作者身份,在其上署名的权利;(3)修改权,即修改或者授权他人修改网络游戏作品内容的权利;(4)保护作品完整权,即保护网络游戏作品不受歪曲、篡改的权利。

著作人身权归作者所有,是一种终身权利,不可转让、不可剥夺。

2. 著作财产权

著作财产权一共包括 12 种明示的财产权利以及其他财产权利,其中涉及网络游戏产品的主要包括以下几种:

(1)复制权,即以录音、录像、翻录、翻拍等方式将网络游戏作品制作一份或者多份的权利。

(2)发行权,即以出售或者赠与方式向公众提供网络游戏的权利。

(3)信息网络传播权,即以有线或者无线方式向公众提供作品,使公众可以在其个人选定的时间和地点获得网络游戏的权利。

在网络游戏行业中,通常所称的获得网络游戏的运营权,实际上并非法律上的概念,而网络游戏的运营主体如需要获得游戏的运营权,至少需要获得以上三种著作财产权的授权。

(4)改编权,即改变作品,创作出具有独创性的新作品的权利,如将网络游戏改编成电影电视、小说作品的权利;或者将一种形式的网络游戏改编为另一种形式的权利,如将端游改编成手游。

(5)翻译权,即将作品从一种语言文字转换成另一种语言文字的权利,此种权利大部分在向境外提供网络游戏产品,将其翻译成其他文字的时候行使。

(6)汇编权,即将网络游戏作品或者作品的片段通过选择或者编排,汇集成新作品的权利。

(7)应当由著作权人享有的其他权利。

网络游戏的著作财产权可以全部或者部分转让或者授权给其他第三人,并可因此获得报酬。

(三)网络游戏著作权的权利保护期

作者自网络游戏作品创作完成之时即拥有著作权,其著作权的权利保护期如下:

(1)网络游戏作品的署名权、修改权、保护作品完整权等人身权的保护期不受限制;

(2)如果是个人开发完成的游戏产品,人身权中的发表权以及著作权财产权的保护期为该个人终生以及其死亡后50年,截止于其死亡后第50年的12月31日;

(3)如果是法人或组织开发的游戏作品,著作权(署名权除外)由法人或其他组织享有,其发表权以及著作财产权的保护期为50年,截止于作品首次发表之后第50年的12月31日,但是如果自创作完成后50年内未发表的,将不受保护。

二、网络游戏的著作权登记

(一)著作权登记的必要性

著作权登记,是指著作权有关当事人依照法律的规定,向登记机关申请,将作品及其权利刊登载于登记簿的行为。如上文所述,作品自创作完成之日起即拥有著作权,不以其是否进行著作权登记为前提。

《作品自愿登记试行办法》第2条也明确规定:“作品实行自愿登记。作品不论是否登记,作者或其他著作权人依法取得的著作权不受影响。”

根据最高人民法院《关于审理著作权民事纠纷案件适用法律若干问题的解释》第7条,当事人提供的涉及著作权的底稿、原件、合法出版物、著作权登记证书、认证机构出具的证明、取得权利的合同等,可以作为著作权归属的证据。因此,如发生侵权纠纷,如果能提供相关作品的底稿、原件等材料,同样可以证明其权属。

虽然从上文可知,不管是否登记不影响著作权权属,即使发生争议,如存在底稿、原件等材料,也可以证明著作权的归属,但是在行业中,著作权登记仍然是一种非常重要而且必不可少的权利保护方式。理由如下:

(1)由于网络游戏的创作大部分是通过电子设备进行,而且有些公司管理混乱、人员更替频繁,往往导致原件、底稿的灭失,无法提供原件与底稿;

(2)即使存在相应的底稿和原件,但一款网络游戏产品的开发完成必然涉及大量的开发创作过程和内容,而某些代码的底稿存在保密性,无法对外披露,因此通过底稿和原件来证明著作权权属相对而言往往十分复杂而且难以使用;

(3)在网络游戏行业的合作过程中,合作主体、平台、渠道往往要求必须有相应的计算机软件著作权登记证书才可以上线游戏。

(二)著作权的登记流程

《作品自愿登记试行办法》规定了著作权登记的主管部门和流程:

各省、自治区、直辖市版权局负责本辖区的作者或其他著作权人的作品登记工作。国家版权局负责外国以及我国台湾地区和香港、澳门的作者或其他著作权人的作品登记工作。

作者或其他享有著作权的公民的所属辖区,原则上以其身份证上住址所在地的所属辖区为准。合作作者及有多个著作权人情况的,以受托登记者所属辖区为准。法人或者非法人单位所属辖区以其营业场所所在地所属辖区为准。

作者或其他著作权人申请作品登记应出示身份证明和提供表明作品权利归属的证明(如封面及版权页的复印件、部分手稿的复印件及照片、样本),填写作品登记表,并交纳登记费。其他著作权人申请作品登记还应出示表明著作权人身份的证明(继承人应出示继承人身份证明;委托作品的委托人应出示委托合同)。专有权所有人应出示证明其享有专有权的合同。

登记作品经作品登记机关核查后，由作品登记机关发给作品登记证。作品登记证按本办法所附样本由登记机关制作。登记机关的核查期限为1个月，该期限自登记机关收到申请人提交的所有申请登记的材料之日起计算。

国家为促进软件产业发展，增强信息产业的创新能力和竞争能力，制定了《计算机软件著作权登记办法》，鼓励软件登记，并对登记的软件予以重点保护，规定申请软件著作权登记的流程和要求。

申请计算机软件著作权登记应当向中国版权保护中心提交以下材料：(1)按要求填写的软件著作权登记申请表；(2)软件的鉴别材料；(3)相关的证明文件。

其中软件的鉴别材料包括程序和文档的鉴别材料。

程序和文档的鉴别材料应当由源程序和任何一种文档前、后各连续30页组成。整个程序和文档不到60页的，应当提交整个源程序和文档。除特定情况外，程序每页不少于50行，文档每页不少于30行。

中国版权保护中心应当自受理日起60日内审查完成所受理的申请，申请符合《计算机软件保护条例》和《计算机软件著作权登记办法》规定的，予以登记，发给相应的登记证书，并予以公告。

(三)不予登记和撤销登记的情形

著作权登记机关进行著作权登记时，仅做形式审查，不做实质审查，但如果有下列情况之一的作品，作品登记机关不予登记：

(1)不受著作权法保护的作品；

(2)超过著作权保护期的作品；

(3)依法禁止出版、传播的作品。

著作权登记机关在进行登记后发现有下列情况的，应撤销其登记：

(1)登记后发现有上文所述作品登记机关不予登记的情况的；

(2)登记后发现与事实不相符的；

(3)申请人申请撤销原作品登记的；

(4)登记后发现是重复登记的。

第三节　网络游戏著作权的侵权行为

网络游戏著作权的侵权行为大部分集中在游戏内容侵权,而如之前章节对相关案例的总结汇总,游戏内容侵权指大量抄袭使用他人的代码、美术资源、玩法、数值、规则设定等游戏内容的情形,下面将结合司法实践案例对于不同的侵权行为的认定来探讨关于游戏著作权保护在实践中的保护尺度和保护界限。

一、抄袭游戏代码侵犯计算机软件著作权

游戏软件的源代码,特别是服务器端的源代码,往往是一个游戏开发公司的核心机密,因此,外部人员并不容易获得一款游戏的源代码,抄袭或使用他人源代码在实践中往往有一定的障碍或者难度。在实践中发生的代码抄袭侵权的案件中,大部分发生在员工离职后到新的公司开发新的产品时,利用在前公司所了解到的游戏源代码来开发一款新的产品来牟利。

正由于源代码的加密保护问题,在抄袭他人游戏软件代码的情况下存在一定的障碍,同样导致遇到他人抄袭己方代码时,由于很难获取到侵权方的代码,同样给维权主体会造成一定的困难。然而,只要有初步的证据证明确实存在代码的相似,在案件的审理过程中,可以通过申请第三方鉴定机构进行鉴定,来判断是否存在实质性的相似,同时由于代码比对所需要更高的相关方面的专业水平,审判法院也倾向于以专业的鉴定机构的结论为依据来认定最终的侵权结果。

【典型案例】　A(北京)科技有限公司(以下简称 A 科技公司)与 B(北京)科技有限公司(以下简称 B 科技公司)等侵害计算机软件著作权纠纷案[①]

A 科技公司系《王者××》软件的著作权人,该软件开发完成日期为 2012

---

① 案号:(2013)二中民初字第 9903 号,此处为一审判决,根据公开渠道暂无法确认是否进入二审流程。

年6月1日，首次发表日期为2012年6月8日，权利取得方式为原始取得。于某某于2008年7月至2012年10月在A科技公司工作，系手机游戏部门的程序员，负责《王者××》的部分研发工作。于某某从A科技公司离职后入职B科技公司，从事涉案被控侵权软件《巨龙××》(后更名为《斗×传》)的研发工作。同时，B科技公司吸收了包括于某某在内的4名原A科技公司技术研发人员。A科技公司主张经其初步比对《巨龙××》与《王者××》的目标代码，绝大部分的变量名称、函数名称和类名称都相同，两款软件的相似度高达90%，《巨龙××》的执行程序中内含了多处属于《王者××》的隐藏文件、代码、APP-KEY及拼写错误等，《巨龙××》游戏抄袭《王者××》的游戏代码。在该案的审理过程中，法院经过法定程序委托工信部知识产权司法鉴定所出具工信部司鉴中心(2013)知鉴字第1××号鉴定报告。

对于上述A科技公司主张的侵权行为，一审法院作出如下认定：根据对比鉴定结果，B科技公司《斗×传》游戏的客户端源代码的CS文件共有871个，A科技公司《王者××》游戏的客户端源代码的CS文件共有834个，双方客户端源代码有463个文件具有对应关系，排除第三方客户端代码后，以A科技公司为参考，客户端100%完全相同的文件共有66个，大等于90%小于100%的有46个，大等于80%小于90%的49个，大等于70%小于80%的25个，大等于50%小于70%的36个，小于50%的42个，来自第三方软件的199个。B科技公司《斗×传》游戏的服务器端源代码的.JAVA文件共有793个，A科技公司《王者××》游戏的服务器端源代码的.JAVA文件共有951个，其中244个名称不同内容有相同或名称相同内容有修改。以A科技公司为参考，源代码文件并无100%完全相同的，大等于90%小于100%的有33个，大等于80%小于90%的有38个，大等于70%小于80%的有53个，大等于50%小于70%的有58个，小于50%的有62个，并无来自第三方软件的文件。

一审法院认为：两公司计算机软件部分源程序存在对应关系，B科技公司未能就其源程序缘何与A科技公司的源程序存在大量相同之处给出合理解释。结合于某某等原A科技公司软件技术人员接触过《王者××》软件代码，可以认定B科技公司公司在编写《巨龙××》软件时将《王者××》软件内容作为自己的内容，并以自己的名义予以发表，已构成对A科技公司计算机软件的抄袭，构成对其著作权的侵犯,应承担停止侵权、赔礼道歉、赔偿损失等民事责任。

二、游戏界面能否作为美术作品予以保护

对于一款网络游戏中存在的人物角色、场景等画面,在一般情况下,由于具有足够的独创性,因此单独的人物角色形象、游戏场景画面等内容被认定为美术作品予以保护并不存在较大的争议。但是,一款游戏所包含的美术资源除人物、场景等画面外,还有很大一部分是各种游戏的背景界面,对于游戏界面是否能够作为美术作品予以保护,在实践中必须区分不同的情形来予以分析。

游戏界面又称"UI"(User Interface),可以简单理解为游戏的操作界面设计,一般包括登录、充值、邮件、排名、设置、聊天等功能操作界面。一般情况下,由于这些界面主要在于帮助游戏玩家进行辅助功能的操作,而且受用户操作惯性的影响,这些界面通常不具有美术作品所要求的审美意义,多数情况下,为网络游戏的通用表达,不具有独创性,因此很难作为著作权法意义上的作品予以保护。

【典型案例】 成都某科技有限公司(以下简称某科技公司)与大连某软件开发有限公司(以下简称某开发公司)侵害作品复制权、发行权、修改权、信息网络传播权纠纷案①

某科技公司系《银河××》游戏软件的著作权人,该游戏软件于2011年11月4日开发完成,于2011年11月11日首次发表,于2012年5月30日取得中华人民共和国国家版权局计算机软件著作权登记证书,登记号为2012SR××02,计算机软件著作权登记证书上载明版本为V1.3.0。

某科技公司主张:《银河××》手机游戏是一款战争策略类网络应用游戏,运行平台及环境为苹果iOS系统。其以太空为背景,内容包括玩家自主进行生产发展、科技研究、建造舰队并使用策略进行殖民扩张和战争对抗,以及多种形式的互动交流等;操作环节包括启动、登录、进入游戏、账户设置、消费等。2013

① 案号:(2014)西民初字第1002号,此处为一审判决,根据公开渠道暂无法确认是否进入二审流程。

年,其发现在 AppStore 上发布的一款简称为 × × × × *WarOnline* 的手机游戏与《银河 × ×》手机游戏高度相似。《银河 × ×》手机游戏界面截图 33 张构成美术作品,某开发公司的 × × × × *WarOnline* 手机游戏的相应游戏界面构成了对原告前述 33 张美术作品著作权的侵权。

对于这 33 张截图,经一审法院查明,分别为:案涉截图中第 13 页为任务界面,第 22 页、第 23 页、第 24 页均为排名界面,第 30 页、第 31 页为充值界面,第 33 页、第 34 页为邮件界面,第 35 页为设置界面,第 50 页、第 51 页、第 52 页为联盟界面,第 53 页为聊天界面,第 54 页为活动界面,案涉截图中第 15 页、第 16 页为金属加工厂界面,第 19 页、第 20 页为晶体加工厂界面,第 21 页为星球列表界面,第 26 页为星球界面,第 28 页、第 29 页为资源界面,第 37 页、第 38 页、第 39 页为科技界面,第 41 页、第 42 页、第 43 页为舰队界面,第 47 页、第 48 页、第 49 页为攻击界面。案涉截图中第 11 页为基地界面,第 25 页为星球界面,第 27 页为星系界面。

对于某科技公司所主张的 33 张截图及《银河 × ×》游戏能否构成著作权法意义上的美术作品,一审法院认为某科技公司所主张的 33 张截图,不具备著作权法对于作品独创性的要求,亦不符合美术作品的定义,不能构成著作权法意义上的美术作品。理由如下:

从具体截图来看:案涉截图中第 13 页为任务界面,第 22 页、第 23 页、第 24 页均为排名界面,第 30 页、第 31 页为充值界面,第 33 页、第 34 页为邮件界面,第 35 页为设置界面,第 50 页、第 51 页、第 52 页为联盟界面,第 53 页为聊天界面,第 54 页为活动界面,上述界面主要的作用在于帮助游戏玩家进行辅助功能的操作,界面本身并不具备美术作品所要求的审美意义,同时,前述界面大部分均为网络游戏的通用表达,这是由网络游戏的特性所决定的。网络游戏通常都具备任务、排名、充值、邮件、聊天以及活动功能,而设置界面则是一般游戏都会有的界面,因此,某科技公司所主张的上述界面并不具备独创性。此外,前述具有功能性的界面,本身的创造空间十分有限,某科技公司亦未提供证据证明其在进行上述界面的设置时进行了何种特殊的创造或取舍,因此,上述界面因不具备独创性、不具备审美意义而不能视为美术作品。案涉截图中第 15 页、第 16 页为金属加工厂界面,第 19 页、第 20 页为晶体加工厂界面,第 21 页为星球列表界面，第 26 页为星球界面，第 28 页、第 29 页为资源界面，第 37 页、第 38 页、第 39 页为科技界面，第 41 页、第 42 页、第 43 页为舰队界面，第 47 页、第 48 页、第 49 页为攻击界面，上述界面主要为建筑物、装备等界面及行动界面，界面本身并不具备美术作品所要求的审美意义。并且，上述界面中涉及的金属加工厂、晶体加工厂、舰队、资源、科技等图像，某科技公司并未提供证据证明其对这些单独的图像享有著作权；相反，在案外游戏中存在相同或类似的图像及文字说明。同时，上述界面本身的排列、组合亦没有体现原告的独创性或取舍，因此，上述界面并不能构成美术作品。案涉截图中第 11 页为基地界面，第 25 页为星球界面，第 27 页为星系界面，这些界面从整体上看具有一定的审美意义，但第 11 页基地界面中的楼梯、设备等，第 25 页的星球形状及第 27 页的星系形状，这些图像因其客观的形象而致使其在表达上选择十分有限，并不能体现出原告的独创性。因此，上述界面不能构成美术作品。

然而，在美术界面的抄袭案件中，游戏界面并非当然一定会被认定为不是著作权法意义上的美术作品，而无法得到保护，如果一款游戏的界面布局所形成最终的线条表达，已经具备足够的独创性，同样可以作为美术作品予以保护。比如，《炉×传说：××英雄传》与《卧×传说：三国××传》著作权侵权纠纷案中，虽然法院最终并未认定在此案中游戏界面的侵权行为，但是依然认定了游戏界面可以作为美术作品予以保护。同时，虽然认定游戏界面可以作为美术作品予以保护，但也提出了游戏界面的独创性不高，在侵权比对上认定相同或实质相同的标准应当相应提高。

【典型案例】 某娱乐有限公司、上海某网络科技发展有限公司与上海某网络科技有限公司侵害著作权纠纷案①

《炉×传说：××英雄传》（以下简称《炉×传说》）是某娱乐有限公司推出的一款电子卡牌游戏，被告上海某网络科技有限公司开发了一款名为《卧×传说：三国××传》（以下简称《卧×传说》）的网络游戏，《卧×传说》在游戏中大

① 案号：（2014）沪一中民五（知）初字第 23 号。

量使用、复制并抄袭了《炉 × 传说》游戏中的标识、界面、牌面、特效、文字作品、美术作品、视听作品和其他游戏元素方面的设计及体现出游戏规则及算法的各游戏卡牌及套牌整体组合。

其中某娱乐有限公司主张的侵权内容之一就包括游戏界面，分别为“牌店界面”“打开扩展包界面”“我的收藏之浏览界面”“我的收藏之组牌界面”“我的收藏之卡牌制作界面”“练习模式之选择英雄界面”“战斗场地界面”“练习模式之英雄出场界面”“练习模式之起始手牌界面”“竞技模式之付费界面”“竞技模式之选择英雄界面”“竞技模式之组建套牌界面”“竞技模式之成绩界面”“任务记录界面”14 个界面。

对于上述游戏界面的侵权主张，上海市第一中级人民法院作出认定：游戏界面的布局属于美术作品的思想不属于著作权法保护的范畴，但是界面最终由色彩、线条和图案所组成的最终的美术图片，属于美术作品。具体理由如下：

著作权法保护思想的表达，而不及于思想本身，因此，游戏界面的布局作为美术作品的思想的确不属于著作权保护的范畴。但是，14 个界面并非仅由布局构成，而是由色彩、线条、图案构成的平面造型艺术。如前所述，美术作品的独创性判断仅要求最低限度的审美意义，而且并没有证据表明上述游戏界面作品源于公有领域的惯常表达，故而认定该 14 个游戏界面属于著作权法所称的作品，应受法律保护。

在该 14 个“游戏界面”被认定为美术作品的前提下，对于美术作品是否侵权，就应该从游戏界面最终形成的美术作品的固定表达予以确认，最终法院认定不存在实质性相似，不构成侵权，具体理由如下：

某娱乐有限公司请求保护的 14 个“游戏界面”属于美术作品，依法应受著作权法的保护，但鉴于该部分作品独创性不高，在侵权比对上认定相同或实质相同的标准应当相应提高。根据法院的比对，被控侵权的界面虽然在布局上与原告界面相似甚至实质性相似，但在组成界面的图案、色彩等方面有实质不同。著作权法对作品的保护，仅保护思想的表达，而不延及思想本身。就某娱乐有限公司请求保护的“游戏界面”而言，界面的布局属于思想的范畴，应当在著作权法的保护范围之内剔除，因此仅因界面布局的相同还不足以认为构成对著作权的侵害。而如前所述，美术作品系一种具有审美意义的造型艺术，由于本案请求保护的作品和被控侵权作品两者之间存在的图案、色彩等不同，导致了两者在造型及美感上形成了差别，这种差别已经不能认定为复制，故法院最终认定某娱乐有限公司指控上海某网络科技有限公司侵害了其“游戏界面”所享有的复制权的主张不予支持。

三、何种游戏画面可作为类似摄制电影的方法创作的作品予以保护

前文所述，在网络游戏中所存在的视频画面或者由于玩家操作所形成的动态画面，特别是游戏玩家操作游戏角色，遵循游戏策划者制定的游戏规则，按照安排操作所形成的动态画面，可以作为类似摄制电影的方法创作的作品予以保护。但是是否所有的游戏动态画面均可以作为类似摄制电影的方法创作的作品，对此，笔者认为应该有所区分。

众所周知，网络游戏存在不同的类型，虽然 MMORPG 即角色扮演类游戏占据了中国网络游戏收入的绝大部分，但是在实践中还存在大量的休闲类游戏，如棋牌游戏、消除游戏。在非常多的休闲类游戏中，游戏规则相对简单，游戏画面简单固定且不连续，比如在围棋游戏中，虽然游戏画面会根据每一步围棋的走法有所变动，但变动极小，且整个画面本质基本保持整体不变，在这种情况下，不能认定其属于类似摄制电影的方法创作的作品。

但在大多数 MMORPG 中，一款游戏不仅有自己独特的背景和世界观，在玩家进行操作完成任务的过程中，具备连续的故事情节和剧情，此类游戏画面的表现形式已经与传统的电影作品极为类似。而且在此类动态游戏画面中，网络游戏开发商已经设定了固有的情节模式，无论玩家如何操作，只要触发了游戏的某个策划设计，均会出现固定的或者变化较小的动态游戏画面。因此，此类游戏画面已经符合了作品独创性的要求，可以作为类似电影摄制的方法创作的作品予以保护，而目前司法实践中相关案例的判定也持类似的观点和态度。

截至目前，笔者了解到 4 起关于主张游戏画面作为类电影作品请求保护并经法院审理和判决的案件，分别为“奇××U 与奇×神话著作权侵权纠纷案”“捕×达人著作权纠纷案”“××直播梦幻××游戏著作权侵权纠纷和不正当竞争案”“太极××与花×骨著作权侵权及不正当竞争纠纷”，4 起案件中法院均认定游戏画面属于类电影作品应当予以保护，除“捕×达人著作权纠纷案”暂未

在官方渠道查询到生效判决外，其余三案即“奇××U与奇×神话著作权侵权纠纷案”、“××直播梦幻××游戏著作权侵权纠纷和不正当竞争案”[①]及“太极××与花×骨著作权侵权及不正当竞争纠纷”[②]，均已在二审判决中对前述观点予以确认。

以下典型案例为“奇××U与奇×神话著作权侵权纠纷案”，这也是国内首例生效判决认定游戏画面应该作为类电影作品予以保护的案件，具体法院认定理由和依据如下：

【典型案例】　上海某游信息科技有限公司（以下简称某游公司）与广州某星信息科技股份有限公司（以下简称某星公司）、广州某动网络科技有限公司（以下简称某动公司）、上海某网信息技术有限公司（以下简称某网公司）著作权权属纠纷案[③]

某游公司主张其发现某星公司开发了一款网页游戏《奇×神话》，并授权某动公司通过“网页游戏平台”进行运营和推广，还通过某网公司的网站进行推广。某游公司认为《奇×神话》完全抄袭了《奇××U》，在作品名称、故事情节、地图场景、角色、技能、怪物、装备等的名称、造型等多个方面与《奇××U》构成实质性相似。

具体的相似之处为：

在地图的名称和等级限制方面，《奇×神话》360级之前的全部地图名称与《奇××U》的相应地图名称基本相同，除了幽暗密林、狼魄要塞外，其余地图的等级设计的相应顺序也一致。

在地图的俯视图及场景图方面，两者的俯视图在颜色搭配、显示的路线图方面相同或相似，但图片的具体造型不同。两者的场景图经比对，仅在线条、图案设计的具体细节方面略有差异，少部分素材差异较大。

在角色及其技能方面，两款游戏均有剑士、魔法师和弓箭手三个角色，《奇

① 二审案号为（2018）粤民终137号，对一审判决予以维持。

② 二审案号为（2018）苏民终1054号，对一审判决予以维持。

③ 案号：（2016）沪73民终190号。

××U》还有其他角色。对于角色的简介，两者存在较大差异，但对于角色技能的描述，除魔法师的毒炎技能描述不同外，其他技能描述相同或者基本相同。《奇××U》中的技能均配有相应造型，为彩色的效果图；《奇×神话》中弓箭手有2个技能没有造型，其余造型则为简单的黑白图。在技能名称方面，就剑士角色，《奇××U》中有14个技能，《奇×神话》总共5个技能与《奇××U》中相应的5个技能的名称相同或者基本相同；就魔法师角色，《奇××U》有22个技能，《奇×神话》总共13个技能，与《奇××U》中的相应13个技能的名称相同或者基本相同；就弓箭手角色，《奇××U》有17个技能，《奇×神话》总共8个技能，《奇××U》中相应8个技能的名称相同或者基本相同。

在武器和装备方面，将两者29个武器及105个装备比对，名称、适用的角色相同或者基本相同，造型的整体轮廓基本一致，绝大部分武器及装备的颜色、线条的整体设计均基本相同，仅在具体细节设计上略有差异，少量有较大差别。

在怪物及NPC方面，将两款游戏的47个怪物进行对比，其名称相同或者基本相同，造型的整体轮廓基本一致，绝大部分怪物的线条、颜色基本相同，仅在具体细节上略有差异，仅少部分怪物的造型有一定差别。《奇×神话》提供的6个NPC造型中的5个与《奇××U》的相应NPC造型基本相同。

法院认定：在本案中，关于某游公司主张的内容是否构成作品以及构成作品性质的认定是本案争议的重要焦点之一。

在一审判决中，一审判决认定就某游公司主张的游戏整体画面而言，《奇××U》作为一款角色扮演游戏，具有一定的故事情节，由游戏玩家操作游戏角色，遵循一定的游戏规则在游戏场景中升级打怪，并可进行组队等互动性操作。当玩家开启操作时，屏幕终端呈现出文字、图片、声音等组合而成的画面，上述画面具有独创性，并能以有形形式复制，是应受著作权法保护的作品。根据《著作权法实施条例》的规定，电影作品和以类似摄制电影的方法创作的作品，是指摄制在一定介质上，由一系列有伴音或者无伴音的画面组成，并且借助适当装置放映或以其他方式传播的作品。从表现形式上看，随着玩家的操作，游戏人物在游戏场景中不断展开游戏剧情，所产生的游戏画面由图片、文字等多种内容集合而成，并随着玩家的不断操作而出现画面的连续变动。上述游戏画面由一系列有伴音或者无伴音的画面组成，通过电脑进行传播，具有和电影作品相似的表现形式。涉案游戏的整体画面是否构成类电影作品，取决于其表现形式是否与电影作品相似，故一审法院认为涉案游戏的整体画面可以作为类电影作品获得著作权法的保护。

对此事实，某星公司认为此认定存在错误，提起上诉，对此上海知识产权法院在二审时同样认可了游戏的整体画面可以作为类电影作品获得保护。二审法院认定的事实和理由如下：

根据我国著作权法规定，作品是指文学、艺术和科学领域内具有独创性并能以某种有形形式复制的智力成果。本案《奇××U》游戏整体画面，在其等级设置、地图名称以及地图、场景图的图案造型设计、职业角色设置及技能设计、武器、装备的造型设计等方面均具有独创性，且游戏画面可以以有形形式复制，符合上述法律规定的作品的构成要件，属于著作权法意义上的作品。

至于《奇××U》游戏整体画面的作品类型，对于某星公司上诉提出的在制作方法上，网络游戏不存在类似摄制电影的制作过程；在表现形式上，网络游戏不存在如类电影般的故事情节、丰富场景，而且画面不固定，是玩家按照游戏规则通过操作形成的动态画面，过程具有随机性和不可复制性，故网络游戏不应归属于类电影作品的观点。

二审法院认为网络游戏是近年来快速发展的数字文化娱乐类智力成果，对于具有独创性的网络游戏构成著作权法意义上的作品，但是是否可以得到著作权法保护以及如何给予著作权法保护还应当依据现行著作权法的规定。《中华人民共和国著作权法》对于作品按照表现形式进行了文字作品、音乐作品、美术作品等分类，其中亦规定了电影作品和以类似摄制电影的方法创作的作品。《中华人民共和国著作权法实施条例》第四条规定，电影作品和以类似摄制电影的方法创作的作品，是指摄制在一定介质上，由一系列有伴音或者无伴音的画面组成，并且借助适当装置放映或者以其他方式传播的作品。可见我国著作权法关于作品的分类以其表现形式为基础，而作品固定在有形载体上的方式并非是作品分类的依据。对于类电影这一类作品的表现形式在于连续活动画面组成，这亦是区别于静态画面作品的特征性构成要件，网络游戏在运行过程中呈现的亦是连续活动画面。

虽然网络游戏与传统类电影在表现形式上存在区别，即网络游戏的连续活动画面是随着游戏玩家的操作进行的,具有双向互动性,而且不同操作会呈现不同的画面。而传统类电影作品的连续活动画面是固定单向的,不因观众的不同而发生变化。但是二审法院仍然认为类电影作品特征性表现形式在于连续活动画面,网络游戏中连续活动画面因操作不同产生的不同的连续活动画面其实质是因操作而产生的不同选择,并未超出游戏设置的画面,不是脱离游戏之外的创作。因此,该连续活动画面是唯一固定,还是随着不同操作而发生不同变化并不能成为认定类电影作品的区别因素。

至于固定在有形载体上的方式,随着科学技术的不断发展,特别是网络技术的快速发展,著作权客体也会随之产生新生物,对此应当依据作品分类的实质因素进行判断分析。我国著作权法规定了电影作品和类似摄制电影的方法创作的作品,其中类似摄制电影的方法创作,应是对创作方法的规定,不应仅是制作技术的规定,更应包括对各文学艺术元素整合的创作方法。从此意义上来讲,网络游戏也是采用对各文学艺术元素整合的创作方法。因此,仍然认可了《奇××U》游戏整体画面构成类电影作品的一审认定。

四、游戏规则、游戏玩法能否成为著作权保护的作品

随着网络游戏行业内对知识产权保护的重视以及相关观点的普及,网络游戏行业内的侵权行为逐步摒弃了简单粗暴的直接照搬照抄的侵权方式,转为更加隐蔽或者难以判断的抄袭方式,“换皮游戏”就是其中一种类型。

所谓“换皮游戏”,是指在基本游戏规则不变的情况下,对游戏内容及游戏画面进行较大的改动。这样的换皮游戏,对于游戏用户来说,由于仍然可以保持同样的游戏玩法和游戏节奏,因此会吸引或者分流原游戏的用户,但是表达出来的代码、美术资源、游戏画面均已经完全不同。在此种情况下,游戏规则、玩法任务或者设定的排列组合等内容能否受到法律的保护,已成为行业内普遍关注的问题。

对于游戏玩法、规则等内容的抄袭案件中,游戏的规则、数值等方面之所以经常面临是否属于法律保护的作品等重大挑战,主要问题在于这些玩法规则是思想还是已经可以表现出来能够被感知到的表达,以及表现出来的表达是否具有足够的独创性。对此,不同的司法实践案件有不同的结论,但是一个普遍的

原则是，如果权属方能证明上述游戏的规则、数值、玩法任务或者设定的排列组合等内容具备足够的独创性，司法实践中将予以保护。

一般而言，游戏玩法系统设计中战斗、装备、交互、运营活动、商城系统，新手引导、功能、礼包、等级等系统设计。虽然在对每个系统进行描述时均可使用该系统主要实现何种玩法功能这样的方式，但是该部分内容还是应属于游戏玩法规则的思想部分。然而在具体前述系统中每一个具体游戏玩法设置及其所依托的游戏界面设计时，如能具体到了游戏界面基本布局、内容和被详尽描述的具体玩法，则有可能被认定为具有独创性的表达。

以2018年3月30日一审判决的苏州某数字科技股份有限公司与成都某科技有限公司、北京某科技有限公司侵害著作权纠纷一案①为例，法院认定网络游戏的整体运行画面是其整体作品的表现形态，《太极××》游戏运行的动态画面整体构成《著作权法》第3条第6项规定的类电影作品。《太极××》游戏权利人主张权利的游戏玩法规则之特定呈现方式，可以被认定为其具有独创性，产生著作权。《花×骨》游戏在游戏玩法规则的特定呈现方式及其选择、安排、组合上整体利用了《太极××》游戏的基本表达，并在此基础上进行美术、音乐、动画、文字等一定内容的再创作，侵害了《太极××》游戏的著作权改编权，一审法院认定侵权事实成立，判决赔偿经济损失3000万元。二审法院予以维持。

【典型案例】 苏州某数字科技股份有限公司（以下简称某数字公司）与成都某科技有限公司（以下简称某科技公司）、北京某科技有限公司著作权权属纠纷案

《太极××》为某数字公司独立研发的一款手机游戏，该款游戏于2014年9月上市，并获得良好市场反应。2015年6月，某数字公司发现某科技公司推出的手机游戏《花×骨》存在大量与《太极××》相似的元素，经比对，该款游戏全面抄袭和使用了《太极××》中的游戏界面及装潢设计和其他游戏元素，包括《太极××》游戏的核心元素——游戏规则，两款游戏构成实质性相似。

① 本案一审案号为（2015）苏中知民初字第00201号，二审案号为（2018）苏民终1054号。

关于玩法规则是否属于法律保护的客体，审理法院作出认定如下：

《太极××》游戏整体画面中游戏玩法规则的特定呈现方式构成著作权法保护的客体。

关于游戏玩法规则。涉案《太极××》游戏玩法系统设计中包括对战、成长、扩展和投放系统四个部分，对战系统项下有PVE（玩家与电脑）、PVP（玩家与玩家）对战系统，成长系统项下有主角系统、装备系统、武神系统，扩展系统项下有交互、运营活动、商城系统，投放系统项下有新手引导、功能开启、缤纷礼包、等级限制系统，在对每个系统进行描述时均可使用该系统主要实现何种玩法功能这样的方式，至此，前述内容都应属于游戏玩法规则的思想部分，不应由作品作者垄断独享。但当进一步具体到前述系统中每一个具体游戏玩法设置及其所依托的游戏界面设计时，则须作出审慎判断。

首先，本案中，某数字公司主张作品比对的范围具体到了游戏界面基本布局、内容和被详尽描述的具体玩法。因此一审法院认为，游戏设计师通过游戏连续动态图像中的游戏界面，将单个游戏系统的具体玩法规则或通过界面内直白的文字形式或通过连续游戏操作界面对外叙述表达，使玩家在操作游戏过程中清晰感知并据此开展交互操作，具有表达性。在ARPG类电子游戏中，角色的选择、成长、战斗等玩法设置本身具有叙事性，依托游戏界面呈现的详尽的游戏玩法规则，类似于详细的电影剧情情节，游戏开发过程中通过绘制、设计游戏界面落实游戏规则的表达，与电影创作过程中依据文字剧本绘制分镜头剧本摄制、传达剧情具有一定相似性，可以说，以游戏界面设计体现的详细游戏规则，构成了对游戏玩法规则的特定呈现方式，是一种被充分描述的结构，构成作品的表达。

其次，涉案《太极××》游戏玩法规则的特定呈现方式绝大部分具有独创性。从行业现状来看，网络游戏特别是ARPG类手机游戏设计开发已逐渐呈现模块化趋势，即一款新游戏整体玩法系统的开发与设计往往不会从零开始，而系基于现有成熟的单个游戏玩法系统的基础上，进行玩法系统或模块的选择、组合或部分新玩法系统的开发创新，并在此基础上设计具体的游戏界面和游戏数值。故，显然《太极××》并不能就某个玩法系统规则本身享有垄断权，但该案中，经过某科技公司举证及法院查明，某数字公司在《太极××》游戏中主张权利的前述游戏玩法规则之特定呈现方式，绝大多数在某科技公司提交的证据其他作品中并不存在，故审理法院认为可以认定为其独创，产生著作权。

最后，在确定著作权法保护范围时，应当将不具有独创性的表达部分、有限表达和公有领域的表达内容过滤出保护范围内。审理法院在案件中比对后，认为《太极××》游戏中“首充”玩法、“投资计划”玩法的界面基本布局与相应玩法在其他游戏中出现过，不具有独创性，予以了排除，并对某科技公司提出的通用界面布局和表达有限的抗辩，分别阐述了予以保护的理由：

其一，对于某科技公司主张的《太极××》布局设计均为通用界面布局和组合界面布局，包括竖排列表、横排方块、九宫格、TAB、弹出框以及竖排列表组合、横排方块组合、横向TAB组合，且为功能性界面布局，不应受到保护问题。审理法院认为，前述布局设计确实为手机游戏，特别是横屏手机游戏的常用布局设计，但如本案中某数字公司主张保护的并非该常用布局设计本身，而系包含基本布局、内容和被详尽描述的具体玩法为一体的具体表达，可以保护。

其二，关于某科技公司认为的《太极××》主张的主界面和战斗界面均是手游特殊场景的通用界面问题，审理法院认为，手机游戏因其屏幕空间、玩家操作习惯所限，在主界面常用设计中会出现下排多为功能区按钮、左右两侧为竖排按钮这样的布局，在战斗界面常用设计中会出现左右下方分别为操纵摇杆、技能键的布局，故该部分内容属于有限表达和公有领域的表达，某数字公司并不能就前述设计本身享有独占的著作权，但功能区中玩法按钮和图示所对应的具体玩法和内涵，战斗界面中是否有其他上阵角色及其排布、技能键的设置数量和位置存在设计空间，不属于有限表达。

《花×骨》游戏在游戏玩法规则的特定呈现方式及其选择、安排、组合上整体利用了《太极××》的基本表达，并在此基础上进行美术、音乐、动画、文字等一定内容的再创作，侵害了著作权人享有的改编权。

从上文陈述可知,网络游戏的软件代码、美术素材、策划文档、游戏玩法、数值、技能描述等内容,一旦具有独创性,均有可能受到著作权法的保护,为了更好地保护网络游戏的相关著作权,笔者针对网络游戏的著作权保护提出如下建议:

1. 鉴于作品的著作权以创作完成为基础,而非以著作权登记为要件,因此为了更好地保护作品的著作权,保护好作品的创作记录和创作过程十分重要,在作品的创作时间、权属发生争议时,能通过创作记录和创作过程予以证明。

2. 虽然作品的著作权并不以进行了著作权登记为前提,但是很多时候由于创作记录和创作过程的保存容易灭失且难以证明,导致该作品的创作时间和权属非常容易出现争议,此外,考虑到合作过程中使用的便利性,对于重要作品类型,建议进行著作权的登记。

3. 如遇他人抄袭或使用自身游戏产品的游戏素材,由于行业特性极易导致侵权证据发生灭失,因此应尽快地保全证据,为后续采取措施进行准备。

4. 对于著作权的侵权行为,权利方可以采取发函要求对方停止使用、提起民事诉讼的方式要求对方停止侵权行为,甚至如果有证据证明侵犯著作权的行为构成了严重后果,可以通过刑事报案的方式予以保护。

第四章　网络游戏商业秘密的保护

众所周知,网络游戏公司的商业秘密保护十分重要。那么对于网络游戏公司来说,哪些可以作为商业秘密保护,以及如何才能保护自己的商业秘密,是一个需要持续关注的重大难题。

第一节　网络游戏公司的商业秘密

一、网络游戏商业秘密保护的范畴

所谓商业秘密,2019 年修正的《反不正当竞争法》进行了明确的界定:“商业秘密,是指不为公众所知悉、具有商业价值并经权利人采取相应保密措施的技术信息、经营信息等商业信息。”

从规定可以看出,商业秘密必须具备的三个基本要素:不为公众所知悉、具有商业价值、采取保密措施,只有符合这三个要素的商业信息,才是商业秘密。

可以作为商业秘密保护的第一前提,就是必须不为公众所知悉。因此,所有已经对外发布,公众已经可以获得的信息,并不是商业秘密保护的范畴,比如已经发布的游戏产品,其游戏的美术角色、技能、玩法等可以从公开渠道直接获得的内容,已经不能通过商业秘密的方式予以保护。

因此,只有还未对外发布的内容才有可能作为法律意义上的商业秘密,予以主张保护,具体到游戏公司,一般有以下几个方面的内容:

1. 游戏代码

游戏代码是游戏研发商最重要的秘密武器之一,在网络游戏行业中,即使一款游戏已经对外发布,游戏公司也并不对外发布游戏代码,对用户可以下载的游戏客户端的代码,代码游戏公司往往也是采取了某种方式予以加密,在外部无法直接获得。

2. 未对外发布前的游戏产品

如前文所述,如果一款游戏产品已经对外发布,其游戏内容已被公众所知悉,其无法作为商业秘密来予以保护。

反言之,在一款游戏未对外发布之前,游戏公司有可能将其作为公司的秘密武器,避免竞争对手提前获悉开发竞品,或者避免用户提前获悉丧失惊喜,因此对游戏的各项内容在对外公开前予以保密,此时的游戏产品可以作为商业秘密的保护内容。

3. 未对外使用的游戏营销推广方案

商业秘密包括技术秘密和经营秘密,营销推广方案作为经营信息的一种,也可以作为商业秘密的保护范畴。在游戏营销推广越来越重要的今天,一款游戏的营销推广方案往往可以极大地影响到游戏的收入情况,因此,未对外公布的游戏营销推广方案可以作为商业秘密保护。

4. 其他可作为商业秘密保护的技术信息或经营信息

除游戏代码外,游戏公司可能还会存在其他未对外公开或者不对外公布的技术信息,同样可以作为商业秘密予以保护。

同时,游戏公司还存在大量的经营性的保密信息,包括公司的重大决策、游戏产品的收入信息、用户信息等,都可以作为商业秘密保护。

二、商业秘密的保密措施

通过法律对“商业秘密”的界定可知,上述内容虽然未对外公布,但不必然一定就是商业秘密。商业秘密具有两大特征:一是其商业性,主要体现在通过实际运用能为权利人创造经济价值;二是其秘密性,主要体现在权利人采取了一定程度的保密手段,确保其不被公众所知悉。

这里将对“秘密性”作进一步分析,如果权利人对一项信息没有采取保护措施,而是采取放任其公开的态度,任何人均可通过任何公开渠道轻易获取,此时主张这项信息为商业秘密的前提则不复存在。

那么,究竟何种程度的保密措施足以被认定符合"秘密性"特征呢?

事实上,笔者无法以一个绝对标准来衡量其"秘密性",毕竟商业秘密不是"生命个体",离开了人为的使用,任何商业秘密都无法实现其价值。比如,归属于一家游戏公司的商业秘密,必然要通过员工的实际运用,才能最终实现商业秘密的价值。在这个过程中,游戏公司无法避免地要主动安排一些员工接近并掌握该秘密。

国家工商行政管理局《关于禁止侵犯商业秘密行为的若干规定》第2条第4款规定:"本规定所称权利人采取保密措施,包括订立保密协议,建立保密制度及采取其他合理的保密措施。"

1998年6月,国家工商行政管理局发布《关于商业秘密构成要件问题的答复》中进一步说明:"权利人采取保密措施,包括口头或书面的保密协议、对商业秘密权利人的职工或与商业秘密权利人有业务关系的他人提出保密要求等合理措施。只要权利人提出了保密要求,商业秘密权利人的职工或与商业秘密权利人有业务关系的他人知道或应该知道存在商业秘密,即为权利人采取了合理的保密措施,职工或他人就对权利人承担保密义务。"

换言之,权利人欲将某项信息作为"商业秘密",至少应当以各种表明"该信息需要保密"的明示方法对接触或可能接触到该信息的人员提出保密要求。笔者建议可从以下方面建立/健全企业内部保密制度:

1. 制定员工手册

公司内部保密制度的建立是保护商业秘密的大前提。将"保密义务"和"保守商业秘密的要求"写进《员工手册》中,并明确违反保密义务的后果,可让员工充分意识到"保密"是一种原则性工作要求。

2. 签署保密协议

对于可接触或掌握公司重大技术秘密及经营秘密信息的员工,如产品经理、主要技术人员、设计人员、财务、法务等,可与其单独签署保密协议。

3. 设置转移"壁垒"

基于互联网产品特性,如有意获取商业秘密,可轻易通过电子邮件、存储设备、云端等方式进行转移。因此,企业可通过访问权限、内外网分离等方式确保重要秘密信息只能被少数人接触,或只能在内部局域网环境下被读取和操作,从而提高商业秘密被转移的操作“壁垒”。

4.定期员工培训

由于游戏公司内有不同的岗位，而每个岗位人员的工作职责不同，所接触到的秘密信息也不尽相同。定期培训制度能够根据不同岗位职责，充分说明各岗位人员可能接触到的秘密信息，通过“以案说法，以法明智”的方式强化员工保密意识，并通过主动意志约束其自身行为。

5.级别权限制度

游戏公司的人员流动性较大，又经常会招录大量在校实习生，甚至还有外包员工。那么究竟哪些信息可以对全员开放，哪些信息只能对部分人员开放，这就需要公司主动针对不同重要程度的技术信息设置对应的获取权限，权限制度可以直接过滤掉一部分人员对核心机密的接触，进一步降低商业秘密被泄露的企业自身风险。

第二节 商业秘密保护的难点

在法律上，对于商业秘密的保护有两种形式，一种是根据反不正当竞争法，明知或者应知是商业秘密权利人的员工或者其他单位实施侵犯商业秘密行为的，构成对权利人的不正当竞争；另一种是刑法上的保护，根据刑法规定，如果行为人以盗窃、利诱、胁迫等手段获取权利人的商业秘密，并非法披露、使用或者允许他人使用商业秘密的，构成侵犯商业秘密罪。

在实践中使用商业秘密进行保护的难点在于商业秘密的认定，如前文所述，商业秘密最主要的两个特征是具有商业价值和采取保密措施，那么如何证明想要保护的内容具有秘密性和价值性是前提条件。

一、商业秘密首先是具有商业价值的信息，而商业价值的判断在实践中就较为困难

就游戏代码而言，游戏代码的商业价值在于游戏产品的商业价值，游戏产品的商业价值的关键标准一个是游戏的收入，另一个是游戏产品的研发投入。

1. 从游戏产品的收入来说，游戏是一个复合的作品，因此游戏代码对于一个游戏商业运营的成功的贡献作用很难用一个简单的比例确定。因此，以游戏收入判断代码的商业价值在逻辑上存在一定的漏洞。

2. 对于游戏投入的研发成本，实践中游戏研发成本一般是研发团队的工资成本，但同样的，工资成本也会包括策划、美术、程序、数值等多个不同性质岗位的员工。另外，根据笔者与多个研发团队的沟通，游戏作品的研发成本最多的实际是美术素材的研发，美术素材的研发一般有委托外包和自研部分，在需要玩家重度参与游戏类型，如 ARPG，美术研发成本有可能占到游戏整个研发成本 40% ~60%，甚至更高的比例。因此，以游戏研发投入判断代码的商业价值也会存在实际的困难。

二、商业秘密的另外一个特征是采取保密措施，需要通过大量的证据证明其秘密性

保密措施一般包括要求员工签署《商业秘密保护制度》《保密协议》等配套文件实施，以及对于代码的存储、查看、传输、保管等环节设置一些权限。

但基于目前游戏的产业环境，只有某些比较大型的集中研发公司的保密措施做得相对完善。游戏工作室在研发游戏产品时更多考虑的是如何在市场中生存，对于正在或可能研发的游戏代码、美术等作品有没有建立商业秘密的保护体系则无暇顾及，导致当游戏产品一夜间成为爆款后公司才下决心保护商业秘密，此时已变得格外困难，而且保护效果很微弱。

第三节 商业秘密的侵权行为

经过大数据分析，目前游戏领域内有关商业秘密的民事侵权案件数量较少，笔者从案例库筛选了关于商业秘密的 10 个案例，并对此进行了分析。

这 10 个案例所引发的原因大多基于公司员工离职后产生了与原公司的商业秘密纠纷，并且其中 6 个案例中离职员工与原公司存在竞业限制的协议，这 6 个案例的主要争议点在于竞业限制的有效性问题。

其余4例为直接侵犯商业秘密的案件,其中2例为侵犯技术秘密(主要为产品源代码),2例为侵犯经营秘密(主要为数据库信息和客户名单)。这4个案例最终能被法院认定侵犯商业秘密,其中1例是基于在先的刑事调查,已经认定存在侵犯商业秘密的行为;2例由第三方司法鉴定机构作出相应的认定;1例存在当事人的自认行为。

针对这10个案例的判决结果进行分析,可以发现6例违反竞业限制的判决结果或者要求继续履行竞业限制协议,或者要求退还补偿金并承担违约责任,主要基于双方竞业限制协议的约定。4例直接侵害商业秘密的最高赔偿金额为100万元,最低为2万元。

一般而言,商业秘密的侵犯具有一定的隐蔽性,很难被发现或者发现后很难证明侵犯了商业秘密,因此在实践中,很多商业秘密的案件在证据收集以及举证方面存在非常大的障碍,这可能也是侵犯商业秘密的案件在司法实践中相对较少的原因。

如上文所述,商业秘密的保护存在很多的困难,因此如何采取措施使商业秘密能够得到保护十分重要,对此笔者提出如下建议:

(1)在公司设立之初就在制度上完善商业秘密的保护,例如,要求可能接触商业秘密的员工签署《保密协议》,尽早制定适合公司的商业秘密制度,明确包括代码的保管、查看、传输、拷贝等权限在内的流程。

(2)明确的游戏产品特别是游戏代码的权属。首先,委托外包合作、定制游戏合作等特殊合作中,在合作协议中明确约定受托方受托创作的游戏作品的知识产权归委托方所有;其次,与代码撰写的员工签署的职务作品的归属协议中应明确其在职务期间创作的代码归属于公司所有。

(3)发现商业秘密侵权行为后积极维权。对于侵犯商业秘密的行为,如一般侵权的可以向法院起诉,通过不正当竞争主张赔偿;如情节严重的,可以向公安机关报案处理。

（4）做好游戏产品的著作权登记。尤其对于已经上线运营或将要上线运营游戏的游戏产品进行著作权登记。在通过商业秘密难以保护的情况下，可以寻求其他保护方式或途径，如申请著作权保护。

第五章　网络游戏专利权的保护

第一节　网络游戏的专利权

专利权是指发明创造的首创者所拥有的受保护的权益。根据《专利法》的规定，发明创造是指发明、实用新型和外观设计。其中发明，是指对产品、方法或者其改进所提出的新的技术方案。实用新型，是指对产品的形状、构造或者其结合所提出的适于实用的新的技术方案。外观设计，是指对产品的形状、图案或者其结合以及色彩与形状、图案的结合所作出的富有美感并适于工业应用的新设计。

但是，《专利法》①第 25 条第 1 款第 2 项明确规定：智力活动的规则和方法，不授予专利权。因而网络游戏本质上作为一种计算机程序，以计算机为提供载体的无形的产品，能否落入专利法的保护范畴是一个问题。《专利审查指南》第 2 部分第 9 章，明确说明涉及计算机程序的发明专利申请的审查具有一定的特殊性，对涉及计算机程序的发明专利申请进行特殊审查。

根据《专利审查指南》，如果一项权利要求仅仅涉及一种算法或数学计算规则，或者计算机程序本身或者仅仅记录在载体（如磁带、磁盘、光盘、磁光盘、ROM、PROM、VCD、DVD 或者其他的计算机可读介质）上的计算机程序本身，或者游戏的规则和方法等，则该权利要求属于智力活动的规则和方法，不属于专利保护的客体。

但是网络游戏计算机程序也并非必然的不能申请专利保护，《专利审查指

---

① 《专利法》（2020 修正）中将外观设计定义为对产品的整体或者局部的形状、图案或者其结合以及色彩与形状、图案的结合所作出的富有美感并适于工业应用的新设计。

南》明确规定了：如果一项权利要求在对其进行限定的全部内容中既包含智力活动的规则和方法的内容，又包含技术特征，例如，在对上述游戏装置等限定的内容中既包括游戏规则，又包括技术特征，则该权利要求就整体而言并不是一种智力活动的规则和方法，存在获得专利权的可能性。

同时，如果涉及计算机程序的发明专利申请的解决方案执行计算机程序的目的是解决技术问题，在计算机上运行计算机程序从而对外部或内部对象进行控制或处理所反映的是遵循自然规律的技术手段，并且由此获得符合自然规律的技术效果，则这种解决方案属于《专利法》第 2 条第 2 款所说的技术方案，属于专利保护的客体。比如，能够解决智能硬件与客户端应用进行游戏操作的技术问题的计算机程序，可以实现在通信网络下，多人游戏的游戏数据通信方法及终端的计算机程序。

除了发明专利外，网络游戏还存在申请外观设计专利的可能。

虽然《专利审查指南》第 1 部分第 3 章第 7.4 节第 11 项中明确规定，“不授予外观设计的情形：游戏界面以及与人机交互无关或者与实现产品功能无关的产品显示装置所显示的图案。例如，电子屏幕壁纸、开关机画面、网站网页的图文排版”，其中直接包括游戏界面。

但是，国家知识产权局 2014 年 3 月颁布的第 68 号令的修改，将 GUI（Graphic User Interface，图形用户界面）纳入外观设计专利的保护范围内。2014 年 3 月 12 日，国家知识产权局通过修改《专利审查指南》，将第 1 部分第 3 章第 7.2 节第 3 段最后一句删除，即“产品的图案应当是固定的、可见的，而不应是时有时无的或者需要在特定的条件下才能看见的”。至此，图形用户界面可以获得外观设计专利申请的授权及相应的保护。

虽然网络游戏中的技术方案和图形用户界面存在申请专利的可能性，但是在行业内，目前还只有少数的公司进行了专利布局。同时由于网络游戏行业本身的特点，网络游戏的源代码一般而言在外界并非轻易地获得，而游戏的生命周期也相对短暂，所以专利保护并不是经济效益的权利保护方式，这也是目前行业内较少通过专利予以保护权利的原因，但是如果有可以申请专利的技术方案，游戏开发商也应该好好地保护自己的专利，以免落入他人专利保护的范围。

第二节　网络游戏专利权的保护

虽然网络游戏行业的权利保护,在目前阶段还暂时集中在商标权、著作权等知识产权方面,还未蔓延至专利领域,但是很多游戏公司已经开始游戏领域的专利布局。

截至2014年11月20日,网络游戏领域共检索出中国公开专利7266件(主要指在线互联网游戏)。腾讯公司在该领域积累的专利较多,为64件,随后是华为公司的41件,KONAMI、北京品色、中兴、微软、奇虎/奇智的专利为25~20件,IBM、北京德信互动科技、三星为14~10件。①

在这个领域,微软和华为是最早进行专利申请的公司。但在2008年后,腾讯公司加大了创新力度,近三年,腾讯的专利申请量每年在该领域都处于领先地位。

腾讯游戏是国内大型的网络游戏社区之一,在开放性的发展模式下,主要游戏类别包含休闲游戏平台、大型网游、中型休闲游戏、桌面游戏、对战平台五大类。相应的专利主要集中于回应推广平台、玩家反馈、定位搜寻等技术。

> 游戏行业的专利权申请虽然有很大的难度,但是以下内容可以尝试申请专利或进行相应的专利布局:
>
> 1. 既包含智力活动的规则和方法的内容,又包含技术特征;
>
> 2. 图形用户界面可以获得外观设计专利申请的授权及相应的保护。

① 参见中国科学技术法学会和北京大学法学院互联网法律中心联合发布《中国互联网技术创新观察报告(2014)》。

PART 3

第三编

网络游戏的合同类型和风险

根据《民法典》第464条的规定，所谓合同，是指平等主体的自然人、法人、其他组织之间设立、变更、终止民事权利义务关系的协议。在这个交易的社会，合同关系是每个法律主体在交易过程中必须面临的法律问题，而在网络游戏行业，也面临着各种运营合同、推广合同、委托开发合同、IP授权合同等类型的合同。下文将针对在网络游戏行业中可能发生的重点合同类型进行一一解析。

第一章　网络游戏运营合同

在了解网络游戏运营合同之前,必须先了解"网络游戏运营"的概念。网络游戏运营并不是一个法律的概念,而是由于在网络游戏行业长期使用"游戏运营"这一表述,才成为行业内约定俗成的表述。

对此,文化部《关于规范网络游戏运营加强事中事后监管工作的通知》①中明确了网络游戏运营的概念:"网络游戏运营是指网络游戏运营企业以开放网络游戏用户注册或者提供网络游戏下载等方式向公众提供网络游戏产品和服务,并通过向网络游戏用户收费或者以电子商务、广告、赞助等方式获取利益的行为。"

在网络游戏行业,网络游戏运营合同可以说是在目前行业里最普遍存在的合同类型。很多时候,网络游戏的开发主体在游戏产品开发完成后,或者选择自己运营该游戏,或者将该游戏交由其他具有强大运营能力的主体进行运营,因此会导致网络游戏的开发商有时候和运营主体有时候是同一主体,但是很多时候并非同一主体,甚至在绝大多数的情况下,一款网络游戏有多个运营主体。在网络游戏开发商将其开发的游戏交由其他主体运营的时候,并且根据合作方式的不同,因而产生了不同类型的运营合同,如网络游戏独家代理合同(以下简称独代合同)、网络游戏联合运营合同(以下简称联运合同)等多种游戏运营合同。

---

① 目前此规定已失效,但由于暂未有新的规定予以明确,此处仍以之前的规定作为参照。

第一节　网络游戏运营合同的法律性质

网络游戏运营属于业务上的概念,因此在法律上并无网络游戏运营这一有名合同的概念,而想要明确一份合同在法律上需要注意的地方和风险点,必须先行明确该类合同的法律关系性质,才能依照法律法规的相关规定来进行规范。因此,网络游戏运营合同的法律性质至关重要。

在实际中网络游戏运营类合同通常分为网络游戏独家代理合同,网络游戏联合运营合同等,那么该类合同是否属于委托代理合同或者联营合同呢?

一、网络游戏独家代理合同并非委托代理合同

根据《民法典》的规定,委托代理是指代理人在代理权限内,以被代理人的名义实施民事法律行为,被代理人对代理人的代理行为承担民事责任。

但是在网络游戏独家代理合同中,合同约定的运营商在对外提供游戏时,并非以游戏开发商的名义对外提供,而是以自己的名义直接对外运营。运营商对外提供游戏的责任,双方也同意并不当然的归属游戏的开发商,相反,在网络游戏运营行为中所产生的相关责任,应由运营商自己承担。

因此,网络游戏运营合同中的网络游戏独家代理合同,并非委托代理法律关系。

二、网络游戏联合运营合同并非联营合同

联营合同,通常是指两个以上的经济组织为了达到共同的经济目的,约定共同出资,联合从事一定经济生产活动的协议,联营合同的主要特点在于双方共同出资从事一定经济生产活动。

网络游戏联合运营合作,一般发生在网络游戏开发商与运营商之间,也有可能发生运营商与运营商之间。双方或者多方主要是通过对约定的网络游戏产品进行联合运营,获得游戏收入。游戏开发商从中获得授权金或者分成款,运营商获得分成收入,并不存在双方共同出资从事一定经济事务的情形。因

此,网络游戏联合运营合同不是联营合同。

三、网络游戏运营合同大部分情况下是一种著作权许可使用的合同,但有时候也会包括多种复合的法律关系

著作权许可使用合同,是指为了使用他人作品,同著作权人订立的许可使用合同。

如前文所述,一款网络游戏产品实际上是一个计算机软件作品。因此,网络游戏的开发商将其开发完成的网络游戏交由其他主体向用户提供,实际上是一种将该计算机软件授权许可他人使用的行为或者许可他人向用户提供的行为,因此网络游戏运营合同属于著作权许可使用合同,即由游戏开发商将开发的游戏软件的著作权许可运营商提供给用户使用,并由双方对运营过程中所产生的收入进行分配的协议。

当然,在实践中的这一许可使用合同中,除主要的著作权许可使用之外,还有可能包括其他的许可事项,比如网络游戏的开发商可能拥有游戏产品的商标权或者其他专利权等知识产权。为了更好地运营网络游戏产品,在这一许可合同中,可能会同时将相关商标权、专利权等权属一并授权使用,从而导致网络游戏运营合同可能会包含著作权、商标权、专利权授权许可使用的多重法律关系。

第二节 网络游戏运营合同的特征

结合著作权、商标权、专利权许可使用合同的特征以及网络游戏运营合同的相关履行状况,可以看出网络游戏运营合同一般具备如下的特征:

1. 网络游戏运营合同是诺成性合同

网络游戏运营合同的成立,不需要网络游戏的开发商将网络游戏产品交付给运营商,只要当事人双方的意思表示一致,合同即可成立。在实践中,也经常出现产品并未开发完成,但是双方已经提前签署网络游戏运营合同的情形,只要符合合同约定的生效条件,合同即成立生效。

2. 网络游戏运营合同是双务合同

双务合同是指双方当事人互负给付义务的合同。网络游戏的开发商之所以同意将其游戏产品交由被许可方运营，目的在于获得被许可方给付的授权款或者分成款，而被许可方之所以愿意支付授权款或者分成款，目的是获得游戏产品的许可使用，并因此获得收益。因此，权利义务条款是网络游戏著作权许可使用合同最主要的条款，也是合同履行的依据，任何一方不全面、不及时地履行合同义务，都需要承担相应的责任。

3. 网络游戏运营合同一般都是有偿合同

有偿合同是指合同双方当事人一方为了获得合同约定的权益，而向对方支付相应对价的合同。网络游戏开发商进行网络游戏的开发的目的就是通过对游戏产品的运营获得收益，因此一般授权他人运营都以取得授权金或者分成款为对价。

4. 网络游戏运营合同是要式合同

要式合同是指法律、行政法规规定，或者当事人约定应当采用书面形式的合同。《著作权法实施条例》第 23 条规定，使用他人作品应当同著作权人订立许可使用合同，因此网络游戏运营合同作为一种著作权许可使用合同，是要式合同。

第三节　网络游戏运营合同的必备条款和风险点

为了确保网络游戏运营合同能够得到有效的履行，双方当事人之间的权利义务法律关系能够明确，《著作权法》第 24 条[①]规定了著作权许可使用合同需要包括的主要内容：(1)许可使用的权利种类；(2)许可使用的权利是专有使用权或者非专有使用权；(3)许可使用的地域范围、期间；(4)付酬标准和办法；(5)违约责任；(6)双方认为需要约定的其他内容。

下文将结合相关法律法规规定的著作权许可使用合同的主要条款，一一介

① 《著作权法》(2020 修正)相应调整为第 26 条。

绍签署网络游戏运营合同必须注意的条款的相关约定内容。

一、定义和解释条款

由于网络游戏行业是一个专业性较强的行业,有相当多的概念和术语为网络游戏行业专有词汇,而在实践中,某些概念使用混乱以及并无明确的界定,因此如果不对相关的词汇予以明确地界定和解释,将导致在实际履行过程中双方大量争议产生。

比如在网络游戏的运营合同中,经常会出现内测、首测、公测、正式运营、上线、商业化运营等关于向用户提供游戏的几种方式,而在实践中,关于内测、首测、公测、流水、运营等概念使用混淆,并无一个固定明确的法律标准。因此一旦在协议中未对此进行明确约定,极易产生大量的争议。

同时,在网络游戏运营合同中,还存在大量的专业术语需要进行明确的解释,如更新、升级、扩展包、服务器、混服。

对于一些关系到协议核心条款的重要概念,更是应该予以明确界定,比如游戏的运营合同,双方对于结算条款中的运营收入、渠道费用、流水等概念的界定关系到最终结算收入的计算数额,对此更应该予以明确的界定。

二、合作方式具体条款

网络游戏运营合同中的合作方式具体条款是网络游戏运营合同的核心必备条款,这里一般会包括以下几个方面:

(一)许可运营主体的权利基础

许可运营的主体是否有权将游戏产品交由他人运营,是网络游戏运营合同的基础。如果许可运营的主体无相关著作权权利,或者作品权利存在瑕疵,将会导致被许可方支付了相关的授权费但无法正常运营游戏,因此,被许可使用的运营主体,应该特别关注许可主体的权利基础是否没有问题:

(1)许可主体是许可运营的游戏产品的开发者,许可主体拥有该产品的全部著作权权利,被许可方可要求授权方提供相应的著作权登记的证书。

(2)许可主体对许可运营的游戏产品的权利源于第三方的授权,此处需要查阅整个授权链条是否完整，许可主体是否有转授权的权利。

(3)许可主体是许可运营的游戏产品的开发者，但是授权许可的游戏产品是根据第三方的作品改编而来，需要明确涉及第三方作品的权利人是否同意该改编的内容授权许可第三人使用。

(4)确认许可主体是许可运营游戏产品的权利主体，或者授权链条确已完整并无瑕疵后，仍需要考虑到授权许可的游戏产品是否存在侵犯第三方著作权的内容。由于行业乱象的存在，有些游戏产品存在抄袭其他游戏产品的情形，这种侵权行为的存在，将导致运营主体承担侵权行为的连带责任。

(二)许可期限和许可地域范围

由于著作权许可使用合同，本身就是许可他人在一定期限、地域范围内使用其作品的合同，因此，网络游戏运营合同作为一种著作权许可使用的合同，在协议中明确许可使用的期限和地域范围也是极为重要的。

1. 许可期限的约定

关于许可期限的约定，如果是固定的起始时间和期限，存在的争议较小。但是在网络游戏运营合同的实际履行中，往往约定的起始期限存在变化，因为很多时候独代和联运合同签署时，许可运营的游戏产品尚未开发完成或者尚需测试，因此，经常有协议约定许可期限的起算从网络游戏产品正式上线运营之日起计算，那么何种情况属于正式上线运营，就应当予以明确的约定，以免产生争议。

2. 许可地域范围的约定

许可地域范围，是指合同约定许可运营的网络游戏产品可以在何地予以运营。在目前的网络游戏行业，游戏出海运营已是一种非常普遍的现象，因此许可的地域范围也是需要明确的重要的内容，比如，在国内运营是否包含港澳台地区，在海外运营包含哪些国家或地区。

(三)许可的权利种类和许可范围

根据《著作权法》的规定，许可使用的权利种类和许可的权利范围也都是网络游戏运营合同的必备条款，网络游戏的运营合同必须明确这部分的内容。

1. 许可的权利种类

如上文所述，著作财产权可以授予或转让其他人行使，《著作权法》第 10 条规定了 13 种著作财产权，包括复制权、发行权、出租权、展览权、表演权、放映权、广播权、信息网络传播权、摄制权、改编权、翻译权、汇编权在内的著作财产权以及应当由著作权人享有的其他权利。著作权人可以将上述著作财产权权利许可他人行使。既可以全部许可他人使用，也可以分别许可他人使用。因此，在签署著作权许可使用合同时，最好能够明确许可使用的权利范围。

在一个网络游戏运营合同中，网络游戏的运营主体要想获得运营游戏的权利，必须至少拥有网络游戏的复制权、发行权、信息网络传播权等权利，如果需要拥有更多的其他权利，双方可以在合同中予以明确的约定。

2. 许可的范围

在网络游戏行业，经常会说到的两种运营合同的类型，独家代理合同和非独家联运合同，其实独家和非独家并非一个法律上的概念，这两种合同的区分就在于许可使用的权利是专有使用权还是非专有使用权。

专有使用权是一种独占的和排他的权利，是指著作权人将许可使用的著作权授权给被许可人之后，在合同的有效期内，既不能在将上述权利再授权给第三人使用，自己也不能使用。

对于什么是独占使用许可和排他使用许可，著作权法对此并未进行明确约定，但是商标法对此进行了明确的规定，可以用来参照。最高人民法院《关于审理商标民事纠纷案件适用法律若干问题的解释》规定如下：

(1)独占使用许可，是指商标注册人在约定的期间、地域和以约定的方式，将该注册商标仅许可一个被许可人使用，商标注册人依约定不得使用该注册商标；

(2)排他使用许可，是指商标注册人在约定的期间、地域和以约定的方式，将该注册商标仅许可一个被许可人使用，商标注册人依约定可以使用该注册商标但不得另行许可他人使用该注册商标；

(3)普通使用许可，是指商标注册人在约定的期间、地域和以约定的方式，许可他人使用其注册商标，并可自行使用该注册商标和许可他人使用其注册商标。

专有使用权的内容可由双方在合同中进行约定,双方如果签署的是独家代理,最好在协议中明确该独家代理的使用权范围,是属于独占、排他还是普通许可。否则如果没有约定的话,根据《著作权法实施条例》第 24 条的规定,合同没有约定或者约定不明的,视为被许可人有权排除包括著作权人在内的任何人以同样的方式使用作品,也就是说该许可将为独占使用许可。

另外,如果有转授权给第三方使用的需求,也需要在合同中明确约定,否则将必须取得著作权人的许可。

三、授权许可使用的费用和结算方式

(一)许可使用费用的约定

《著作权法》第 28 条[①]规定,使用作品的付酬标准可以由当事人约定,也可以按照国务院著作权行政管理部门会同有关部门制定的付酬标准支付报酬。当事人约定不明确的,按照国务院著作权行政管理部门会同有关部门制定的付酬标准支付报酬。

但是对于网络游戏的付酬标准,目前并无著作权行政管理部门制定的付酬标准,因此作为网络游戏运营的核心条款,必须在合同中明确约定支付报酬的计算方式和计算数额。

目前在实践中的网络游戏运营合同中,比较常见的许可费的支付方式主要分为以下几种模式:

(1)被许可方支付固定的许可费用;

(2)被许可方支付固定的许可费用和运营收入的分成费用;

(3)被许可方支付运营收入的分成费用。

在这几种模式中,如采取约定固定的许可费用的支付模式,数额必须明确;如选择按照运营收入分成的方式支付许可费用,必须明确注意以下的问题:是否明确了运营收入分成的计算方式,比如按照运营收入扣除成本所得的数额进行分成;是否明确了运营收入和成本的概念;成本包含什么内容;每一项成本的

---

① 《著作权法》(2020 修正)相应调整为第 30 条。

内容是否明晰可计算。在实践中，经常会出现双方对收入和成本的计算方式产生争议从而导致对分成费用的计算存在争议的情形。一旦约定不明确，在发生争议时，合作各方需要采用更多的精力来证明分成费用的数额。

（二）许可费用的支付和结算

1. 许可费用的支付条件和期限

在网络游戏的运营合同中，许可费用的支付条件和期限，往往会与产品的上线时间点息息相关，而产品上线运营的时间通常存在不可预期性，甚至往往还会出现，经过合同双方的努力，产品最终无法上线的情况，在此种情况下，如约定不明确，将会导致实践中大量争议的发生。具体一般有以下几种情形：

（1）支付时间点容易产生争议。很多情况下，许可费用的支付期限的约定并非固定的日期，而是按照某一标准。例如，在产品上线之后支付，在产品封测、内测、在一个或某个平台运营之后等支付节点，因此，在合同中约定支付节点时，如双方认定的上线、内测、封测标准不统一，将会导致双方对支付日期的争议。

（2）支付方式约定是条件还是期限。在合同履行过程中，双方可以采取附条件或者附期限的支付方式。其中，附条件和附期限的区别在于，附条件只有条件成就时才需要付款，如约定的条件未成就，付款义务不存在；而在附期限的情形中，如期限未至，只是约定的付款期限未至，付款方的付款义务并未丧失。实践中曾出现过这样的案例，在某一运营合同中，双方约定，在产品正式上线运营后支付一定的许可费用，但是最终由于产品并未能实际上线运营，导致双方对是否需要支付这一笔许可费用产生了争议。

（3）合同所约定的许可费用的性质。合同所约定的许可费用是授权许可的费用还是分成款的预付款项，如涉及预付，预付款项是否在某种情况下可以要求退回，很多时候，双方在协议中约定了许可费用，但又约定该费用为预付可以抵扣分成款，导致双方对该笔费用在无分成款可以抵扣时是否应该返还存在大量的争议。

因此，网络游戏运营合同的双方应当在合同中对可能产生争议的上述问题予以明确约定。如约定不明，按照民法典的相关约定，只能由双方通过补充协议予以明确约定，无法达成补充协议的，按照合同的其他条款或者交易惯例处理，如果按照其他条款和交易惯例仍不能明确的，将按照《民法典》第511条适用下列规定：价款或者报酬不明确的，按照订立合同时履行地的市场价格履行；依法应当执行政府定价或者政府指导价的，按照规定履行；履行期限不明确的，债务人可以随时履行，债权人也可以随时要求履行，但应当给对方必要的准备时间。

2. 预付分成款的约定

由于网络游戏往往面临高额的开发成本，而签署运营合同时，常常面临游戏产品还在开发未完成的状态，许可方需要提前将产品授权许可给运营主体，并要求提前预付一定的分成费用，待产品正式上线后从双方约定应该支付给许可方的分成费用中予以抵扣，这就是在网络游戏运营合同中经常存在预付分成款的原因。

如果双方的合同能够正常履行，游戏产品运营状况良好，且存在分成款需要抵扣的情形，此处预付分成款按照协议约定正常抵扣即可。但是在实际中，往往还存在这样一种情形，即游戏产品无法正式上线运营，或者已经上线运营了，但是获得的收入不足以支付给许可方分成收入，在此种情况下，预付分成款应该如何处理往往会产生大量的争议，许可方想要要回预付分成款，而被许可方不同意返还相关的款项。

在法律上，一般而言预付款无双向或单向担保的效力，在没有特殊约定的情况下，当事人不履行合同而导致合同解除或者合同终止时，预付款应当返还。因此如果双方约定了支付的款项为预付款，且预付款在合同终止时未能抵扣完毕，应予退还。

但是如果运营合同的主体双方希望不管产品运营状况如何，预付款项均不予退还或者在产品运营不佳的情况下可以提前要求退回预付款，最好在协议中能够明确予以约定。

3. 分成许可费用的结算方式

在网络游戏行业中，对运营的游戏产品的运营收入进行分成已经是行业内普遍的做法，如上文所述，如果运营的双方主体是采用收入分成的方式进行结算，必须明确约定分成费用的计算公式和计算标准。

除约定明确的分成款项的计算方式外,由于分成费用是持续产生的,且行业惯例是进行月结,因此双方的结算流程,何时结算,如何对账,对账完毕之后何时予以支付分成款也应该进行明确的约定。

在分成许可费用的结算条款中,特别需要明确的一点,以及比较容易发生争议的一条在于,对于结算所依据的数据双方出现结算数据差异时应该如何处理。在协议的履行过程中,经常会出现结算数据双方出现争执的情况,比如在有些情况下,只有提供用户账号系统、支付后台的运营一方主体才能获得第一手的、真实的结算数据,另一方只能通过开放的权限数据和接口获得相关的游戏数据,而另一方在某些时候可能觉得后台的结算数据与实际数据不相符合;或者在有一些情况下,双方都有后台结算系统,但是有时候双方的后台数据会出现一定的差异性。因此在出现数据差异的时候,应该如何处理,以谁的数据为准,是否需要引入第三方机构的监测或者检查,双方应在合同里予以明确。

四、有关许可运营游戏产品的相关要求

获得优质的许可运营产品并能及时地上线是被许可方最核心的要求,因为只有能够尽快获得运营产品,且产品质量优良,才有获得收入的可能。而对于许可方来说,在游戏产品交付之后,尽快上线运营,且运营的渠道更优,推广和运营的力度更大,将会使产品获得的收入也会更多。因此,双方为了获得更好的游戏分成收入,获得游戏收入的保障,往往需要在以下几个方面予以注意:

(一)许可方需要注意的要求

对于许可方来说,其提供产品给被许可方运营,主要目的是获得游戏产品的授权金或者分成款,特别是在双方分成的情况下,被许可方运营产品能力可能与最终所获得的收益相关。因此对于许可方来说,除相应的授权款项外,应注意被许可方运营能力和效率方面:

1. 双方是否有明确可量化的上线时间要求

很多小的开发商,整个公司的生存可能就依赖于该款游戏产品的上线,并且有时候运营主体可能前期仅支付了较小数额的授权金或者预付款,由于并无合同要求的具体上线时间,而运营主体又由于各种原因迟迟不上线运营产品,

将导致产品无法产生收益而因此发生争议。

2. 双方是否有约定具体的上线渠道

有时候运营渠道关系到运营产品的收益好坏，不同渠道的流量不同，因此如双方有特殊的运营渠道方面的要求，可在合同中予以明确。

3. 双方有无对运营推广成本或推广方式的要求

运营推广的成本和方式某种程度上关系到最终游戏运营产品的结果，因此，如果双方有相关方面的需求，可以在协议中进行进一步的约定，比如约定不少于多少额度的推广数额等。

（二）被许可方需要注意的要求

对于被许可方来说，获得优质的许可运营产品并能及时的上线是其最核心的要求，因为这样被许可方才能通过许可运营产品获得足够的利益。

1. 双方是否要求被许可方提供游戏产品的具体要求和标准，以及提供产品的具体时间要求

对于被许可方来说，往往在合同签署之后，就需要提前支付一笔授权金或者预付款，如果迟迟难以获得被许可方提供的游戏产品，该笔钱将一直难以回收；或者虽然许可方按照约定的时间提供了游戏产品，但是游戏产品的质量劣质，不符合要求，最终可能导致的运营收入亏损，并且由于游戏产品的质量很难有明确的量化指标，所以被许可方应尽量在协议中留下足够的主动权。

2. 双方是否要求运营产品有稳定的开发团队或者项目负责人、成员

如上文所述，游戏产品的质量很难有明确的量化标准和量化指标，而且项目开发团队负责人或者成员的水平与最终游戏产品的质量问题会有很大的关联，很多时候行业里投项目就是投团队，而在实践中也出现了很多在项目进行过程中，团队解散或者团队调整导致产品质量不符合要求的情形，然后以此要求解约，在司法实践中也出现过多起以团队解散要求解约的案件，但是在有的案件中，法院会认定，团队成员的解散不一定导致公司的无法运营，在公司还有其他人可以支持运营产品的情况下，不构成解约的理由，因此，如果被许可方在这方面有特殊的要求，应在合同中予以明确的约定。

3. 双方是否需要约定及时的技术响应要求

由于游戏的运营是一个持续不断的过程，并且游戏产品比较容易出现技术方面的缺陷或调整，因此，一方面，在运营过程中如出现了缺陷或技术问题，需要及时的响应解决；另一方面，游戏产品需要进行不停的迭代，大版本和小版本的持续更新，因此，最好能在协议中约定明确技术支持和响应应由谁负责，应在多长时间内解决，以及什么时候需要进行版本的更新，以免发生争议。

五、知识产权条款和保密约定

（一）知识产权条款的约定

由于网络游戏运营协议是一个著作权许可合同，且在游戏行业中，知识产权是很多网络游戏公司最重要的无形资产，因此在协议中，知识产权条款的约定十分重要。

一般来说，网络游戏运营产品的著作权属于游戏开发商所有，在许可期限结束之后，网络游戏运营产品的著作权仍然归属于游戏开发商。但是在运营游戏的过程中，由于在实践中运营主体可能会对游戏产品进行修改调整，增加新的内容或设定，此部分由运营主体增加的新的内容，其著作权是否当然归属于游戏开发商，可以由双方约定，如果不进行特殊约定，届时有可能会发生争议。

同时，在运营过程中，原游戏名称可能并未申请商标保护，游戏运营主体在运营过程中申请了商标权，如果双方未进行特殊约定，则可能会面临运营合同结束后，游戏开发商无法再使用该游戏名称的可能。

因此，双方应对在游戏中已有的和将要产生的著作权、商标权等知识产权进行相关的约定，以免争议的发生。

（二）保密条款的约定

如上文所述，游戏产品的商业秘密是非常重要的内容，而对于一个保密内容，是否必然属于商业秘密，是有相关的法律规定要求的。比如说必须采取一定的保密措施，因此对于双方在合作过程中，需要披露给对方的商业秘密信息，需要对方遵守保密的义务,必须在协议条款中明确进行约定。

六、违约责任的约定

合同的双方在协议签署后,应按照合同的约定履行义务。然而,在履约的过程中,实际情况变化多样,往往会出现一方无法履行义务的情形,特别是重大的义务往往关系着合同双方主体的核心权利。因此,违约责任也是一个合同的必备条款,它可以在出现违约情形时,对于守约方的权利予以救济和保障。

网络游戏运营合同的主体应该在合同中明确约定违约情形、违约行为应当承担的违约责任等条款。

在违约情形出现时,除约定相应的违约责任外,还可以约定单方的合同解除权,比如在出现什么样的违约情形下,守约方有权解除合同的约定,给予守约方更大的权益方面的保障。

当然,违约金的约定并非越高越好。如果违约金约定过高,违约方可以请求调整违约金的数额。最高人民法院《关于适用〈中华人民共和国合同法〉若干问题的解释(二)》第 29 条就明确规定了违约金约定过高时法院裁决的依据:“当事人主张约定的违约金过高请求予以适当减少的,人民法院应当以实际损失为基础,兼顾合同的履行情况、当事人的过错程度以及预期利益等综合因素,根据公平原则和诚实信用原则予以衡量,并作出裁决。当事人约定的违约金超过造成损失的百分之三十的,一般可以认定为合同法第一百一十四条第二款规定的‘过分高于造成的损失’。”

七、其他约定

除上述重要条款外,网络游戏运营的许可双方还可以列入其他一些内容,如就网络游戏运营合同履行过程中发生争议后的解决办法,以及双方可以约定争议发生之后的管辖方式和管辖法院。

第四节　网络游戏运营合同纠纷案例

笔者对游戏行业网络游戏运营合同纠纷的相关案例进行了大数据分析,可以看出,在该类型的案件中,与上述总结的重要条款相关的纠纷均有存在。其中由于运营不合理而产生的纠纷占3.57%,由于网络游戏开发商游戏给付、维护不当而产生的案例占28.57%,与预付款、分成款、许可费用相关的案件所占比例为64.77%,其他原因产生的纠纷所占比例为4.55%。

一、关于付款期限或者条件约定不明产生争议的合同纠纷案件

如上文所述,在许可网络游戏运营合同中,合同双方常常以“游戏正式上线”“游戏内测结束”等作为款项支付的节点,但是此种约定方式,如双方对该节点的约定并无统一的认知和界定,极易发生争议。

在下文典型案例中,就是双方在协议中约定以“正式上线”为约定的付款方式,但是双方对“上线”这一约定存在争议产生的纠纷。在该案中,一审法院对“正式上线”这一争议依据以下两个原则来予以认定:

(1)结合双方在协议中的其他内容判断,是否能认定双方对“正式上线”这一概念的本意。

(2)双方约定“正式上线”后付款的付款方式,属于附条件的约定,在条件成就时应该支付,但如果当事人为自己的利益不正当地阻止条件成就的,视为条件已成就。

【典型案例】　厦门某网络科技有限公司(以下简称某网络公司)与某(北京)因特网技术有限公司(以下简称某技术公司)合同纠纷案①

2015年6月10日,某网络公司作为授权方,某游戏服务有限公司作为被授

① 案号:(2016)闽0206民初2111号,此处为一审判决,根据公开渠道暂无法确认是否进入二审流程。

权方，双方就某网络公司将《女神××》游戏授权某游戏服务有限公司在授权区域内运营、推广、宣传事宜签订《手游海外运营合作协议》，主要约定：某网络公司授权某游戏服务有限公司独家代理运营的区域为新加坡、马来西亚，某游戏服务有限公司需向某网络公司支付20000美元作为游戏独家代理授权金，该授权金分阶段支付，合同生效且某游戏服务有限公司收到发票之日起七个工作日内向某网络公司支付6000美元，繁体中文版正式上线且某游戏服务有限公司收到发票之日起七个工作日内向某网络公司支付7000美元，英文版正式上线且某游戏服务有限公司收到发票之日起七个工作日内向某网络公司支付7000美元；某网络公司与某游戏服务有限公司均在该协议落款处加盖公章。

同日，某技术公司作为承诺人出具《承诺函》，主要内容为：某网络公司与某游戏服务有限公司于2015年6月10日签署了《手游海外运营合作协议》，某技术公司作为某游戏服务有限公司的关联公司，与某游戏服务有限公司共同负责《女神××》游戏在新加坡、马来西亚的实际运营；某技术公司承诺在前述协议项下与某游戏服务有限公司承担连带责任，如某游戏服务有限公司未能依约履行义务，某网络公司有权要求某技术公司实际履行，某游戏服务有限公司因履行前述协议产生的一切法律责任概由某技术公司承担，如因此产生法律纠纷，某网络公司有权选择某游戏服务有限公司或某技术公司提起诉讼。某网络公司和某游戏服务有限公司在该《承诺函》下方加盖公章。

对于前述《手游海外运营合作协议》中提及的“正式上线”的含义，双方当事人存在争议。某网络公司主张涉案游戏在网络平台上发布，可持续稳定运行且开始向用户收费即为正式上线；某技术公司主张向用户开放正式服务器时为正式上线，仅开放测试服务器属于游戏的试运行阶段，至于开放正式服务器的时间，并无确定期限，由某技术公司综合考量测试运行期间的相关数据、用户反馈等，满足正式上线的条件后开放正式服务器。

一审法院审理后认定：双方当事人就第二笔授权金约定了付款条件和付款期限，即游戏的繁体中文版本正式上线且某技术公司收到某网络公司的发票之日起七个工作日内支付，双方当事人就“正式上线”的含义理解不一致，合同中也未明确界定，结合合同中关于“甲方（某网络公司）有义务根据乙方（某游戏服务有限公司）在产品测试期提出的版本修改完善意见对产品进行修改和完善至产品满足正式上线所需的条件”的约定以及“乙方(某游戏服务有限公司)有义务搜集游戏测试期内的问题、数据以及玩家反馈并提供给甲方(某网络公司),同时提供给甲方相应的修改需求以便于甲方(某网络公司)对版本调整修改至满足正式上线的状态,有义务将游戏运营中的重要节点(如游戏正式上线商业化运营)以正式或邮件通知给甲方(某网络公司)”的约定,在游戏正式上线前应有一个测试期,某网络公司与某游戏服务有限公司、某技术公司互相协作对游戏产品进行修改和完善直至游戏产品满足正式上线所需的条件。

由于合同中未对正式上线所需的条件有具体明确的约定,且根据合同的其他条款也无法确定,且双方当事人均未能提供就正式上线所需条件存在交易习惯或行业惯例的证据,因此双方就付款条件的成就条件约定不明。某技术公司自认是否上线正式服务器、何时上线正式服务器完全由某技术公司决定,某技术公司已经在相关平台上推出了游戏的繁体中文版不删档测试服务器,任何用户均可下载使用游戏并进行付费,同时在某网络公司的工作人员多次向某技术公司提出支付第二笔授权金时,某技术公司的工作人员均未提出游戏尚不满足正式上线条件的问题,某技术公司也无证据证明产品仍存在某些问题需要修改完善,且近期某技术公司曾就此与某网络公司进行沟通,因此某技术公司存在不正当阻止付款条件成就的情形,参照《中华人民共和国合同法》第四十五条关于“当事人为自己的利益不正当地阻止条件成就的,视为条件已成就”的规定,应视为第二笔授权金的付款条件已成就,则某技术公司应在2015年11月20日前支付授权金7000美元给某网络公司。

二、关于许可运营的游戏产品交付不符合要求产生的合同纠纷案件

许可运营的游戏产品是否符合运营主体的要求是运营主体非常关注的一个问题,如双方约定明确在交付产品不符合要求时停止付款并解除合同,即可以根据约定,停止付款并解除合同。

【典型案例】 北京某科技有限公司(以下简称某科技公司)与某(北京)网络技术有限公司(以下简称某技术公司)计算机软件著作权许可使用合同纠纷案①

2013年3月19日,某技术公司(许可方)与某科技公司(被许可方)签订了《协议》,双方约定如下内容:一、某技术公司将其自主研发的手机游戏《群×传(暂定名)》的Android+iOS版本的发行权和运营权独家授权给某科技公司代理。某科技公司有权自行或者授权任何第三方在中国大陆地区内发行、运营该款软件。二、产品交付时间:某技术公司应分别在2013年11月30日前及2013年12月31日前完成对游戏的修改制作,以达到双方商定的游戏版本要求,并由某科技公司负责独家运营可交付发行与运营的涉案手机游戏Android版本和iOS版本。三、产品交付流程:某技术公司向某科技公司提交某阶段的软件版本,某科技公司在10个工作日内,根据双方确认的版本验收内容验收游戏,向某技术公司确认是否接受该版本,如拒绝,需详细列明拒绝理由。双方确定的各阶段版本验收内容,将以补充协议的方式作为本协议附件。某技术公司应修改被拒绝的交付版本,并将修改后的版本在双方另行约定的时间期限内再次提交。上述流程应该不断被重复直到产品被某科技公司接受为止。四、双方约定版权金为150万元,在某技术公司完成某科技公司提出的3个版本提交节点要求即本协议开始生效之日、内测版客户端通过、完整版公测客户端通过,并验收确定后,方可按双方约定的40%、30%、30%的各节点支付比例获得版权金。

2013年4月8日,某技术公司(许可方)与某科技公司(被许可方)签订了《补充协议》,双方约定如下内容:一、产品交付流程补充说明:某技术公司应在2013年6月30日前、7月31日前、8月10日前、9月30日前分别通过某科技公司对涉案游戏Demo、封测、内测、公测四个版本的验收。二、结算补充说明:某技术公司在提交游戏封测版客户端给某科技公司,且经过某科技公司测试并验收通过确定后,某技术公司可获得总版权金的30%;某技术公司在提交游戏公

① 案号:(2014)朝民初字第24021号,此处为一审判决,根据公开渠道暂无法确认是否进入二审流程。

测版客户端给某科技公司,且经过某科技公司测试并验收通过确定后,某技术公司可获得总版权金的30%。三、协议终止补充说明。某技术公司在协议约定的各时间节点提交的游戏版本均应自主做充分的测试。若某技术公司向某科技公司提交的游戏公测版客户端,在2014年1月31日前经过多次修改仍未通过某科技公司验收(包括运营接入),则某科技公司有权终止协议,且某技术公司须于5个工作日内双倍赔付某科技公司已经支付的全部版权金。

2013年4月17日,某科技公司支付某技术公司首笔版权金60万元。

某技术公司开展了涉案游戏软件的修改制作,2013年8月30日形成涉案游戏的封测版交付某科技公司验收,2013年9月3日,某科技公司涉案游戏项目主管李××与某技术公司法定代表人赵×以及双方其他工作人员召开沟通会议,会议确认某技术公司提交该版本"验收不通过""无法支持封测见用户的目标",双方并确认后续开发流程为"机器人压力测试—真人小范围压力测试—删档封测—内测—公测(收费)"。此后,双方关于涉案游戏测试的时间及标准多次进行沟通。2014年3月7日,某科技公司向某技术公司发送电子邮件确认涉案游戏将于3月12日中午12时正式开启首次小范围测试,为期一周(3月18日中午12时停服),测试内容为:市场及用户检验,基本的玩法系统接受情况;基本的运营数据,如留存登录等数据;正式大范围封测版本优化做准备。2014年3月17日某技术公司向某科技公司发送邮件要求重新制定版本验收标准和测试时间点。2014年3月19日,某科技公司向某技术公司发送了封测及内测版本内容验收标准,该文件要求删档封闭测试通过验收时间为2014年5月1日之前。

在涉案游戏的测试过程中,某技术公司仅提交了Android版本并未提交iOS版本,某技术公司表示iOS版本已制作完毕,但未就此提交证据。

2014年3月26日,某技术公司向某科技公司发送邮件称:目前开发计划和测试时间意见尚未统一,鉴于新的版本及补充协议仍需讨论且变动较大,要求某科技公司于3月底前支付第二笔款项,否则只能停止项目的开发。2014年4月2日,某技术公司再次发送邮件要求某科技公司支付第二笔版权金。

2014年5月9日,某科技公司作出《解除代理发行和运营协议通知函》要求解除双方所签协议并要求某技术公司双倍赔偿版权金共计120万元。某技术公司表示因经营地址变更，未收到上述通知函。

一审法院经过审理认定：某技术公司应按双方合同约定的时间节点提交涉案游戏的相关阶段性版本并通过某科技公司的验收，某科技公司应按对应的时间节点支付相应的版权金。依据双方《补充协议》，某技术公司应于2013年7月31日前通过涉案游戏封测版的验收，在某技术公司提交游戏封测版客户端，且经过某科技公司测试并验收通过确定后，某科技公司应向某技术公司支付第二笔版权金45万元。根据本案查明的事实，某技术公司未于2013年7月31日前完成涉案游戏封测版的制作及交付，而此后至2014年3月底，双方处于对某技术公司迟延提交的涉案游戏封测版Android版本的修改、测试过程，依据双方往来电子邮件内容显示该封测版本最终并未通过某科技公司的验收。同时某技术公司亦未向某科技公司提交涉案游戏iOS版的任何阶段性版本，且自2014年4月后某技术公司单方停止了涉案游戏项目的开发制作及修改，构成违约。某技术公司违约行为导致某科技公司代理发行并运营涉案游戏的合同目的落空，故本院对某科技公司要求解除涉案《协议》及《补充协议》的诉讼请求予以支持。双方《协议》明确约定有因某技术公司原因合同终止后某技术公司双倍赔付某科技公司已经支付的全部版权金的条款，该条款包含有违约金性质的内容，且经法院释明某技术公司明确表示不要求对违约金金额予以调整，故审理法院最终对某科技公司该项诉讼请求亦予以支持。

三、关于拒不支付合同约定的分成款项所导致的合同纠纷案件

前文已陈述，获得许可费用是许可方通过网络游戏运营合同想要实现的最重要的目的，但在实践中，往往存在各种拒不或者拖延支付分成款项的事宜，以下案例则说明，违约方应该按照合同约定支付分成款，否则守约方将拥有法定的解约权。

【典型案例】 北京某科技有限公司(以下简称北京某公司)与成都某科技有限公司(以下简称成都某公司)合同纠纷案①

2016年9月1日,成都某公司(甲方)与北京某公司(乙方)签订了《手机网游联合发行合作协议》。协议约定甲乙双方充分发挥甲方在游戏发行、推广渠道上的优势以及乙方手机网络游戏内容优势,达成战略合作伙伴关系,合作向中国手机用户提供手机网络游戏互动内容服务。合同第1条第1款约定:"定义1. 甲方渠道:甲方拥有或控制或已建立合作关系的线上线下游戏发布、宣传、推广渠道。本协议项下具体的甲方渠道双方以《补充协议》形式另行约定。"合同第2条第3款约定:"甲方若在约定渠道外开展合作游戏发行工作,应获得乙方的书面确认;或双方可以书面形式将乙方自主发行渠道进行确认,除乙方自主发行渠道外,甲方可以在其他渠道开展发行工作。"合同第3条约定:"合作期限为1年,自2016年9月1日至2017年12月31日止。"合同第4条约定:"收益分配及结算:1. 甲乙双方按照当月可分配收益进行6∶4分成,即甲方占60%,乙方占40%;以公式表示为:可分配收益=合作收益×(1-代收费通道手续费-实际税点)。2. 结算起点及结算周期:2.1　在收入发生后次月(N+1月)10日前,甲方向乙方送达《结算单》,记录收入当月(N月,自该月1日零时起至该月最末一日24时止)合作游戏所产生的合作收益、可分配收益以及乙方应得收益。乙方应在3日内对《结算单》进行确认,逾期未答复视为已确认,并应在结算月(N+1)15日前向甲方提供正式发票,甲方于收到发票确认无误后之日起10日内将乙方收益支付至乙方指定账户。甲方于结算月(N+1月)15日(不含当日)以后收到乙方发票的,付款将顺延至下个月(N+2月)……2.3　甲方为乙方支付结算款的起点是人民币500元。3. 若双方对结算数据存在异议,应友好协商解决。如双方数据误差在正负1%(含本数,以甲方数据为基数)以下,以甲方数据为准;如双方数据误差在正负1%(以甲方数据为基数)以上,可进行明细对账,无误差部分应先行结算……5. 甲方的特别豁免:合作期间,如果

① 本案一审案号为(2017)川0191民初7159号,二审案号为(2017)川01民终13296号,此处为一审判决,二审判决予以维持。

第三方渠道商或平台商不予或者延期向甲方支付任何费用,甲方应及时通知乙方,并提供相关凭证,甲乙双方对于该结算周期的结算顺延至第三方向甲方结算完毕之后进行。”合同第8条约定:“违约责任……4.除不可抗力或本协议约定的特殊原因外,甲方迟延向乙方支付结算收益的,应按照每日应结算金额的万分之一向乙方支付违约金。”合同第10条约定:“终止条款本协议与下列任何一种情况出现时即终止……4.一方严重违反本协议,守约方认为履行本协议已经不必要或者不公平,守约方有权发出终止本协议的书面通知,并于本协议所定义之收件日终止本协议。”

合同签订后,成都某公司为实现其与北京某公司合作游戏《乱轰××志》的多渠道发行,分别与第三方游戏渠道商即南京某软件科技有限公司(以下简称南京某公司)、上海某实业发展有限公司(以下简称上海某实业公司)、上海某亲子文化发展有限公司(以下简称上海某文化公司)、武汉某信息技术有限公司(以下简称武汉某公司)、深圳某网络技术有限公司(以下简称深圳某公司)建立了合作关系推广游戏《乱轰××志》。第三方游戏渠道商获取游戏收益后再将提成后的收益按约支付给北京某公司。经查,北京某公司与成都某公司均已按约履行了2016年9月至2016年11月的合同义务。该期间的合作收益成都某公司已向北京某公司支付清结。

成都某公司未向北京某公司支付2016年12月至2017年4月起的分成结算款项。在北京某公司催款后仍然未支付,北京某公司发出解约函,要求解除合同,而成都某公司主张其未付款是因为第三方未支付款项,其拥有豁免权。双方争议事实如下:

2017年4月1日,北京某公司员工王××通过邮箱向成都某公司员工孙××发送了催款函。该函载明“1.2016年12月结算款项1354083.64元,成都某公司已支付579299.74元,未支付结算金额为774783.9元。2.2017年1月结算款项1310453.94元,成都某公司已支付573608.86元,未支付结算金额为736845.08元。3.2017年2月结算款项848041.44元,成都某公司至今未支付上述款项。成都某公司未支付金额共计2359670.42元。按照双方签署合同第四条第二款约定,成都某公司于结算月15日之后收到北京某公司发票的,付款顺延至下个月。案涉合同第八条约定,延迟支付的,成都某公司还应支付北京某公司违约金。请成都某公司最迟于 2017 年 4 月 7 日前支付上述欠款 2359670.42 元”。

2017 年 5 月 4 日,北京某公司委托四川公生明律所通过 EMS 向成都某公司送达了《律师函》。该函载明:“贵公司与我委托人于 2016 年 9 月 1 日签订的《手机网游联合发行合作协议》自本函送达之日起解除。”上述函件于 2017 年 5 月 6 日投递并签收,签收结果为他人收。2017 年 5 月 5 日,北京某公司的委托诉讼代理人赖晓琳通过邮箱向 xia×××@ yueeyou. com 发送了《律师函》。该函载明:“贵公司与我委托人于 2016 年 9 月 1 日签订的《手机网游联合发行合作协议》自本函到达你电子邮箱之日起解除。”庭审中成都某公司认可 xia×××@ yueeyou. com 系案外人肖×的邮箱,且认可肖×系其公司商务经理,但已于 2017 年 5 月 4 日离职。

成都某公司陈述其未及时足额向北京某公司支付收益系因第三方渠道商上海某实业公司及上海某文化公司迟延付款的行为导致。成都某公司向法院提交了电子邮件及《催款函》欲证明其通过邮箱于 2017 年 2 月 23 日向第三方渠道商上海某实业公司发送《催款函》的事实。经查,该《催款函》系成都某公司于 2017 年 2 月 23 日出具。该邮件系成都某公司发送给收件人 771×××@ qq. com。成都某公司并未提交证据证明上述邮箱系上海某实业公司工作人员的邮箱。此外,成都某公司提交一份《催款函》欲证明其向第三方渠道商上海某文化公司发送《催款函》的事实。经法院查明,该《催款函》系成都某公司于 2017 年 2 月 23 日单方面出具的函件,且成都某公司未提交证据证明其将上述《催款函》已送达给了上海某文化公司。

一审法院经审理后认定:

1. 关于成都某公司与北京某公司于 2016 年 9 月 1 日签订的《手机网游联合发行合作协议》是否符合合同解除条件的问题。

首先,成都某公司是否按约向北京某公司支付 2016 年 12 月至 2017 年 4 月的收益问题。庭审中双方一致确认北京某公司应收取的 2016 年 12 月的收益金额为 1354083.64 元,2017 年 1 月的收益金额为 1310453.94 元,2017 年 2 月的收益金额为 848041.44 元。此外,双方一致认可合作收益系依据合作游戏后台数据进行的统计。经查,合作游戏后台数据显示 2017 年 3 月的总收益为

844237元。2017 年 4 月的总收益为 14512 元。因此，北京某公司按约应获取的 2017 年 3 月收益为 320810.06 元（844237 元 ×40% ×95%）。北京某公司按约应获取的 2017 年 4 月收益为 5514.56 元（14512 元 ×40% ×95%）。双方签订的《手机网游联合发行合作协议》第 4 条就收益分配及结算约定如下："1. 甲乙双方按照当月可分配收益进行 6∶4 分成，即甲方占 60%，乙方占 40%；以公式表示为：可分配收益 = 合作收益 ×（1 - 代收费通道手续费 - 实际税点）；2. 结算起点及结算周期：2.1　在收入发生后次月（N +1 月）10 号前，甲方向乙方送达《结算单》，记录收入当月（N 月，自该月 1 日零时起至该月最末一日 24 时止）合作游戏所产生的合作收益、可分配收益以及乙方应得收益。乙方应在 3 日内对《结算单》进行确认，逾期未答复视为已确认，并应在结算月（N +1）15 日前向甲方提供正式发票，甲方于收到发票确认无误后之日起 10 日内将乙方收益支付至乙方指定账户。甲方于结算月（N +1 月）15 日（不含当日）以后收到乙方发票的，付款将顺延至下个月（N +2 月）。"成都某公司与北京某公司在实际合作过程中就《结算单》的送达事项并未按照合同约定的由成都某公司将其确认的《结算单》送达给北京某公司，而是由北京某公司将其确认的《结算单》连同发票送达给成都某公司进行确认。其余的结算规则均依据合同的约定。因此，成都某公司在 2017 年 2 月 15 日收到北京某公司向其邮寄的 2016 年 12 月的《对账单》及发票后，应于 2017 年 3 月 15 日向北京某公司支付 2016 年 12 月的收益 1354083.64元。成都某公司在 2017 年 2 月 28 日收到北京某公司向其邮寄的 2017 年 1 月的《对账单》及发票后，应于 2017 年 3 月 28 日向北京某公司支付 2017 年 1 月的收益 1310453.94 元。成都某公司在 2017 年 3 月 15 日收到北京某公司向其邮寄的 2017 年 2 月的《对账单》及发票后，应于 2017 年 4 月 15 日向北京某公司支付 2017 年 2 月的收益 848041.44 元。经庭审查明的事实可知，成都某公司在收到上述《对账单》及发票后仅于 2017 年 3 月 31 日向北京某公司支付了 12 月的收益 579299.74 元及 1 月的收益 573608.86 元，尚欠北京某公司 2016 年 12 月的收益 774783.9 元、2017 年 1 月的收益 736845.08 元、2017 年 2 月的收益 848041.44 元、2017 年 3 月的收益 320810.06 元及 2017 年 4 月的收益为 5514.56 元。因成都某公司至今未向北京某公司支付上述款项，故成都某公司的行为已构成违约。

其次，成都某公司迟延向北京某公司付款是否符合合同约定的豁免权的问题。依据双方签订的《手机网游联合发行合作协议》第 4 条第 5 款约定："甲方的特别豁免：合作期间，如果第三方渠道商或平台商不予或者延期向甲方支付任何费用，甲方应及时通知乙方，并提供相关凭证，甲乙双方对于该结算周期的结算顺延至第三方向甲方结算完毕之后进行。"成都某公司在庭审中陈述其未及时足额向北京某公司支付收益系因第三方渠道商上海某实业公司及上海某文化公司迟延付款的行为导致，并向一审法院提交了电子邮件及《催款函》为证。法院认为，成都某公司未提交证据证明接收《催款函》的 771 × × ×@ qq. com 与第三方渠道商的关系，且《催款函》系成都某公司单方面出具的函件。因此，成都某公司提交的证据不足以证明其所主张的事实。此外，即使存在第三方渠道商迟延向成都某公司迟延支付的情形，成都某公司亦应按约及时通知北京某公司，并提供相关凭证。经查，成都某公司向第三方渠道商出具《催款函》的时间为 2017 年 2 月 23 日。而成都某公司通知北京某公司第三方渠道商迟延付款的时间却是在 2017 年 4 月 11 日。此外，成都某公司亦未提交证据证明其向北京某公司提供了第三方渠道商迟延付款的相关凭证。因此，审理法院最终未支持成都某公司主张其有特别豁免权，可延迟向北京某公司支付收益的抗辩。

最后，案涉合同是否到达了解除条件的问题。北京某公司于 2017 年 4 月 1 日向成都某公司发送了催款函，要求成都某公司最迟于 2017 年 4 月 7 日前支付收益款。成都某公司收到催款函后仍未支付相应款项。2017 年 5 月 4 日，北京某公司委托四川公生明律所通过 EMS 向成都某公司送达的《律师函》系由案外人签收，故不能证明该函件已向成都某公司送达。但 2017 年 5 月 5 日，北京某公司的委托诉讼代理人赖 × × 通过邮箱向 xia × × ×@ yueeyou. com 发送了《律师函》，告知成都某公司"双方于 2016 年 9 月 1 日签订的《手机网游联合发行合作协议》自本函到达你电子邮箱之日起解除。"因庭审中成都某公司认可 xia × × ×@ yueeyou. com 系案外人肖 × 的邮箱，且认可肖某系其公司商务经理。故本院认定成都某公司已于 2017 年 5 月 5 日收到北京某公司解除合同的通知。根据《合同法》第 94 条"有下列情形之一的，当事人可以解除合同……（三）当事人一方迟延履行主要债务，经催告后在合理期限内仍未履行……"之规定，北京某公司在向成都某公司催收款项后，成都某公司仍未履行合同义务，北京某公司有权解除合同。因此审理法院最终确认成都某公司与北京某公司于2016年9月1日签订的《手机网游联合发行合作协议》已于2017年5月5日解除。

2. 北京某公司要求成都某公司支付收益及违约金的诉讼请求是否应当得到支持的问题。

根据《合同法》第97条“合同解除后，尚未履行的，终止履行；已经履行的，根据履行情况和合同性质，当事人可以要求恢复原状、采取其他补救措施、并有权要求赔偿损失”之约定，因成都某公司迟延支付收益的行为给北京某公司造成了损失，北京某公司要求成都某公司支付2016年12月至2017年4月的主张，应予支持。此外，北京某公司要求成都某公司依据合同第8条第4款的约定支付违约金的请求应否得到支持的问题。因合同解除不影响合同争议条款的效力。北京某公司依据合同第8条“违约责任：4. 除不可抗力或本协议约定的特殊原因外，甲方迟延向乙方支付结算收益的，应按照每日应结算金额的万分之一向乙方支付违约金”之约定向成都某公司主张违约金，有合同依据。

第二章　网络游戏委托/联合开发合同

网络游戏产品是网络游戏行业的基础，只有网络游戏产品存在，才有后续的网络游戏的运营、推广等后续事宜。因此网络游戏产品的开发是整个网络游戏行业的基石。

而网络游戏的开发，有的时候由网络游戏公司自行开发完成，有的时候由网络游戏公司委托他人或者与他人共同开发完成，后者分别形成了网络游戏委托开发合同、网络游戏联合开发合同。

同时，在行业中，除了委托他人开发或者与其他公司一起开发网络游戏产品外，有的游戏公司选择独立开发完成一款游戏产品，但是在开发过程中，可能会将其中的部分开发工作拆解开，比较常见的是游戏中的美术、音乐音效委托第三方专门从事美术作品、音乐作品创作的专业公司来完成，以此提高效率，由此又会产生了美术作品、音乐作品外包合同。

下文将对网络游戏开发过程中所产生的这些主要类型的合同所涉及的法律性质、特征、必备条款等内容进行一一分析。

第一节　网络游戏委托开发合同

一、网络游戏委托开发合同的法律性质

如前文在介绍网络游戏运营合同中所述，要想明确一份合同在法律上需要注意的地方和风险点，必须先行明确该类合同的法律关系性质，然后才能依照法律法规的相关规定来进行规范，因此，首先应对网络游戏委托开发合同的法

律性质进行界定。

(一)网络游戏委托开发合同的性质

根据《民法典》的规定:承揽合同是承揽人按照定作人的要求完成工作,交付工作成果,定作人给付报酬的合同。承揽包括加工、定作、修理、复制、测试、检验等工作。技术开发合同是指当事人之间就新技术、新产品、新工艺或者新材料及其系统的研究开发所订立的合同。技术开发合同包括委托开发合同和合作开发合同。

网络游戏委托开发合同,一般由委托开发人向研发方提出其对于所需要完成的网络游戏产品的要求,由研发方完成网络游戏产品的技术开发工作,委托开发人向研发方支付报酬的一种合同形式。从这一双方的需求来看,网络游戏委托开发合同似乎兼具承揽合同和技术开发合同的性质。

(二)承揽合同和技术开发合同的区别

承揽合同是以完成一定的工作并交付工作成果为标的。在承揽合同中,承揽人必须按照定作人的要求完成一定的工作,但定作人的目的不是工作过程,而是工作成果。按照承揽合同所要完成的工作成果可以是体力劳动成果,也可以是脑力劳动成果;既可以是物,也可以是其他财产。

技术开发合同主要是为了解决特定的技术问题或者完成特定的技术产品或者工艺,根据《技术合同认定规则》第 21 条、第 23 条的规定,技术合同的认定条件是:(1)有明确、具体的科学研究和技术开发目标;(2)合同标的为当事人在订立合同时尚未掌握的技术方案;(3)研究开发工作及其预期成果有相应的技术创新内容。

对于以完成一定技术成果为目标的承揽合同来说,和技术开发合同有一定的相似性,尽管双方最终的目的都是获得一定的智力成果,但是二者还是有明显的差别。

二者签订合同的目的不同:技术开发合同主要是为了解决特定的技术问题,这里面一般会伴随着专业技术知识的传授和转移,而承揽合同的目的,主要是为了获得工作成果,在完成这个工作成果中所涉及的技术问题,定作人一般不关心也不需要了解。

承揽合同一般不会涉及技术成果的知识产权的归属问题，承揽合同没有特殊约定的情况下，在工作成果交付给定作人后，该工作成果的所有权归定作人所有，而技术开发合同一般会涉及知识产权的归属问题的约定，一般而言，如果在技术开发合同中没有特别约定的情况下，技术开发中所涉及的知识产权属于研发人，只不过委托人可以免费使用该知识产权。

(三)从网络游戏委托开发合同双方的具体要求和特征来看，有些委托开发合同特别是定制开发合同具备承揽合同的性质，有些委托开发合同是技术开发合同

如委托开发合同的委托开发人，需要按照合同约定支付开发费用和报酬，提出委托开发游戏产品过程中所需要的要求，并最终获得委托开发完成的成果，委托方也一般希望委托开发的游戏产品的所有权归委托人所有，特别是网络游戏开发合同中的定制开发合同。这类型的网络游戏委托开发合同双方的要求，正好符合承揽合同的以下特征：

(1)承揽合同以完成一定的工作并交付工作成果为标的。在承揽合同中，承揽人必须按照定作人的要求完成一定的工作，但定作人的目的不是工作过程，而是工作成果。按照承揽合同所要完成的工作成果可以是体力劳动成果，也可以是脑力劳动成果；既可以是物，也可以是其他财产。因此，网络游戏产品可成为承揽合同的工作成果。

(2)承揽合同的标的物具有特定性。承揽合同是为了满足定作人的特殊要求而订立的，因而定作人对工作质量、数量、规格、形状等的要求使承揽标的物特定化，使它同市场上的物品有所区别，以满足定作人的特殊需要。

(3)承揽人工作具有独立性。承揽人以自己的设备、技术、劳力等完成工作任务，不受定作人的指挥管理，独立承担完成合同约定的质量、数量、期限等责任，在交付工作成果之前，对标的物意外灭失或工作条件意外恶化风险所造成的损失承担责任，故承揽人对完成工作有独立性。

(4)承揽合同具有一定人身性质。承揽人一般必须以自己的设备、技术、劳力等完成工作并对工作成果的完成承担风险。承揽人不得擅自将承揽的工作

交给第三人完成，且对完成工作过程中遭受的意外风险负责。但是，如果经过定作人的同意，承揽人可以将承揽的主要工作交由第三人，但是工程成果承揽人还是要负责的人。

因此，根据上述特征，此种类型的网络游戏委托开发合同可属于承揽合同。

但是同样的，在大部分网络游戏委托开发合同中，也存在基于被委托方在开发过程中主要解决技术问题，且被委托方对于此部分的技术成果有特别的要求导致双方关于最终委托开发的网络游戏产品的著作权归属、运营权利等有特别约定的情形，此时网络游戏委托开发合同是技术开发合同。

因此，在合同性质可能存在不同的认知和争议的情况下，合同的具体性质还需要根据合同条款的具体约定来进一步确定。

二、网络游戏委托开发合同的必备条款和风险点

结合网络游戏委托开发合同的特点，以及网络游戏行业的特殊性质和实践中常发生的争议问题，总结网络游戏委托开发合同的必备条款内容如下：

（一）双方关于最终开发的网络游戏产品的权利归属的约定

如上文所述，网络游戏委托开发合同存在承揽合同和技术开发合同法律性质的争议，而此种争议最大的区别点在于，承揽合同在约定的标的物交付给委托方后，约定标的物的所有权即归委托方所有，委托方可以随意使用、授权、转让；而技术开发合同中，如果未做约定，游戏产品开发过程中的知识产权归受托方所有，只不过在受托人欲转让相关知识产权的，应事先征得委托人的同意，委托人享有以同等条件优先受让的权利。

因此，为了避免双方产生合同性质的争议，在网络游戏委托开发过程中，必须明确约定网络游戏产品及在开发过程中所产生的其他知识产权的权利归属问题。

（1）合同双方应明确约定知识产权的权属，是共同所有还是一方所有；

（2）若合同约定网络游戏的知识产权归一方所有时，应明确约定另一方所拥有的使用权及权限范围。

(二)双方应明确约定委托开发经费、报酬及其支付或结算方式

合同双方应明确约定开发经费、报酬及其支付或结算方式。开发经费指完成合同约定的网络游戏产品开发所需要的费用和报酬。当事人双方应当明确费用的总金额,以及支付和结算的方式。

在委托开发合同中,有时候委托开发的报酬是按照最终产品上线运营后的产生收入的一定分成来收取的,如果是按照游戏收入的分成,那么协议中还需要明确约定分成费用的计算公式和计算标准。除约定明确的分成款项的计算方式外,由于分成费用是持续产生的,且行业惯例是进行月结,因此双方的结算流程,何时结算,如何对账,对账完毕之后何时予以支付分成款也应该进行明确的约定,以及在出现数据差异的时候,应该如何处理,以谁的数据为准,是否需要引入第三方机构的监测或者检查,双方均应在合同里予以明确。

(三)委托开发游戏产品的交付时间以及质量标准

双方应合理确定网络游戏委托开发的时间表,明确约定游戏产品的交付时间,项目开发的阶段进度,各个阶段需要达成的目标和完成的期限,以及受托人向委托人提供进度报告的时间和方式。如可以将开发进度和付款时间相结合,双方可以约定在完成一定的进度时支付相应的款项。而受托人可考虑在合同中约定完成开发的弹性时间,避免由于计算失误,未能在合同规定的时间内完成产品的开发而承担的违约责任。

虽然按照时间提供进度和委托开发的游戏产品十分必要,但是足够的产品质量的要求也是重中之重。如前文在网络游戏运营合同中的介绍,由于游戏产品的质量很难有明确的量化指标,所以委托方应尽量在协议中约定明确的质量交付标准,比如需要交付的版本所包含的内容(如美术素材的要求,商城、任务、对话、交友等相关系统的要求),无明显的技术缺陷等要求,或者留下足够的主动权。

同时,由于如果委托开发的产品存在侵犯第三人合法权益的情形,比如,委托开发的游戏产品中存在使用或抄袭他人有权利的内容,可能会导致委托人被第三方追责从而需要承担侵权赔偿责任,因此需要明确约定产品不得存在这样

的瑕疵,以及出现该问题后的解决方案以及责任承担。

(四)是否可以将部分工作转委托第三方开发

如前文所述,委托开发合同是一种人合性非常强的合同类型,而在实践中,游戏产品的质量很难有明确的量化标准,项目开发团队负责人或者成员的水平与最终游戏产品的质量问题会有很大的关联。

但是一款网络游戏的开发,可以分为很多模块,包括服务端和客户端的代码、美术资源的开发等,有时候为了更高的效率或者更好的完成效果,可以将其中的部分工作交由其他更专业的第三方来完成。

因此如果双方对于委托开发的事项最好明确约定是否可以分包或者转委托,如可以,最好写明分包或者转委托的范围,如不可以,则予以明确约定和要求。

(五)产品开发需求、测试以及开发完成后的后续技术支持

如果委托人在网络游戏产品委托开发合同中,针对开发产品有特定的需求,委托人应向受托人提供有关信息与资料,特别是有关委托人对开发的游戏产品的功能和目标需求方面的信息和资料,并且要写出关键内容否则无法履行,极有可能发生争议。

同时,委托人在接受了受托人交付的网络游戏产品后,应立即对该交付产品进行测试,以确认其是否符合要求的开发需求。如开发完成后仍然需要受托方提供游戏产品后续的技术维护,版本更新等后续工作,也需要在协议中明确响应的时间、期限和方式。

当然除了上述必备条款外,双方还需要就违约责任、保密条款等其他的合同条款内容进行明确的约定。

第二节　网络游戏联合开发合同

网络游戏委托开发合同和网络游戏联合开发合同的区别主要在于网络游戏委托开发合同的委托方并不参与网络游戏产品的开发工作,只提供开发所需

要的需求和方案，并直接支付报酬。而网络游戏联合开发合同在于双方均参与网络游戏的开发工作，可能双方共同完成，也有可能各自完成一部分，最终形成整个游戏产品。

与网络游戏委托开发合同中一方只需要完成开发工作，一方只需要提供报酬的合同模式不同，联合开发双方均需要进行开发工作，因此双方在开发过程中的分工如何进行、成本如何分担，最终的收益如何分配，是联合开发合同中所需要关注的重点问题。

一、网络游戏联合开发合同的法律性质

虽然都是网络游戏开发合同，且网络游戏委托开发合同存在承揽合同与技术开发合同的争议的可能性，但是网络游戏联合开发合同并不存在此方面的问题，笔者认为，网络游戏联合开发合同可以认定为技术合作开发合同。

根据《民法典》的规定，技术开发合同是指当事人之间就新技术、新产品、新工艺或者新材料及其系统的研究开发所订立的合同。技术开发合同包括委托开发合同和合作开发合同。

二、网络游戏联合开发合同的知识产权权利归属

网络游戏联合开发合同中，开发的网络游戏产品的相关知识产权归属是网络游戏联合开发后必须要解决的基础问题。双方联合开发的游戏产品的最终目的是进行运营，提供给用户，而开发的游戏产品的权利归属和划分可能会影响到后续的利益分配问题。

（一）一般而言，无另行规定的情况下，联合开发的网络游戏产品的知识产权归双方共同所有

《民法典》第860条的规定，合作开发完成的发明创造，除当事人另有约定的以外，申请专利的权利属于合作开发的当事人共有。《著作权法》第13条[①]也明确规定："两人以上合作创作的作品，著作权由合作作者共同享有。没有参加

① 《著作权法》（2020修正）改为第14条。

创作的人，不能成为合作作者。合作作品可以分割使用的，作者对各自创作的部分可以单独享有著作权，但行使著作权时不得侵犯合作作品整体的著作权。”

因此，在没有特别约定的情况下，如果协议为联合开发协议，并且双方共同参与了网络游戏产品的开发创作工作，联合开发的网络游戏产品的知识产权包括著作权、专利权等归双方共同所有。

（二）双方可就最终开发的网络游戏产品的知识产权权利归属进行明确的约定

根据《民法典》的规定，在没有特殊约定的情况下，双方共同开发的技术成果的知识产权归双方共同所有，也就意味着，双方可以对最终的知识产权权利归属进行特殊的约定，如双方可以约定联合开发的网络游戏产品的知识产权归一方所有。

同时，《著作权法》第 13 条①也明确规定，如果合作作品可以分割的，作者可对各自创作的部分单独享有著作权。比如一款网络游戏产品，其中涉及的计算机软件代码、美术作品、音乐作品等内容均可以分割开来使用，因此如果各自负责其中一部分的开发创作，双方也可以约定各自对所开发部分享有著作权。

如果双方在最终的权利条款约定归一方所有，或者约定可以分割的内容分别归属不同的开发主体，则合作他方在后续使用以及授权过程中要注意权利分割问题。

三、联合开发网络游戏后续的使用、转让和利益分配

（一）合同双方无特别约定，均有使用的权利

《民法典》第 861 条规定：“委托开发或者合作开发完成的技术秘密成果的使用权、转让权以及利益的分配办法，由当事人约定。没有约定或者约定不明确，依照本法第五百一十条的规定仍不能确定的，当事人均有使用和转让的权利……”因此，在双方没有特别约定的情况下，合作开发的知识产权的权利人均

---

① 《著作权法》（2020 修正）改为第 14 条。

有权使用和转让。

但是《著作权法实施条例》第 9 条规定："合作作品不可以分割使用的，其著作权由各合作作者共同享有，通过协商一致行使；不能协商一致，又无正当理由的，任何一方不得阻止他方行使除转让以外的其他权利，但是所得收益应当合理分配给所有合作作者。"根据此条规定，对于合作作品的著作权，合作作者只能各自使用，不能随意转让，并且因为使用所得的利益应该合理分配给其他作者。

因此为避免争议的产生，双方最好明确约定合作作品后续使用和转让的分配办法和方式。

（二）双方应特别约定使用、转让、对外授权以及利益的分配办法

一般而言，即使双方合作开发的游戏产品，且相关知识产权属于双方共同所有，但是除非双方均同意对方可以任意使用、授权和转让的情况下，建议最好约定使用和分配的方式和办法。

同理，如果双方合作开发的游戏，最终约定了知识产权归其中一方所有，另一方是否有使用或获得利益分配的权利，也应该协议中予以明确约定，否则极易发生争议。

除上述重点条款外，网络游戏联合开发合同的其他条款可以参照网络游戏委托开发的合同条款予以约定。同时在实践中，一般联合开发的合同大部分会搭配联合运营的内容一起约定，因此还需要关注有关网络游戏联合运营的相关条款。

第三节　网络游戏美术、音乐、视频外包合同

在网络游戏行业中，除了将整个网络游戏产品委托他人开发或者与其他人联合开发某款游戏产品外，经常会出现的一种情形就是将网络游戏产品所需要的内容进行分割，如将美术工作、音乐音效等一部分专业性工作委托第三方专门的主体负责处理。

除了在委托产品的内容存在区别之外，此部分的合同条款与网络游戏产品委托开发合同相同。

特别需要强调的一点是，由于《著作权法》第 17 条[①]规定，受委托创作的作品，著作权的归属由委托人和受托人通过合同约定。合同未作明确约定或者没有订立合同的，著作权属于受托人。因此，对于美术作品、音乐作品等委托他人创作开发的作品，建议最好明确约定著作权归属委托人，否则如果未约定或约定不明的情况下，将属于受托人，与行业实际惯例不相符合。

第四节　网络游戏委托/联合开发合同纠纷案例

一、关于网络游戏委托开发合同中双方关于合同履行和解约的争议案件

双方除了在合同中，应该明确约定付款的期限、方式、验收和结算条款之外，在履行的过程中，也应该严格按照合同的约定履行，并在协议履行过程中规范履约的过程并保存好履约的证据。

【典型案例】　某（北京）科技有限公司（以下简称某科技公司）与某文化发展（天津）有限公司（以下简称某文化公司）计算机软件开发合同纠纷案[②]

2013 年 11 月 25 日，某科技公司与某文化公司签订了一份《软件委托开发暨合作运营合同》（以下简称《委托合同》），约定某科技公司为某文化公司开发一款名为“××经纪人”的手机网络游戏软件系统。

某科技公司主张其于 2014 年 2 月 11 日完成第一阶段软件工作，并以邮件方式传送给某文化公司。但某文化公司收到后，不与某科技公司联系。因此某科技公司认为，在其依约完成合同义务后，某文化公司应依约进行验收，但其迟

① 《著作权法》（2020 修正）改为第 19 条。

② 案号：（2015）京知民终字第 329 号。

迟不予验收，致使合同无法履行，其行为违反了合同约定，构成了根本违约，其依约应支付第一期服务费20万元，并支付违约金。

2013年11月25日，某文化公司（甲方）与某科技公司（乙方）签订了一份《委托合同》，合同主要内容如下：

第一条 总则。

1. 甲方同意根据约定方式委托开发《××经纪人》手机网络游戏软件系统，乙方同意接受甲方委托按照甲方要求开发完成该软件，并为甲方提供相关服务。

2. 在该软件开发完成后，甲乙双方同意根据合同约定方式合作运营该软件。

第二条 委托开发及相关服务内容。

1. 甲方委托乙方开发软件，该软件系功能内容描述由合同附件一《软件开发需求书》载明。

2. 乙方同意接受甲方委托按照甲方要求开发完成该软件，该软件开发周期由合同附件二《软件开发周期表》载明。

第三条 委托开发及相关服务的权利和义务。

1. 甲方有权要求乙方按照本合同及合同附件的约定完成技术开发及提供相关服务。

……

5. 在合同合作期内，甲方有权在《软件开发需求书》之外随时提出增加需求，乙方必须接受并及时开发完成。

第四条 验收。

1. 甲乙双方同意严格按照《软件开发需求书》和《软件开发周期表》载明内容验收该软件，并共同签署书面验收文件。在乙方完成一个阶段的开发工作并向甲方提交验收所需全部文件后，甲乙双方在5个工作日内完成验收。

2. 甲方对乙方前一阶段的开发工作验收通过后，乙方可开始进行后一阶段的开发工作。

3. 若甲方未验收通过乙方某一阶段的开发工作，乙方同意按照甲方要求在5个工作日内完成修改直至满足验收条件。若经乙方两次修改仍未满足验收条件，则甲方有权单方提前终止本合同，并要求乙方退还已收全部合同款项。

第五条　开发及服务费。

1. 本合同第二条项下委托开发及相关服务全部费用总计为120万元,该开发及服务费已经涵盖乙方履行本合同第三条项下委托开发及相关服务所需全部费用。

2. 甲方分期向乙方支付开发及服务费:本合同签订后五日内,甲方向乙方支付12万元;软件需求开发说明书确认后五日内,甲方向乙方支付18万元;软件第一期按合同规定的标准验收合格之后五日内,甲方向乙方支付20万元;软件第二期按合同规定的标准验收合格之后五日内,甲方向乙方支付26万元;软件第三期按合同规定的标准验收合格之后五日内,甲方向乙方支付12万元;剩余合同金额24万元,作为软件质量保证金,于软件验收合格之后一年内支付。

……

第十条　合同的解除。

除非另有明示约定,否则任意一方欲提前解除本合同,应提前通知对方,经双方协商签字同意后方可解除;甲方要求解除合同,无权要求乙方返还甲方向乙方已支付的费用,并应对乙方遭受的损失承担赔偿责任;乙方要求解除合同,应返还甲方已支付的费用,并赔偿甲方由此遭受的损失。

第十一条　违约责任。

1. 双方在履行本合同过程中,任何一方违反本合同之约定,均为违约。违约方应赔偿因此给守约方造成的全部损失,同时赔偿守约方因此支付的仲裁费、诉讼费、律师费、差旅费等。

2. 任一方未能如期履行款项支付义务时,应每天按未能履约部分的0.3%向对方支付违约金,但支付违约金并不免除违约方的其他合同义务。

3. 若乙方逾期未完成该软件的开发(未能通过验收视为未完成开发),每逾期一日,乙方应向甲方支付相当于开发及服务费总额的0.3%的违约金。

4. 若任何一方违反本合同约定义务,守约方有权书面要求违约方予以纠正。若超过30日仍未改正的,守约方有权单方终止本合同,并追究违约方违约责任。

……

第十六条　合作期。

本合同合作期为三年。

第十七条 合同附件。

本合同附件是合同不可分割的部分，一经签署后与本合同具有同等法律效力。附件包括：附件1《用户需求书》、附件2《软件开发周期表》、附件3《相关服务需求书》。

其中，《软件开发周期表》中明确了第一期、第二期和第三期版本的开发周期以及拟完成的功能点，该表上方明确注明“本软件包含服务器端、客户端（Android、iOS平台）”。诉讼中，双方当事人均认可此处的约定是指某科技公司应完成分别适用于Android平台和iOS平台的两个版本的软件。

法院认为：某科技公司与某文化公司签订的涉案《委托合同》是双方真实的意思表示，内容不违反法律、行政法规的强制性规定，属于合法有效的合同。双方均应当依约履行合同义务，否则应当承担相应的法律责任。

根据涉案《委托合同》以及合同附件二《软件开发周期表》中载明的内容，涉案合同第三笔款项的支付时间为软件第一期按合同规定的标准验收合格之后五日内。按照合同附件2《软件开发周期表》记载的内容，约定开发的软件包括适用于Android平台和iOS平台的两个软件版本。现某科技公司认可仅向某文化公司提交了适用于越狱后iPad的iOS平台的软件版本，未提交其他版本。虽然某科技公司提出根据行业惯例该阶段提交验收的软件属于基础性开发部分，不需要同时包括适用于Android平台和iOS平台的两个软件版本，但该主张未获某文化公司认可，亦无相关证据支持。同时，某科技公司也未举证证明其按合同约定完整提交了软件开发的相关文件。综合考虑以上因素，某科技公司并未完全依照合同约定履行交付软件版本的合同义务。

按照涉案《委托合同》的约定，涉案软件的验收应由双方共同进行。某科技公司称其多次催告某文化公司进行验收，而某文化公司均拒绝验收，但其在庭审中明确表示无法提交证据予以证明。且在原审程序中，在某文化公司表示同意立即验收的情况下，某科技公司明确表示不予配合。考虑上述因素，在双方当事人必须共同进行验收工作的前提下，无法认定某文化公司对于涉案软件的迟延验收应负全部责任。因此，某科技公司关于某文化公司存在单方拒绝验收的行为已经构成根本违约，并据此要求解除涉案合同并支付违约金的主张，不予支持。

对于某科技公司要求某文化公司继续按照合同约定支付第一阶段软件开发服务费20万元的主张，根据合同约定，某文化公司向某科技公司支付该笔款项明确附有条件及期限，即软件第一期按合同规定的标准验收合格之后5日内，现相关验收工作并未实际完成，根据现有证据也不足以认定存在因某文化公司的原因导致应视为已验收合格的情形。故相关款项的付款条件尚未成就，在此前提下，某科技公司的上述主张无合同依据。

二、双方签署的合作开发合同的法律性质发生变化导致最终法律关系发生变化的纠纷案件

前文曾经说明，双方签署的协议的法律性质是判断该合同最终双方权利义务关系的重要依据，不同的法律关系将会影响到各方的权利义务。以下案例是关于双方从技术合作开发合同法律关系最终变成劳动合同关系，导致权利义务条款发生变化从而引发争议导致最终无法追责的案件。

【典型案例】 天津滨海新区某文化发展有限公司（以下简称某文化公司）与夏侯××、舒×等技术合作开发合同纠纷案①

2013年5月，经被告韩××介绍，原告（某文化公司）与被告夏侯××、舒×达成游戏软件开发意向。2013年5月9日被告夏侯××、舒×作为开发团队，被告韩××作为担保人，与原告签订了《游戏合作开发运营协议》，协议约定：原告出资开发及运营费用3104500元，由被告夏侯××、舒×负责“热×style”软件的研发，研发周期150天。并约定，原告在正常拨款的前提下，如二被告不能按时完成项目开发，原告有权单方面终止本协议，并要求二被告赔偿原告全部损失。其数额为已经投入项目资金总额及同期银行贷款利率的四倍，如二被告无力支付，则由担保人承担相应赔偿责任。同时协议还详细约定了双

---

① 案号：(2016)津0116民初41431号，此处为一审判决，根据公开渠道暂无法确认是否进入二审流程。

方其他权利和义务。协议签订后,二被告即组织人员到原告公司准备研发工作。2013 年 6 月原告与二被告及其招募人员签订一年期劳动合同,由原告向二被告等人支付工资,二被告组织人员继续进行研发工作。后因各种原因软件开发未能成功,被告夏侯××于 2014 年 3 月离开原告公司。被告舒×续订劳动合同一年,继续在原告公司工作,至 2015 年 5 月,劳动合同期满后离开原告公司。

最后原告主张履行了《游戏合作开发运营协议》中原告应付的全部义务,但夏侯××、舒×未能在约定的时间内完成应完成的工作,最终产品"热×style"的设计、开发工作失败,提起诉讼请求判令被告赔偿原告经济损失 5079948.79 元及利息。

法院认为:原、被告间签订的《游戏合作开发运营协议》,虽系双方当事人真实意思表示,但在协议签订后,原告随即与二被告签订劳动合同,双方由平等的合同关系变为隶属的劳动关系。虽然二被告仍然进行软件研发,但性质已由合同义务变为公司工作任务,且原告亦未按协议约定向二被告支付开发费用,而只是支付工资。因此,应视为双方签订的《游戏合作开发运营协议》并未实际履行,基于此,原告要求三被告承担赔偿及担保责任,已失去合同依据,故其诉请不予支持。

第三章　网络游戏市场推广合同

任何行业都需要通过市场推广行为才能获取效益的最大化,网络游戏也不例外。根据合同的不同目的,网络游戏广告合同可分为广告制作合同与广告发布/推广合同。

第一节　网络游戏广告制作合同

一、网络游戏广告制作合同的法律性质

网络游戏广告制作合同属于"无名合同",但为了帮助我们更好地厘清合同中的法律关系,便于分析法律风险,需要先给网络游戏广告制作合同进行定性。抛开"网络游戏"不谈,广告制作合同到底属于"委托合同"还是"承揽合同"?在实际经营中,网络游戏广告制作合同的标题通常被写为"委托制作合同",那么网络游戏广告制作合同的法律性质真的如字面上看到的,属于"委托合同"吗?

根据《民法典》第919条的规定,委托合同是指委托人和受托人约定,由受托人处理委托人事务的合同。而根据《民法典》第770条的规定,承揽合同是指承揽人按照定作人的要求完成工作,交付工作成果,定作人给付报酬的合同;第771条规定,承揽合同的内容包括承揽的标的、数量、质量、报酬、承揽方式、材料的提供、履行期限、验收标准和方法等条款。

基于上述法律规定,并结合广告制作合同的内容进行分析,广告制作合同符合《民法典》中有关承揽合同的全部特征:

(1)需求方向供应商发布广告制作需求,包括但不限于制作内容、要求、数量、验收标准、交付时间等;

(2)供应商按需求制作广告素材,并向需求方交付工作成果,工作成果归需求方所有;

(3)需求方向供应商支付相关报酬。

然而,网络游戏广告制作合同与传统的广告制作合同又有所区别,主要在于最终产出的广告内容成品属于《著作权法》规定的“作品”范畴,而作品必然有“著作权权属”问题的存在。因此,网络游戏广告制作合同在法律性质上很多时候可以认定为“承揽合同”。

但由于该合同名称往往为“委托制作”,因此,对于其最终产出的内容特性有可能会被认定属于《著作权法》第 17 条①规定的“委托作品”,当中又有“委托方”和“受托方”的委托关系存在,因而产生对于合同性质的争议。

二、网络游戏广告制作合同的特征

1. 网络游戏广告制作合同是诺成性合同

只要当事人双方的意思表示一致,合同即可成立;一旦合同约定的生效条件达成,合同即生效。

2. 网络游戏广告制作合同是双务合同

双务合同是指双方当事人互负给付义务的合同,供应商(承揽方)的合同义务是按需求方(定作方)要求制作广告内容,接受需求方(定作方)监督与检验,按时交付广告内容并对所交付的广告质量负责;而需求方(定作方)的合同义务包括提供必要的制作要求和素材,并给付报酬。因此,权利义务条款是网络游戏广告制作合同中最主要的条款,也是合同履行的依据,任何一方不全面、不及时地履行合同义务,都需要承担相应的责任。

3. 网络游戏广告制作合同是有偿合同

有偿合同是指合同双方当事人一方为了获得合同约定的权益,而向对方支付相应对价的合同。在网络游戏广告制作合同中,需求方(定作人)为获取供应

---

① 《著作权法》(2020 修正)改为第 19 条。

商(承揽方)制作的广告内容,需要向其支付报酬作为对价。

4. 网络游戏广告制作合同是非要式合同

虽说当事人可任意选择口头形式、书面形式和其他形式来订立广告制作合同,但书面或口头形式的利弊性也显而易见。口头合同虽然便捷灵活,但当双方发生争议时,不易对事实进行认定及取证;而书面合同的优势恰好就能弥补口头合同的劣势,利于明确双方权责并有据可查。因此,对于网络游戏广告制作合同来说,还是应尽量采取书面形式签署。

三、网络游戏广告制作合同的必备条款及风险点

根据广告制作合同的法律性质及特征,笔者结合网络游戏行业的特殊性,汇总出网络游戏广告制作合同的主要风险及必备条款如下:

1. 制作费与交付时间条款

作为广告制作需求方,尤为看重对供应商的完成效率与交付时间。因此,对交付时间的明确约定是网络游戏广告制作合同的必要条款,对于需求方来说,如果能将广告内容交付作为制作费支付的前提,会更有利于保障需求方利益。

2. 知识产权与保密条款

网络游戏广告内容是供应商基于需求方的要求进行制作的产物,甚至需求方还会提供一些游戏元素给供应商作为广告素材,这些游戏元素的知识产权归属于需求方所有,但实际上在网络游戏广告制作的制作过程中,供应商实际掌握并使用这部分由需求方提供的游戏元素,而游戏元素是一种无形的、可轻易被复制的知识产权。那么,所产出的网络游戏广告成品的知识产权应当归哪一方所有?

也许有人会笃定地认为广告内容成品的知识产权当然属于需求方所有,理由是需求方有付费行为。但从法律角度来说,是否付费并不是认定广告内容成品知识产权归属的依据。根据《著作权法》第 17 条①的规定,受委托创作的作品,著作权的归属由委托人和受托人通过合同约定。合同未作明确约定或者没有订立合同的,著作权属于受托人。

---

① 《著作权法》(2020 修正)改为第 19 条。

因此,笔者建议在签署网络游戏广告制作合同时能明确约定:一是利用这些游戏元素所制作而成的广告内容成品的知识产权归需求方所有;二是利用这部分游戏元素进行制作的供应商应负有保密义务。

3. 质量验收条款

由于网络游戏广告最终以图片或视频作品的形式呈现,而对"作品"的认知存在一定的主观性,"作品"质量的好坏难以以一个绝对客观或可量化的标准进行评判。因此,笔者建议在网络游戏广告制作合同中明确约定对游戏广告成品的质量验收最终以需求方主观认定为准,需求方有权对验收不通过的广告内容向供应商提出返修要求,并对因返修导致的延迟交付行为主张违约赔偿;同时供应商可以对返修次数提出要求,超出合理次数的,供应商有权与需求方协商解约,双方就实际履行发生的广告制作费用等问题进行补充约定。

第二节 网络游戏广告发布/推广合同

一、网络游戏广告发布/推广合同的类型

对于网络游戏来说,市场推广需达成的目的是进阶的——先带来用户,再转化为收益。因此,根据这一目的,笔者将现存的网络游戏广告发布/推广合同分为以下两大类。

(一)纯导量型合同

所谓"导量",并不是一个法律术语,而是网络游戏行业经过时间积累逐步约定俗成的概念。简单而直白来理解,"导量"就是"导用户",即通过对游戏进行宣传推广,给游戏带来新增用户或者是转化为新用户的可能性。

常见的纯导量型合同包括 CPA、CPC、CPM、CPT 四种,以下笔者将对这几种合同进行详细解释与说明。

1. CPA 推广合同

CPA(Cost-per-Action)即"每个行为成本"。简单来说,CPA 推广合同就是

一类按“行为量”来计费的推广合同,广告主按“行为”单价承担广告推广费用,最终承担的总推广费用 = “行为”单价 × “行为”数量。

这里的“行为”通常是一种“用户注册”行为,也就是推广方通过宣传推广,为游戏带来“新增注册用户”,广告主通过“新增注册用户总量”,按双方约定的每个“新增注册用户”单价支付广告费。

2. CPC 推广合同

CPC(Cost-per-Click)即“每次点击成本”。顾名思义,此类广告通过用户点击量来计算广告推广费用,即总推广费用 = 点击单价 × 点击量。也许有人会说,用户点击行为不一定会必然带来用户的新增和转化,但是对于广告主来说,此类广告避免了用户只浏览而不点击的风险,用户“点击广告”至少比“展示广告”离用户新增或转化更近一步。

3. CPM 推广合同

CPM(Cost-per-thousand impressions)即“每千次印象成本”。此类广告是典型的“展示”型广告,简单来说就是以“有多少千人次看到你的广告”来进行收费。推广商只需要确保广告能够被用户访问浏览,并按每千人次访问/浏览量向广告主收取广告费,即总推广费用 = 每千人次单价 × 千人次访问量。

4. CPT 推广合同

CPT(Cost-per-time)即“每个时段成本”。此类广告是“包时段,按时长计费”的广告,广告主可以自主选择购买的广告位和投放时段,但具体时段及广告位的价格由推广商决定。

(二)导量 + 收益分配型合同

关于“导量”的含义,在上文中已有说明,此处不再赘述;而“收益分配”则很好理解,即按照广告所产生的收益进行分配。

目前在网络游戏市场推广中,“导量 + 收益分配”的典型就是 CPS 推广合作。“CPS”即“Cost-per-sale”,直译为“每实际销售成本”,进一步解释为:由推广商先为游戏带来新增用户,根据这部分用户在游戏中的消费(充值)总额,由广告主与推广商按照约定的比例进行分配。

乍一看,CPS 推广合同和前文提到的游戏联运合同看起来近似,但实际上两者存在以下区别：

(1)收付款方的地位不同。在联运合同里，因接入被授权方(联运方)的SDK，用户需先成为被授权方的注册用户才能进入游戏进行体验及消费，最终由被授权方向授权方支付联运分成；而在CPS推广合同里，被授权方(推广方)承担的职责本质上仍然是推广宣传行为，导入的用户是授权方的注册用户，并通过授权方的注册计费系统在游戏中进行体验消费，最终由授权方向被授权方支付推广分成费。

(2)用户来源不同。在联运合同中，用户本属于被授权方(联运方)，联运行为的本质是被授权方向自己的用户提供了某游戏服务，因此联运方需要对自己的用户负责，承担游戏运营职责，为用户提供相关客户服务，用户使用游戏的行为本质是在享受被授权方提供的服务，用户与被授权方的关系受其之间建立的"服务协议"约束。而在CPS推广合同中，用户属于授权方(广告主)，推广行为的本质还是授权方同意被授权方(推广方)对自己的游戏产品进行宣传推广，以期将更多的用户导入游戏中成为授权方用户，用户与授权方之间成立事实的服务法律关系，受其之间建立的"服务协议"约束。

(3)被授权方权利义务不同。在联运合同中，被授权方作为"联合运营方"，要积极主动地为游戏制作宣传素材，搭建推广专区，甚至被授权方可以以自身名义再去第三方媒体方投放广告，以期通过推广行为将更多用户带入游戏中；而在CPS推广合同中，被授权方本身就是"推广方"，其主要职责就是按广告主的要求，在自身平台为游戏进行宣传推广，为游戏配置合理的推广资源。

二、网络游戏广告发布/推广合同的法律性质

广告发布/推广合同属于《民法典》上的"委托合同"。根据《民法典》的规定，委托合同是委托人和受托人约定，由受托人按照委托人的指示处理委托人事务，由委托人按约定支付报酬的一种合同。

网络游戏广告发布/推广合同的双方分别为广告主与发布方/推广方，双方根据合同约定，由广告主提供游戏广告内容，发布方/推广方按广告主的要求对广告内容进行发布宣传。网络游戏广告发布/推广合同的费用由双方按照前述介绍的广告发布/推广合同的类型进行支付与结算。

三、网络游戏广告发布/推广合同的特征

如前所述，网络游戏广告发布/推广合同属于“委托合同”，因此网络游戏广告发布/推广合同应当具备委托合同的特征。

1. 网络游戏广告发布/推广合同是诺成性合同

只要当事人双方的意思表示一致，合同即可成立；一旦合同约定的生效条件达成，合同即生效。

2. 网络游戏广告发布/推广合同是双务合同

双务合同是指双方当事人互负给付义务的合同，网络游戏广告发布/推广方的合同义务在于通过广告发布/推广为广告主带来用户量，而网络游戏广告主的合同义务在于根据发布/推广方的履行效果给付广告费/推广服务费。因此，权利义务条款是网络游戏广告发布/推广合同中最主要的条款，也是合同履行的依据，任何一方不全面、不及时地履行合同义务，都需要承担相应的责任。

3. 网络游戏广告发布/推广合同可能是有偿合同，也可能是无偿合同，但多数情况下是有偿合同

有偿合同是指合同双方当事人一方为了获得合同约定的权益，而向对方支付相应对价的合同。在网络游戏广告发布/推广合同中，广告主为了获得用户量，需要向发布/推广方支付广告费/推广服务费作为对价。

4. 网络游戏广告发布/推广合同是要式合同

要式合同，是指法律、行政法规规定，或者当事人约定应当采用书面形式的合同。《广告法》第30条规定，广告主、广告经营者、广告发布者之间在广告活动中应当依法订立书面合同。

四、网络游戏广告发布/推广合同的必备条款及风险点

（一）在纯导量的广告发布合同，游戏公司通常作为广告主，对于广告主来说，合同的风险点主要包括以下几点

1. 对“统计数据”的确认

如前所述，在CPA/CPC/CPM广告发布合同中，单价是相对确定的，唯一具

有不确定性的就是“统计数据”，统计数据将最终决定广告费总额。实践中，统计数据究竟以哪方后台为准属于关键性条款。通常来说，如果以广告主方的后台统计为准，对广告主来说是最为稳妥的，但多数情况下是以发布方后台为准。

根据目前行业惯例，广告发布合同的签约双方既可以是广告主与媒体，也可以是广告主与代理商，代理商的作用就是帮助广告主在第三方媒体上投放广告。在当前商业合作惯例下，“发布方”后台指的是“媒体”后台；那么有个显而易见的问题出现了：

如果是广告主直接与媒体签订的广告发布合同，此时的媒体作为合同相对方，以媒体后台统计数据为准时，作为广告主一方可以要求媒体开放后台以便于监控数据，或者对媒体的数据准确性提出更高要求，在出现数据异常时同意引入第三方机构进入媒体后台进行核查。

但如果是广告主直接与代理商签订的广告发布合同，此时的媒体并不是合同相对方，媒体行为不受广告发布合同的约束，这种情况下又该如何呢？请见下文“必备条款”部分。

2. 对广告投放位置、时长的要求

这一点在 CPT 广告发布合同中尤其重要，对于包时长的广告来说，通常会有固定的位置和时间安排，而“时间”则直接关系到广告主支付的广告费。因此，在广告发布合同中，如果对发布位置和时间有硬性要求的，请务必作出明确约定。

鉴于此，在广告发布合同中应设计相关必备条款，包括但不限于：

(1)结算数据争议解决条款。首先需要明确统计数据以哪方后台为准，最优方案是以广告主后台为准，如难以实现，可退而求其次选择以媒体后台统计为准。当确实对统计数据发生严重争议时，可通过约定“误差率”来平衡。

如果涉及“代投”行为，作为广告主一方只要依据合同对代理商提出要求，当广告主对统计数据有异议时，代理商应积极配合广告主向媒体方提出相关主张(如要求开放数据后台以便双方进一步核查数据)。

(2)发布方违约责任条款。对于错播、漏播的情形，发布方应按“漏一补 ×”、“错一罚 ×”的规则进行补偿；如果是广告代理商，应积极帮助广告主与媒体方协商补偿方案，或广告主有权双倍扣除错漏播时长所对应的广告费用。对于“虚假刷量”的特殊情形，发布方应无条件配合广告主进行数据复查；如发布方拒绝配合或者广告主有证据证明发布方确实存在“虚假刷量”行为时，广告主有权对“虚假刷量”部分所对应的广告费进行扣除。

(3)广告主逾期支付广告费的违约责任条款。对于发布方来说，确保及时回款是合作的第一要务。因此，不要忽略当广告主逾期付款时，发布方除了有权主张广告费外，还有权一并主张违约金。违约金可按天数计算，直至广告主履行全部付款义务时为止。

(二)在“导量+收益分配型”合同(CPS推广合同)中，笔者认为所需关注的主要合同风险包括以下几方面

1. 对“分成依据”的界定

由于CPS涉及对“销售收入”进行分成，如果对“销售收入”的界定模糊不清，将会导致双方在实际合作中产生重大分歧。一般情况下，“销售收入”仅指用户的实际充值金额，不包括活动补偿、奖励或者坏账；如果渠道成本由双方共同承担，应当将“分成依据”界定为“销售收入—渠道成本”，或定义为“可分配收入”，并以此按一定比例进行分配。

2. 双方权利义务的约定

由于CPS合同属于双务合同，合同双方需要各自享有并承担相应的权利义务。对授权方(广告主)来说，应确保所提供的游戏产品在资质及内容上均合法合规，不存在违反法律规定或侵犯第三人合法权益的情形，且由于结算数额通常以授权方后台为准，授权方应秉持诚实信用原则，承诺所提供的结算数据的准确性。对被授权方(推广方)来说，应按授权方要求，配置并提供符合要求的推广资源，确保自身推广行为的合法合规，不存在虚假宣传、低俗宣传等违法行为或一味追求导量而擅用他人知识产权进行宣传推广的侵权行为。

鉴于此，笔者建议在CPS推广合同应尽量设置以下必备条款：

(1)授权方(广告主)对所提供游戏的资质及内容保证条款，以及违反保证义务后的违约后果，包括但不限于被授权方有权单方终止合同，并向授权方主张相应赔偿。

(2)授权方(广告主)对被授权方(推广方)的推广行为及效果的监督条款。

由于 CPS 推广合同的本质是广告推广,作为付费一方的广告主来说,必然希望看到广告效益的最大化。如果推广方出现违法违规行为致使广告主蒙受损失,或者推广效果不佳,未能达到广告主预期的,此时广告主最好将提前终止合同的权利抓在自己手里,及时止损的同时还可以根据实际情况向推广方主张相应赔偿。

(3)授权方(广告主)逾期付款违约责任条款。对于被授权方(推广方)来说,确保及时回款是合作的第一要务。因此,不要忽略当广告主逾期付款时,推广方除了有权主张推广分成款外,还有权一并主张违约金。违约金可按天数计算,直至广告主履行全部付款义务时为止。

第四章　IP 授权改编网络游戏合同

近年来，"泛娱乐"概念深入人心，网络游戏行业也在积极地将触角伸向其他行业，通过多样化的合作方式，将网络游戏推向更多用户。在这其中，就不得不提到 IP 授权合作。

简单来说，IP 授权合作的内涵就是通过与文字作品、影视作品、动漫作品等进行合作，以上述作品的内容为基础，将其改编为网络游戏的一种合作形式。

第一节　常见的 IP 授权改编合同类型

一、小说作品改编网络游戏

游戏公司似乎十分偏好通过小说来改编网络游戏，小说类型覆盖传统的武侠小说、网络文学等。业界熟知的小说改编网络游戏的成功案如搜狐畅游、完美，是游戏公司对金庸先生小说作品的改编。

二、影视及动漫作品改编网络游戏

影视作品与动漫作品改编成网络游戏也属于十分常见的情形，且游戏公司一般会选择一个"恰到好处"的时机，譬如选择与影视、动漫作品上映时间相同的时段发布游戏，将影视作品、动漫作品的广大粉丝转化为游戏用户，最终达到"影游联动""漫游联动"的最佳效果。

三、游戏作品改编网络游戏

以游戏作品改编网络游戏也是一种常见的游戏改编形式，如"仙剑系列游戏”、“大富翁”游戏、“吃鸡”类游戏。将单机游戏、主机游戏等游戏作品重新改编为网络游戏,将客户端游戏改编为手机游戏等,推出新产品的同时也能重新唤醒老玩家记忆中的情怀,以这样的方式争取更多的流量。

第二节 IP 授权改编合同的法律性质

IP 授权改编合同的法律性质其实是“著作权许可使用合同”。著作权许可使用合同,是指为了使用他人作品,与著作权人订立的许可使用合同。

根据《著作权法》第 10 条的规定,著作权包括 4 项人身权和 13 项财产权。人身权与财产权的重大区别在于:人身权不可转让或无法对外许可,只有财产权才是可转让或对外许可的著作权内容。可以说,“财产权”才是著作权价值的真正体现。

所谓 IP 授权,就是享有作品著作财产权的权利人将作品的部分或全部财产权对外许可他人进行使用。在 IP 授权改编网络游戏的合作中,游戏公司需要从原作权利人处获取到至少以下两项著作财产权:

(1)改编权:改变作品,创作出具有独创性的新作品的权利;游戏公司根据 IP 授权协议,以原作内容为基础并改编为网络游戏产品。

(2)信息网络传播权:以有线或者无线方式向公众提供作品,使公众可以在其个人选定的时间和地点获得作品的权利。虽然笔者常见到的 IP 授权合作协议都被命名为“授权改编许可协议”,但事实上,“改编”行为仅仅是将原作改编为游戏的过程,协议内容通常会超出“改编”的行为,否则,支付了大量授权许可费的游戏公司将无法通过改编后的网络游戏实现盈利。而“信息网络传播权”正是网络游戏得以在互联网发布并面向用户提供下载的重要权利。

第三节 IP 授权改编合同的特征

IP 授权改编合同是诺成性合同,只要授权方与被授权方意思表示一致,合同即生效。

IP 授权改编合同是双务合同。双务合同是指双方当事人互负给付义务的合同,原作权利方(授权方)之所以愿意将原作的相关元素(如人物名称、人物关系、武功招式、故事情节等)许可给游戏公司(被授权方)使用,是为了获得许可使用费;而被授权方之所以愿意支付许可使用费,最终目的还是获得对原作相关元素的使用权。因此权利义务条款是 IP 授权许可合同最主要的条款,也是合同履行的依据,任何一方不全面、不及时地履行合同义务,都需要承担相应的责任。

IP 授权许可合同是有偿合同。有偿合同,是指合同双方当事人一方为了获得合同约定的权益,而向对方支付相应对价的合同。IP 授权方许可他人使用自身作品元素进行网络游戏改编运营的主要目的就是获取许可使用费,游戏公司因此需要支付一定的对价。

IP 授权许可合同是要式合同。要式合同,是指法律、行政法规规定,或者当事人约定应当采用书面形式的合同。《著作权法实施条例》第 23 条规定,使用他人作品应当同著作权人订立许可使用合同,因此 IP 授权许可合同作为一种著作权许可使用合同,是要式合同。

第四节　IP 授权改编合同的必备条款和风险点

为了确保网络游戏运营合同能够得到有效的履行,双方当事人之间的权利义务法律关系应该明确。《著作权法》第 24 条[①]规定了著作权许可使用合同需要包括的主要内容:(1)许可使用的权利种类;(2)许可使用的权利是专有使用权或者非专有使用权;(3)许可使用的地域范围、期间;(4)付酬标准和办法;(5)违约责任;(6)双方认为需要约定的其他内容。

但笔者认为,除上述法律规定的必备条款外,在 IP 授权改编网络游戏的实务中存在下述风险:

---

① 《著作权法》(2020 修正)改为第 26 条。

一、授权方资质问题

笔者将从几种常见的 IP 授权改编合作中入手，分析“谁”才是真正的著作权授权主体。

（一）文字作品

根据《著作权法》第 11 条的规定，作品著作权属于作者。作者可能是创作作品的公民个人，也可能是组织创作的法人或其他组织。但实际上，享有文字作品著作财产权的还可能是其他法人或组织，比如网文平台，或者文字作品的作者的继承人。

在 2018 年，武侠泰斗金庸先生离世，根据上述《著作权法》第 11 条规定可知，金庸先生在世期间，作为小说的创作者，其本人是小说作品的当然著作权人，金庸小说的完整著作权（包括人身权与财产权）归属于金庸先生所有；而在金庸先生离世后，包括改编权、信息网络传播权在内的 13 项财产权将按继承相关法律规定发生继承。也就是说，实际继承金庸小说著作财产权的人将是未来金庸小说在著作权保护期限内的合法权利人。如有游戏公司或者第三人需要以这样的小说作品为创作基础进行改编的，需要获得金庸小说著作财产权继承者的许可。

还有另一位更早辞世的武侠文学泰斗——古龙先生。古龙先生于 1985 年离世，但由于继承人的身份原因，导致古龙小说在长达 20 年的时间里无人统一管理。而在此期间，桂冠书局、真善美书局以及邵氏公司等，多个主体声称自己拥有古龙小说版权。直到 2006 年，古龙后人成立了“古龙著作管理发展委员会”，才算正式有了一个机构对古龙小说的版权进行统一管理。从此以后，如有第三人需要以古龙小说作品为创作基础进行改编的，需要从古龙著作管理发展委员会处获得授权许可。

另一种特殊的小说作品著作权权利人就是网文平台，据了解，不少网文平台会与小说作者签署“独家合作协议”，其本质是一份“小说著作权独家授权许可协议”，这份协议的作用就是将小说作品的 13 项著作财产权以独占的方式许可网文平台行使，如有游戏公司或者第三人需要以这样的小说作品为创作基础进行改编的,只能从网文平台获取授权。

综上所述,游戏公司在签署小说授权改编网络游戏合同时,如果小说本身的著作权属尚存争议或不清晰,游戏公司需要尽可能对其进行调查核实,避免盲目地与“无权者”签署授权改编许可合同。

(二)影视作品

《著作权法》第 15 条规定,电影作品和以类似摄制电影的方法创作的作品的著作权由制片者享有。① 看起来影视作品著作权人似乎很容易认定,但实际上,确认影视作品著作权人要“困难”许多。

实践中,国内影视作品署名恰恰没有“制片者”这一概念,而常使用的有总监制、总策划、制片人、出品人、出品方、联合出品等,著作权法中的“制片者”并没有对应使用到实践中。事实上,只要提供了资源、提供了资金或者提供了某些帮助的投资方,都可能要求署名。

或许大家已经意识到署名方过于混乱不明,于是又有影视作品通过版权声明的方式对外主张影视版权。

实际上,司法层面在认定影视作品著作权人时,不管是著作权声明,还是片头片尾署名,都只是著作权权属认定的初步证据,如果有相反证据证明,上述证据都可推翻。对于联合摄制方、联合出品方这类非著作权法规定的署名,司法实践中会结合投资协议等合同文件进行认定。至于《拍摄许可证》《发行许可证》等影视作品在筹拍、发行阶段获得的行政许可文件,主要用途是行政审查或审批,影视作品可能需要委托或授权有拍摄或发行行政许可资质的主体去申请办理,因此,这些行政许可文件在司法实践中仅能作为辅助证据,并不能同著作权主体直接画上等号或作为著作权方的唯一认定依据。

综上可知,由于影视作品的著作权人在实践中难以认定,笔者建议当游戏公司有意与影视作品签署《授权改编许可合同》时,可分别或同时采取以下方案:

---

① 《著作权法》(2020 修正)第 17 条规定,视听作品中的电影作品、电视剧作品的著作权由制作者享有,但实践中仍存在难以确认制作者主体的问题。

(1)要求授权方出示由全部影视作品署名方盖章确认的授权文件,此举的优点在于当游戏公司无法查明谁是真正的影视作品著作权方时,可以要求授权方出具"一揽子"授权文件以证明自身有权签署《授权改编许可合同》;

(2)在合同中设置著作权权利承诺与保证条款,如在合作过程中发生授权瑕疵问题的,游戏公司有权单方解除《授权改编许可合同》,要求退还全部许可使用费,并有权就其他损失主张赔偿。

二、游戏商标问题

网络游戏的名称在实践中被视为能够区分商品和服务来源的"商标"进行保护,有不少游戏公司会存在一个认知上的误区,以为签署了《授权改编许可合同》,就可以放心使用原作名称。但正如上述论证的,《授权改编许可合同》的本质是著作权许可使用合同,然而实务中游戏公司的本意是希望通过一份合同可以同时解决名称使用问题。

事实上,由于网络游戏商标有其专属的商标分类,有可能游戏公司在签署授权改编许可合同后才发现,原作的名称并没有在网络游戏所属的商标类别上申请商标。

因此,笔者建议在签署授权改编许可合同前,应提前对原作品名称是否申请了游戏相关类别商标进行检索和排查。如果检索发现原作方已经就游戏类别提交了商标申请或完成商标注册,游戏公司应当在授权改编许可合同中增加对商标使用许可的约定;如果检索尚未发现在游戏类别已申请商标的,游戏公司应当与授权方明确约定并安排好商标申请工作的流程;如果检索发现在游戏类别已由第三方申请或注册商标的,游戏公司应充分考虑该 IP 的商业价值,并结合自身实际情况,综合考虑是否继续购买授权,或是否要降低许可使用费,或是否需要与第三方协商商标转让事宜或直接变更使用游戏名称。

三、政策风险问题

游戏公司在做商业决策前,除了要考虑合作方资质以及 IP 本身的内容外,笔者建议游戏公司还应关注政策及行业风向,尽量避免商业决策因政策原因受到不良影响。

比如2017年8月，多个游戏直播平台发布游戏禁播公告，公告内容涉及多个来自国外的，含有暴力、血腥内容的游戏产品（见图35）。

[redacted]直播关于[redacted]等游戏禁播公告

2017-08-22

根据文化部“不提供[redacted]等含有禁止内容的游戏”的要求，[redacted]直播即日起，停播[redacted]六款游戏。同时[redacted]直播会按照文化部等监管部门要求，对游戏直播内容把关，加强自审自律，进一步规范平台直播秩序，创造良好的网络文化环境。

图35　某直播平台禁播公告

笔者建议，游戏公司在进行IP授权改编合作时，应提前对IP内容进行充分了解，对一些存在明显违反国内禁止性规定的IP，应谨慎作出商业决策。

第五节　游戏改编权的其他“选择”

由于直接找到原作著作权人较为困难，甚至有些原作著作权人并不在国内居住，且原作的改编许可使用费数额较大，因此，有的游戏公司开始寻找其他的改编可能。

一、直接购买影视作品的剧本来改编网络游戏

《著作权法》第15条规定，电影作品和以类似摄制电影的方法创作的作品中的剧本、音乐等可以单独使用的作品的作者有权单独行使其著作权。[①]

这一条法律规定给游戏公司提供了一种获得改编许可的新思路，毕竟购买剧本的成本比直接购买电视剧作品的改编成本要低得多。但笔者认为这种思路仅存在于理论层面，实践起来仍存在障碍，归根结底在于通常情况下，游戏公司需要得到授权的内容往往不单单依托于剧本，更多的是要参考影视剧场景设计、人物形象设计等。更有甚者，影视剧本是根据某小说作品改编创作的，根据

① 《著作权法》（2020修正）改为第17条，规定视听作品中的剧本、音乐等可以单独使用的作品的作者有权单独行使其著作权。

《著作权法》第12条[①]的规定，改编已有作品而产生的作品，其著作权由改编人享有，但行使著作权时不得侵犯原作品的著作权。影视剧剧本虽然是一个独立的作品，但剧本本身有可能是以小说作品内容为基础再次创作。

因此，贸然地只购买影视作品剧本就改编网络游戏的行为，有可能会侵犯小说原作或者影视剧作品的著作权。

二、直接根据小说改编的电视剧来改编游戏

比如某游戏公司欲根据2003年张纪中版电视剧《天龙八部》的内容改编网络游戏，该公司是否要获得金庸小说《天龙八部》的授权？

根据《著作权法》第12条[②]的规定，改编已有作品而产生的作品，其著作权由改编人享有，但行使著作权时不得侵犯原作品的著作权。

也就是说，剧版《天龙八部》的著作权由电视剧制片方享有。从理论上来分析，制片方有权就其享有的电视剧著作权再次授权给游戏公司进行网络游戏改编。但是，由于剧版《天龙八部》本身就是小说《天龙八部》的改编作品，如果制片方未明确取得小说著作权人同意，则不能对外授权游戏公司进行网络游戏改编；也就是说，如果游戏公司仅仅获得剧版《天龙八部》的改编许可，游戏公司仅能使用电视剧《天龙八部》的独创性部分内容，而不能使用源自小说的内容。

笔者根据以上分析进行归纳，若游戏公司想要通过购买电视剧《天龙八部》的版权来改编网络游戏的，至少需要先确认以下三点：

1. 电视剧制片方是否已获得小说《天龙八部》关于改编游戏的授权；
2. 上述授权是否允许转授权或存在其他限制；
3. 上述授权是否存在有效期。

三、如果网络游戏仅使用小说中的人物名称、人物关系、兵器、武功阵法名称等是否构成侵权

有的游戏公司认为"游戏世界观和剧情是全新架构的，我只使用原作中的

---

① 《著作权法》(2020修正)改为第13条。

② 《著作权法》(2020修正)改为第13条。

人物名称、人物关系等，应该是没有问题的”。下面笔者将根据一个案例从法律角度分析其中的问题。

【典型案例】 某(北京)软件有限公司、某出版社有限公司与北京某乐享网络技术有限公司、北京某在线网络科技有限公司等著作权权属、侵权纠纷案①

2002年1月1日，某出版社有限公司与查××先生订立《著作权许可使用合同》，根据合同约定，某出版社有限公司依法取得查××先生享有著作权的12部武侠小说在中国境内除以图书形式出版发行简体字中文版本以外的其他专有使用权以及诉讼维权等权利。

2013年4月30日，查××先生经某出版社有限公司授权，依法将《××英雄传》《倚天××记》《××侠侣》《××江湖》四部小说(以下合称涉案作品)移动终端游戏软件改编权以及改编后游戏软件的商业开发权独家授权某(北京)软件有限公司，同时某(北京)软件有限公司获得了针对前述独家授权进行诉讼维权的权利。

被告火×网未经授权开发了一款名为“武侠×传”的手机游戏并自称该游戏系一款“武侠RPG兼策略类游戏，在游戏中玩家会带领金×经典武侠小说中众多耳熟能详的英雄豪杰一同闯荡江湖”。武侠×传游戏软件是根据包括涉案作品在内的查××先生的武侠作品改编而成，其中大量使用了涉案作品的故事情节、特定人物、场景设置、武功阵法等独创性表达，并以特定人物、故事情节等为线索，进行游戏路径、玩法、关卡等的相关设置。火×网及北京某乐享网络技术有限公司为武侠×传游戏软件的著作权人，北京某在线网络科技有限公司系武侠×传游戏的运营公司，通过其官方网站提供武侠×传游戏客户端的下载。北京某乐享网络技术有限公司还向多个渠道商提供武侠×传游戏客户端并由相关渠道商提供下载服务。在运营武侠×传游戏的过程中，三被告通过将小说人物、武器、武功等设置为游戏卡牌的方法获得收益。

两原告主要诉求包括三被告构成侵犯原告小说改编权及构成不正当竞争，

① 案号为(2018)京民终226号，二审判决予以改判。

主张赔偿损失金额为 1 亿元人民币。

根据二审判决，笔者提炼了法院核心审理思路如下：

1. 法院对“改编”的认定

改编权所控制的改编行为是一种将他人作品用于自己作品的行为，但这种使用行为不同于复制行为和借鉴行为。

改编行为与复制行为的区别在于，改编是在原作品基础上进行的再创作，改编是对原作品的改变，但这种再创作受制于原作品，改编形成的新作品不是完全独立于原作品的新作品，而是使用了原作品的表达；改编的形式不以作品体裁、类型的变化为要件，既可以在原作品的基础上对作品进行同一文学、艺术形式范畴内的再创作，也可以采用不同的文学、艺术形式进行再创作，只要在利用原作品表达的基础上，创作出不同于原作品的新作品，且这种改动体现了改编者的独创性，均属于改编行为。

改编行为与借鉴行为的区别在于，借鉴者创作的新作品是在借鉴原作的主题、情感、构思等归于“思想”内容的基础上进行自己的独创性表达，该表达不同于或脱离于被借鉴作品中的具体表达。

2.《武侠 × 传》侵犯金 × 小说改编权

法院认为，对于一部由主题、故事脉络、情节设计、人物关系等要素组成的作品而言，故事的主题、单纯的人物关系应归于“思想”的范畴；但围绕故事主题展开的特定情节、人物关系的具体化，则可能因其具体到一定程度而应归为“表达”。从思想到具体表达，创作要素体现了抽象与具体的区分。抽象创作要素如题材、体裁、主题、事实，不同创作者可以采用不同创作手法进行个性化表述，不宜由某一特定主体所独占；具体创作要素如结构、情节、人物角色，其选择、取舍、安排、设计等具备独创性的，应受《著作权法》保护。

就本案而言，涉案 4 部武侠小说中的人物角色、人物特征、人物关系、武功招式以及武器、阵法、场景等具体的创作要素以特定形式相结合相对完整地表达了作者对特定人物塑造或情节设计的构思，对于上述要素的运用体现了作者在作品表达中进行的取舍、安排和设计，属于涉案作品独创性表达的有机组成部分。武侠 × 传以卡牌网络游戏形式对涉案作品中的独创性表达进行的截取式、组合式使用，涉案游戏中的人物卡牌、武功卡牌、配饰卡牌、阵法卡牌以及关卡等在名称设定、具体事项描述上与涉案作品中的相应内容具有极强的对应性，尤其是人物角色、武功种类的相似数量达数十个，在涉案游戏中的占比达70%，并且在卡牌组合规则设计中直接使用了涉案作品对人物角色、武功、配饰、阵法以及具体场景相互关联关系的设计和安排，从而使涉案游戏能够体现涉案作品中有关人物的性格特征、独特经历、人物关系以及与之有关的武功、武器、阵法、场景等具体情节和场景设计。因此，涉案游戏虽构成了对涉案作品独创性表达的使用，但并未形成脱离于涉案作品的新表达。

此处，若对涉案游戏的改编行为不予制止，将导致涉案作品的移动终端游戏改编权及相关权益难以实现。综上，武侠×传构成对涉案作品的改编，一审法院的相关认定与本案事实及法律规定不符，予以纠正。

3. 本案不再适用《反不正当竞争法》

本案中，某出版社有限公司和某(北京)软件有限公司系基于相同的保护对象即涉案作品，针对被告的同一行为，既主张侵犯著作权又主张构成不正当竞争。一审法院在未支持其提出的侵犯涉案作品移动终端游戏改编权主张的情况下，依据《反不正当竞争法》第2条支持了其提出的涉案行为构成不正当竞争的主张。但二审已经认定涉案游戏构成对涉案作品移动终端游戏改编权的侵犯，由于针对同一保护对象和同一被诉行为时，《著作权法》优先于《反不正当竞争法》的适用，故二审法院不再适用《反不正当竞争法》对涉案侵犯著作权的行为进行处理和评价，对一审判决予以纠正。

最终，三被告行为被认定为侵犯涉案作品的改编权，酌定判赔数额为人民币16319650.8元。

本案二审判决对网络游戏仅使用金×小说中的人物名称、人物关系、兵器、武功阵法名称等元素，并未涉及或过多地涉及故事情节使用的行为，仍认定为侵犯涉案作品的改编权，可见法院对这种“擦边”使用他人作品元素行为的基本态度。因此，网络游戏企业在未经著作权人同意的情况下擅自使用部分小说元素的，仍可能构成侵犯著作权，要承担相应的法律责任。

第五章　网络游戏合同实务注意事项

除上述每个类型合同均有其特别需要注意的条款外，所有合同类型均应该注意以下各方面的问题。

第一节　合同履行过程中相关证据的保存工作

1. 合同签订后，合同签署主体双方均应该妥善保管协议以及相关文书，包括但不限于附件、往来票据、支付凭证、往来函件和沟通记录。

2. 在合同履行过程中，有关重大合同的相关履行情况的沟通，尽可能采用邮件等书面形式，或者为了沟通便利，可以先行通过群聊天、面对面沟通等方式进行沟通，但在沟通后，对于双方的沟通结果，尽可能以邮件或其他书面的方式予以固定。

3. 如果对方拒绝履约或者接受交付文件时，应尽可能保存证据，在有必要的情况下，可以向相关公证机关申请公证以保留证据。

4. 在履约过程中，如果需要发函催告对方履行义务、要求对方承担违约责任、解除合同等重要沟通事宜，建议尽量通过书面发函的方式，并保留好相关的快递记录和函件内容。

第二节　协议保密条款的约定

如前文所述，在网络游戏行业，存在很多的商业秘密，有些商业秘密甚至关系到一个公司的生存问题,因此在协议中保密条款的约定极为重要,因此双方应在合同中载明商业秘密事项的范围、保密级别和保密期限以及各方应承担的保密义务和责任。

1. 保密对象。双方应约定明确的保密对象,并对保密对象加以细化,除以列举的方式列出外,还应约定特定情况下的一些例外事项,一般应包括合同相对方的主体以及相对方的员工,其他任何在项目中可以接触到该商业秘密条款的人员。

2. 保密责任。商业秘密提供方有权要求商业秘密接收方负有保密义务,不得擅自泄露,否则承担相应的责任,但是由于商业秘密的价值经常难以量化,因此建议在赔偿责任的约定中,可以约定明确具体的赔偿数额,但赔偿数额的约定必须合理。

3. 保密期限。商业秘密的提供方可以要求接收方对合同履行过程中商业秘密需要保密的具体期限,该期限的约定甚至可以超出协议约定的履行期限。

4. 保密条款的独立性。保密条款独立性的约定非常重要,双方可以约定,不论合同是否变更、解除或终止,合同保密条款不受其限制而继续有效,各方均应继续承担约定的保密义务。

第三节 协议违约责任条款的约定

1. 协议双方应在各合同中约定,如一方违反了协议约定的义务,另一方可追究违约方的责任,并要求违约方承担违约责任或赔偿经济损失。

2. 协议双方如果约定了违约金或赔偿损失的,建议最好能约定具体数额或计算方法。但是违约金的约定要与违约行为相匹配,在约定违约金时,数额约定不能过高或过低,约定数额过低,损失得不到补偿,约定数额过高,会因数额过高得不到法律支持无法实现。

3. 协议双方可以约定在一定情形下的单方解除合同的事项以及解除合同后应该承担的责任,在发生约定单方解约的情形时,有权解约方可以通知对方解除合同并承担相应的责任。

第四节　协议争议解决方式的约定

1. 双方可以约定争议发生后的诉争管辖法院，但是根据《民事诉讼法》的相关规定，如要约定诉讼管辖法院，只能约定由被告住所地、合同履行地、合同签订地、原告住所地、合同标的物所在地法院管辖，即所约定的管辖地点必须与协议的履行存在关联。如果约定不明确（如仅约定广州法院属于约定不明）、约定协议关联地点以外的法院，有关管辖的约定为无效约定。

2. 除约定管辖法院外，双方还可以选择约定仲裁机构作为争议解决的方式。仲裁机构的约定与管辖法院的约定不同，并无强行关联点的要求，比如双方可以约定与双方当事人所在地、合同签订地、履行地、标的物所在地完全不相关联的地区仲裁机构，但如约定仲裁，应当明确约定具体的仲裁机构和仲裁事项。仲裁机构约定明确的标准为：仲裁机构所在地明确，同一地点有两个以上仲裁机构的应当写明约定的仲裁机构的详细名称。

关于争议解决方式的选定，选定仲裁机构的自由度相对较高，且仲裁由于一裁终局，比起法院两审终审来说的时间较短、效率较高，但是仲裁的成本要高于选择法院管辖的成本。约定法院管辖或仲裁机构仲裁两种争议解决方式各有优劣，协议签署方可根据实际情况予以选择约定。

第五节　其他协议条款的约定或注意事项

1. 双方在签订合同时，合同用语一定要准确、清楚，对一些专业性较强的关键性的名词术语要通过专门的定义部分作出必要的定义或解释，以免发生歧义或造成理解障碍。

2. 双方应在合同中明确约定合同生效与终止的条件、时间和事由等。

3. 合同双方可约定明确的通信地址，并同时应约定一方若变更通信地址，应在变更之日起几日内以书面形式通知对方及未通知对方应承担的责任。

4. 合同双方应在合同中明确约定双方的沟通、文件往来应采取何种形式。宜采取书面形式，包括书面函件、邮件等。

5. 如为涉外合同，合同双方当事人应该在合同中明确约定一旦发生争议应该适用的法律，而且约定要切实可行。

6. 当双方对合同内容协商一致进行变更时应签订补充协议或重新达成书面协议。同时，双方可在合同中约定，合同未尽事宜依照有关法律法规执行，法律法规未作规定的，双方可另行协商签订书面补充协议作为本合同的附件，补充协议与本合同具有同等法律效力。

第六节　签约主体和签约细节

一、签约主体

1. 合同双方应正确区分公司主体与法定代表人的关系，法定代表人不一定当然代表公司。

2. 如由协议主体的委托代理人签订合同时，应该事先确认签约的主体是否持有相应的授权委托书。

3. 合同双方当事人均应对对方的签约主体资格进行基本的调查。

4. 各方当事人都应该在公司内部建立公章、合同的管理制度，对使用公章的流程和人员进行明确的规定。

二、签约细节

1. 合同中应当说明双方当事人信息，如当事人名称、住所、法定代表人或主要负责人、开户金融机构、账号、电话、邮政编码、签订合同日期、签订合同地点。

2. 协议约定了明确的“签字”或“盖章”条件的，双方均应清楚无误地签字或者盖章。

3. 签订时间，双方应在合同头部或者尾部标明清楚无误的签约时间。

PART 4

第四编

网络游戏公司的用户投诉处理

第一章　概　　述

网络游戏的开发,最终目的是向用户提供下载及运营服务。因此,游戏运营是网络游戏行业非常重要的核心环节。本编主要就网络游戏公司与玩家之间的民事法律关系所产生的各种事宜进行分析。

第一节　游戏公司与玩家之间法律关系的性质

网络游戏运营所产生的与玩家之间的法律关系是指网络游戏的用户在体验并获取网络游戏服务的过程中所产生各种权利义务关系,包括但不限于有偿(通过法定货币购买网络游戏公司提供的道具或者服务)或无偿获取网络游戏服务。而对于这些权利义务关系应该如何处理,在网络游戏公司和玩家之间发生纠纷时,该如何处理,是各大网络游戏公司都必须面临的问题。

目前游戏行业的通行做法,主要是通过网络游戏公司与用户之间签署电子协议(包括但不限于以用户协议、服务条款、玩家守则等各种名称,以下统称"电子协议")来对双方权利义务进行规范。常见设置如下:玩家首先注册游戏账户,并在账户注册时在线点击确认电子协议。当然,也存在某些游戏公司和玩家之间并无在线确认电子协议的过程,尽管这样,玩家一旦开始接受并使用游戏公司提供的服务,双方之间的事实合同关系就已经成立。

电子协议作为一种合同关系,应当受到《民法典》的约束,适用《民法典》的相关规定。游戏公司与玩家签署的电子协议本质上是一种网络服务合同,游戏公司主动向玩家提供游戏服务,而玩家在同意接受游戏公司提供的各项服务前,先通过在线点击确认电子协议而成为游戏注册用户,双方从而建立起了一种服务合同关系。

第二节　网络游戏服务合同中的双方权利义务

基于网络游戏公司与玩家之间的法律关系是一种网络服务合同关系,在探讨具体的法律关系的细节之前,笔者先来梳理双方希望获得的权利和应当履行的合同义务。

一、网络游戏公司的权利与义务

(一)向玩家提供游戏服务

网络游戏产品及服务由游戏公司向玩家提供,玩家使用一款网络游戏的目的就是获得相应的游戏内容和服务,因此,网络游戏公司最基本的义务是向玩家提供网络游戏服务,在不发生停机维护或意外事件等不可抗力的情况时,持续稳定提供游戏服务,供玩家通过网络连接实现其游戏的目的。

(二)网络游戏公司有权制定并执行游戏的规则

游戏公司不仅是游戏的提供者,还是游戏的管理维护者,其有权制定相关的游戏规则,并在游戏中予以执行。一个游戏可以被视为一个虚拟社会,游戏规则就是这个虚拟社会的生存法则。游戏规则是确保玩家能够在游戏世界中畅行的“行为准则”,每个玩家应在既定的行为准则下进行游戏行为,那些违反行为准则的玩家不仅会影响到其他玩家,甚至会影响一款网络游戏的生命周期。因此,游戏公司有权制定相应的游戏规则,并要求玩家遵守,当然前提是这些规则不违法且玩家可知。

(三)向游戏玩家收取服务费

游戏公司向玩家提供游戏既可以是无偿的,也可以是有偿的。目前的游戏收费方式一般分为时间收费和道具收费方式两种:时间收费是指玩家按照使用游戏服务的时间支付相应的服务费用;道具收费是指玩家能够通过人民币充值兑换成该款游戏专用的游戏币,并以游戏币购买游戏内收费道具或收费服务的模式。

二、玩家的权利与义务

(一)玩家应该在遵守游戏设定的规则下自由进行游戏

一般来说,游戏公司制定的游戏规则中包括对玩家行为的规范与约束,如玩家不得在游戏中使用外挂、不得利用游戏缺陷或游戏本身从事不正当牟利行为,有些游戏公司甚至有更细致的要求,如详细的对战规则或者交易规则。

(二)玩家作为接受游戏服务的一方,有权要求游戏公司保障自己的账号安全并正常提供游戏服务

因此,当玩家账号发生异常时(包括账号无法登录、账号被盗、物品丢失等)或游戏出现故障(包括服务器无法登录、闪退、严重卡顿、重大缺陷等)影响游戏体验时,玩家有权要求游戏公司对账号或游戏进行修复和完善。

(三)按网络游戏收费模式向游戏公司付费

如前所述,目前网络游戏的收费模式一般分为时间收费和道具收费两种,玩家应根据实际情况向游戏公司支付相应费用。

第三节 网络游戏服务合同的必备条款

为了保障并规范上述游戏公司和游戏玩家的权利义务,同时考虑到互联网特殊性以及庞大的用户数量,因此双方的协议一般以游戏公司在线上提供电子协议,玩家通过点击确认同意的方式进行。

虽然电子协议属于游戏公司与玩家之间的民事法律关系,但由于电子协议

往往由游戏公司单方制定,玩家无法修改其内容,因此电子协议属于《民法典》中的"格式条款"。考虑到双方所处地位的不平衡,为保护用户的权益,根据相关的监管规定,网络游戏公司单方制定的电子协议中必须包含某些必备条款。

《网络游戏管理暂行办法》第23条第2款①明确规定:"国务院文化行政部门负责制定《网络游戏服务格式化协议必备条款》。网络游戏运营企业与用户的服务协议应当包括《网络游戏服务格式化协议必备条款》的全部内容,服务协议其他条款不得与《网络游戏服务格式化协议必备条款》相抵触。"

必备条款的具体内容如下(甲方为游戏公司;乙方为玩家):

1. 账号注册

1.1　乙方承诺以其真实身份注册成为甲方的用户,并保证所提供的个人身份资料信息真实、完整、有效,依据法律规定和必备条款约定对所提供的信息承担相应的法律责任。

1.2　乙方以其真实身份注册成为甲方用户后,需要修改所提供的个人身份资料信息的,甲方应当及时、有效地为其提供该项服务。

2. 用户账号使用与保管

2.1　根据必备条款的约定,甲方有权审查乙方注册所提供的身份信息是否真实、有效,并应积极地采取技术与管理等合理措施保障用户账号的安全、有效;乙方有义务妥善保管其账号及密码,并正确、安全地使用其账号及密码。任何一方未尽上述义务导致账号密码遗失、账号被盗等情形而给乙方和他人的民事权利造成损害的,应当承担由此产生的法律责任。

2.2　乙方对登录后所持账号产生的行为依法享有权利和承担责任。

2.3　乙方发现其账号或密码被他人非法使用或有使用异常的情况的,应及时根据甲方公布的处理方式通知甲方,并有权通知甲方采取措施暂停该账号的登录和使用。

2.4　甲方根据乙方的通知采取措施暂停乙方账号的登录和使用的,甲方应当要求乙方提供并核实与其注册身份信息相一致的个人有效身份信息。

① 目前此规定已失效,但由于暂未有新的规定予以明确,此处仍以之前的规定作为参照。

2.4.1 甲方核实乙方所提供的个人有效身份信息与所注册的身份信息不一致的,应当及时采取措施暂停乙方账号的登录和使用。

2.4.2 甲方违反2.4.1款项的约定,未及时采取措施暂停乙方账号的登录和使用,因此而给乙方造成损失的,应当承担其相应的法律责任。

2.4.3 乙方没有提供其个人有效身份证件或者乙方提供的个人有效身份证件与所注册的身份信息不一致的,甲方有权拒绝乙方上述请求。

2.5 乙方为了维护其合法权益,向甲方提供与所注册的身份信息相一致的个人有效身份信息时,甲方应当为乙方提供账号注册人证明、原始注册信息等必要的协助和支持,并根据需要向有关行政机关和司法机关提供相关证据信息资料。

3.服务的中止与终止

3.1 乙方有发布违法信息、严重违背社会公德以及其他违反法律禁止性规定的行为,甲方应当立即终止对乙方提供服务。

3.2 乙方在接受甲方服务时实施不正当行为的,甲方有权终止对乙方提供服务。该不正当行为的具体情形应当在本协议中有明确约定或属于甲方事先明确告知的应被终止服务的禁止性行为,否则,甲方不得终止对乙方提供服务。

3.3 乙方提供虚假注册身份信息,或实施违反本协议的行为,甲方有权中止对乙方提供全部或部分服务;甲方采取中止措施应当通知乙方并告知中止期间,中止期间应该是合理的,中止期间届满甲方应当及时恢复对乙方的服务。

3.4 甲方根据本条约定中止或终止对乙方提供部分或全部服务的,甲方应负举证责任。

4.用户信息保护

4.1 甲方要求乙方提供与其个人身份有关的信息资料时,应当事先以明确而易见的方式向乙方公开其隐私权保护政策和个人信息利用政策,并采取必要措施保护乙方的个人信息资料的安全。

4.2 未经乙方许可甲方不得向任何第三方提供、公开或共享乙方注册资料中的姓名、个人有效身份证件号码、联系方式、家庭住址等个人身份信息,但下列情况除外:

4.2.1 乙方或乙方监护人授权甲方披露的；

4.2.2 有关法律要求甲方披露的；

4.2.3 司法机关或行政机关基于法定程序要求甲方提供的；

4.2.4 甲方为了维护自己合法权益而向乙方提起诉讼或者仲裁时；

4.2.5 应乙方监护人的合法要求而提供乙方个人身份信息时。

第四节 网络游戏服务合同的其他条款

除法律法规规定的必备条款之外，游戏公司还会根据自身特殊情况以及游戏运营过程中的具体需求，制定相关的条款。包括但不限于：

一、释义条款

释义条款也可以称为名词解释条款，一般对协议中的一些特有的指代或者专有名词进行说明和释义。

二、账号使用条款

游戏账号的使用条款，除必备的账号注册、使用和保管条款外，还可对账号的权利归属进行约定。例如，在实践中备受争议的“游戏账号所有权归属问题”，用户拥有的究竟是账号的所有权还是使用权等问题均可以予以约定；在账号使用条款中约定，用户不得将游戏账号以任何方式提供给他人使用，包括但不限于不得以转让、出租、借用等方式提供给他人作商业性使用。

三、游戏服务内容条款

游戏服务内容条款一般应明确界定所提供的游戏服务的具体内容，至少需要包括以下几个方面的内容：

（一）所提供游戏内容的范围

游戏公司一般提供的游戏内容范围包括以下几个方面，且通常来说，游戏公司在提供以下服务时，限制或禁止用户对游戏进行商业性使用：

1. 接收、下载、安装、启动、升级、登录、显示、运行游戏；

2. 创建游戏角色，设置游戏名称，了解和查询查阅游戏规则、使用游戏服务，在游戏中购买使用游戏道具、游戏装备等；

3. 游戏公司提供的其他游戏服务内容，如游戏内可能存在的聊天功能、社交分享功能等。

（二）关于游戏内所获的虚拟物品等约定

由于用户在游戏内的游戏行为，最终只能通过游戏账号下的角色、游戏角色所拥有的虚拟物品（包括但不限于装备、物品、游戏币等游戏道具）来体现，而在实践中，对于游戏内虚拟物品的财产属性在法律上又存在很大的争议，因此，最好能在用户协议中对此予以明确，比如可以约定虚拟物品（包括但不限于装备、物品、游戏币等游戏道具）属于游戏服务的一部分，用户在游戏中所获取到的是虚拟物品的使用权而非所有权。

同时，游戏公司可以通过电子协议对上述虚拟物品（包括但不限于装备、物品、游戏币等游戏道具）的使用规则（包括但不限于是否有使用期限、能否交易、交易场所等）及违反后果进行约定。

（三）游戏公司保留对游戏服务和内容进行更改的权利

为确保一款游戏能拥有更长的生命周期，内容更新与迭代是游戏公司提供游戏服务和内容不可避免的一项职责。因此，游戏公司有权对游戏中的任何内容或构成元素等作出调整、更新或优化（包括但不限于游戏任务、玩法、规则，正在使用的游戏角色、装备、道具的性能、数值和美术等），且有必要将上述行为作为游戏公司的一项权利写入电子协议。

1. 用户（玩家）行为规范条款

由于网络游戏面向的是众多游戏玩家，玩家作为网络游戏内容及服务的直接使用者，应当遵守游戏公司在电子协议中制定的规则，包括但不限于：

（1）不得存在违反法律法规的行为

《互联网文化管理暂行规定》第16条规定："网络游戏不得含有以下内容：

（一）违反宪法确定的基本原则的；

（二）危害国家统一、主权和领土完整的；

（三）泄露国家秘密、危害国家安全或者损害国家荣誉和利益的；

（四）煽动民族仇恨、民族歧视，破坏民族团结，或者侵害民族风俗、习惯的；

（五）宣扬邪教、迷信的；

（六）散布谣言，扰乱社会秩序，破坏社会稳定的；

（七）宣扬淫秽、色情、赌博、暴力，或者教唆犯罪的；

（八）侮辱、诽谤他人，侵害他人合法权益的；

（九）违背社会公德的；

（十）有法律、行政法规和国家规定禁止的其他内容的。”

（2）不得存在不正当的游戏行为

不正当的游戏行为包括可能影响游戏公司正常提供游戏服务或者影响其他游戏用户正常游戏的行为，一般包括以下几个方面：

①使用游戏外挂；

②利用游戏缺陷；

③盗取他人游戏账号、虚拟物品的行为；

④干扰其他游戏玩家或者传播其他不合法言论或信息的行为；

⑤私自进行游戏账号、虚拟道具交易等的行为；

⑥任何破坏游戏公司游戏或者影响游戏服务正常进行的行为。

除上述行为外，游戏公司还可以根据自身经营安排及特殊情况对用户行为进行更加明确的约定，但必须通过明示方式将规范内容予以明确告知玩家，否则玩家有权拒绝遵守。

用户的不正当游戏行为是游戏公司对用户在游戏内予以规范的核心内容，因此，对此部分的内容，笔者将在下一章针对比较常出现的用户违规行为予以分别的单独陈述。

2. 违反用户行为规范的处罚条款

由于游戏公司还负有一定的对用户游戏内行为进行监管的职责。因此，对于用户某些违反规则的行为，游戏公司可以依据电子协议给予相应的处罚后果，要求其承担一定的责任。一般而言，根据玩家违规的严重程度会分为以下几个等级：

(1)警告；

(2)限制或禁止使用全部或部分功能；

(3)暂时封禁游戏账号；

(4)永久封禁游戏账号。

3. 知识产权条款

游戏的知识产权归属是非常重要的内容，游戏公司可对自己拥有的知识产权在协议中予以明确的约定，游戏公司享有自身所提供游戏(包括游戏涉及的所有内容、组成部分或构成要素)的一切知识产权(包括著作权、商标权、专利权、商业秘密等)及其他合法权益，以及与游戏相关的所有信息。未经游戏公司事先书面同意，任何人不得以任何方式进行商业性使用。

4. 管辖条款

根据法律规定，双方可以约定协议发生争议之后的管辖方式和管辖法院。

第五节 电子协议的效力问题

一、电子协议的签署

根据《民法典》第469条的规定，当事人订立合同，有书面形式、口头形式和其他形式。法律、行政法规规定采用书面形式的，应当采用书面形式。当事人约定采用书面形式的，应当采用书面形式。书面形式是指合同书、信件和数据电文(包括电报、电传、传真、电子数据交换和电子邮件)等可以有形地表现所载内容的形式。也就意味着，采用数据电文的形式记载的合同条款内容，属于法律所认可的书面协议的方式。

但是，由于电子协议通过线上提供，与传统的纸质协议能够直接签名予以认可的方式存在很大的差异，因此，要想证明电子协议的内容确实被用户所知晓并签署，需要满足以下三个条件：

（一）确保用户点击确认/同意

电子协议的签署，一般由用户在线上点击确认/同意来予以认定。因此，是否对用户点击确认/同意电子协议进行了技术设置则关系到电子协议的效力。在这一过程中，需要注意以下几个方面的问题：

（1）同意/确认的设置，必须存在同意/不同意的按钮，予以用户选择权。

（2）同意/确认的设置，尽量避免默认勾选“同意”。因为默认勾选的设置，存在用户由于设置导致其并非主动确认同意或者未阅读条款的可能而在形式上被司法机关认为用户不存在主动同意态度的风险。

（3）必须予以用户足够的阅读协议的时间。在某些游戏中，在阅读用户协议时设置了时间限制，如在一定时间内未点击确认，将默认用户同意并自动进入游戏。这样的设置在客观上将会导致用户无法了解阅读协议内容，存在被司法机关不予认可的可能性。

（二）每次更新需要确保用户再次确认/同意

在传统纸质合同的情境下，双方一般通过书面补充协议的方式就后续双方需要变更的合同条款予以确认。但是在电子协议这一签署模式中，一般只能在原有条款上进行技术更新。因此为了确保用户能了解条款的变化，在每次更新时需要确保用户对更新后的电子协议再次点击确认/同意。

目前常见的做法有两种：第一种是在第一次确认点击电子协议时，在条款中予以约定游戏公司有权变更协议条款，在条款变更后，如果继续使用游戏服务，视为已经接受变更后的协议，但是此条款是否必然有效会存在较大的争议；第二种是在电子协议更新后，再次强制弹出并要求用户点击确认/同意，否则无法继续体验游戏。

（三）如有必要，进行签署流程的公证

由于电子协议的签署具有很强的时效性，比如在 2018 年虽然存在用户需要点击确认同意电子协议的设置，但很难证明用户在 2014 年注册时就已经点击确认同意了电子协议。因此为了确认签署流程的真实有效性，在某些必要的

情况下，可以委托第三方机构对协议的签署过程、签署内容进行公证，特别是在游戏上线时或者条款变更时，进行相应的公证保全，能更有效地保障协议的效力问题。

二、格式条款的加重提示义务

如前文所述，游戏公司与玩家之间的电子协议一般属于格式条款，因此必须符合格式条款的相关规定。

《民法典》第 496 条规定："采用格式条款订立合同的，提供格式条款的一方应当遵循公平原则确定当事人之间的权利和义务，并采取合理的方式提请对方注意免除或者限制其责任的条款，按照对方的要求，对该条款予以说明。"因此，游戏公司应采取加粗、标红、下划线、特殊字体等各种方式显著提醒用户关于免除或限制其责任的条款。

同时，游戏公司作为提供格式条款的一方，不能免除其自身责任、加重对方责任和排除对方主要权利，否则该条款将会无效。

关于电子协议，必须注意以下几个方面：

1. 电子协议并非在所有场合下都会被支持。
2. 电子协议必须经过用户点击确认。
3. 重点条款需要采取特殊且醒目的形式提示用户注意。
4. 已公证的电子协议效力强于未公证的电子协议效力。
5. 电子协议的每次更新都需要用户再次确认。

第二章　游戏用户投诉的类型与处理建议

第一节　游戏用户投诉的基本问题

一、游戏用户投诉的概念

游戏用户投诉是指游戏玩家因对游戏产品质量或服务上的不满意而提出的书面或口头上的异议、抗议、索赔和要求解决问题等行为。

二、游戏用户投诉的类型

根据实务中游戏用户主要投诉的内容及笔者调研与经验积累，笔者将游戏用户投诉分为充值类投诉、运营类活动投诉、账号类投诉、虚拟物品类投诉、专业投诉等五个问题类别。

三、游戏用户投诉的渠道

（一）中国网络游戏投诉平台

中国网络游戏投诉平台于2017年11月16日正式上线，是面向和服务于中国所有游戏网民的国家级网络游戏监管平台。该平台由新华网联合中国网络游戏自律联盟、搜云科技共同成立，通过吸纳游戏公司、调解中心、仲裁委员会、法院的参与，为消费者提供了一站式投诉处理服务。

游戏用户登录中国网络游戏投诉平台的官方网站（game. xinhuanet. com）后，点击“我要投诉”模块即可进行投诉（见图36）。

图 36　中国网络游戏投诉平台页面

（二）中国互联网违法和不良信息举报中心

中国互联网违法和不良信息举报中心成立于 2005 年 8 月，2014 年 5 月划转中央网络安全和信息化领导小组办公室（国家互联网信息办公室），是中央网信办直属事业单位。

游戏用户登录中国互联网违法和不良信息举报中心（www.12377.cn）后（见图 37），点击进入“违法和不良信息举报入口”即可进行投诉。

图 37　中国互联网违法和不良信息举报中心页面

（三）“12318”全国文化市场举报平台

“12318”全国文化市场统一举报平台包括了“12318”举报电话、“12318”举报网站以及其他媒体平台。“12318”全国文化市场举报平台受理对以下领域违法行为的举报投诉：(1)营业性演出活动；(2)歌舞娱乐和游艺娱乐等场所经营活动;(3)艺术品经营活动;(4)互联网上网服务营业场所经营活动;(5)互联网音乐、互联网游戏、互联网动漫文化活动;(6)文化行政部门管理的其他文化经营活动。

(四)网络违法犯罪举报网站

网络违法犯罪举报网站受理涉嫌违反全国人民代表大会常务委员会《关于维护互联网安全的决定》《刑法》《治安管理处罚法》《互联网信息服务管理办法》等有关规定,利用互联网或针对网络信息系统从事违法犯罪行为的线索。

游戏用户登录网络违法犯罪举报网(www. cyberpolice. cn)后,点击进入“我要举报”即可进行投诉(见图 38)。

图 38　网络违法犯罪举报网站页面

(五)中国“扫黄打非”网

中国扫黄打非网是由全国“扫黄打非”工作小组办公室主办的网上举报网站,全国“扫黄打非”工作小组隶属于中央宣传思想工作领导小组,由中央宣传部等 28 个部门组成。全国“扫黄打非”工作小组办公室设在国家新闻出版广电总局。

(六)其他投诉渠道

其他游戏用户投诉渠道包括中国消费者权益保护网(http://www. 315. gov. cn/)、游戏内置投诉渠道(见图 39)等。

一般游戏内违规行为举报

常见的违规行为包括：

1. 在游戏中宣传代练(例：代练跑商)
2. 宣传线下交易(例：工行卖菜、卖MHB)
3. 言行不雅(例：人身攻击、污秽言语)
4. 涉嫌赌博(例：野外娱乐、猪大树小)
5. 昵称违规(例：G.M更正处)
6. 摊位违规(例：盗号甩)
7. 欺诈行为(例：交易欺骗、昵称相近等)
8. 举报外挂(例：发现其他人在游戏的时候使用外挂)
9. 其他举报(非上述违法行为)

类似这些违规行为，都可以在游戏中右键点击聊天频道里的名字或者人物角色直接举报：

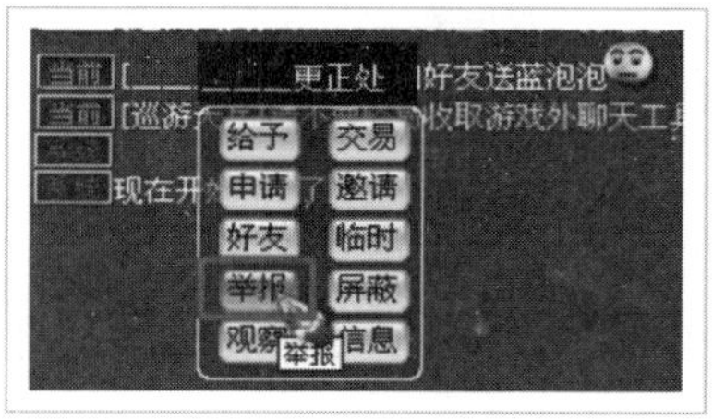

您还可以登录客服专区后，在"我的提单"中查看您在游戏中举报的结果。

图 39　某游戏内置的投诉举报渠道

第二节　充值类投诉

充值类投诉一般是基于在游戏内的充值问题所引发的玩家投诉，主要包括充值未成功到账、充值已经到账但游戏玩家申请退款。下文将根据充值类纠纷比较容易发生的各种情形来分别予以阐述。

一、游戏充值的概念

游戏充值是指游戏玩家使用法定货币按一定比例直接或间接地购买游戏软件、游戏点卡或者游戏内的一级道具，从而可以使用游戏公司所提供的游戏服务的过程。

在实践中，由于游戏收费的模式的不同，导致游戏的充值会存在多种形式，笔者将其总体归纳为以下三种形式：

1. 使用法定货币直接购买游戏软件的下载服务(下载收费模式)。由于有些游戏产品是需要付费才能下载并使用游戏服务,因此游戏下载完成即视为充值行为完成。

2. 使用法定货币兑换游戏公司提供的点卡、积分或其他形式的虚拟货币,然后通过游戏点卡、积分或其他形式的虚拟货币再购买游戏服务,依据用户的在线游戏时长进行收费(时间收费模式)。

如《魔兽世界》就是采用游戏点充值以获取游戏时长的收费模式。玩家购买虚拟点数、实体点卡或虚拟点卡,每“点”对应一定的游戏在线时长,游戏公司以“点”记录玩家的游戏时间,当“点”不足时,玩家需要进行游戏点充值才能继续游戏。

3. 使用法定货币直接购买游戏内提供的一级道具(道具收费模式)。目前游戏公司提供的大多数是免费的游戏服务,虽然玩家进行游戏是免费的,但如果玩家想要在游戏解锁一些特定的关卡,使用一些特殊的游戏道具,或者游戏玩家为了增强自己的实力并获得更多的游戏乐趣,往往需要购买一些游戏公司提供的额外道具,这些道具则需要在游戏中的商城中进行购买,而商城中的各种游戏道具需要玩家使用游戏中的虚拟道具——元宝(或钻石等,各游戏中的具体名称各不相同)——进行兑换,而具备兑换功能的上述虚拟道具一般需要游戏玩家使用法定货币直接或间接购买。简单来说,玩家要使用法定货币购买上述虚拟道具(游戏内一级道具),然后再使用一级道具在游戏中进行消费。

游戏充值虽然在我国法律上并没有明确的定义。但关于网络游戏虚拟货币以及在游戏中购买的一级道具,我国《文化部、商务部关于加强网络游戏虚拟货币管理工作的通知》(以下简称《虚拟货币通知》)对此作出了界定,本文在游戏虚拟货币部分已经详细描述。

因此,笔者将游戏充值界定为“游戏玩家使用法定货币按一定比例直接或间接购买游戏服务或游戏虚拟道具”的行为。

二、由于技术问题导致充值失败

本部分所说的技术问题是指由于充值系统本身的技术故障导致的玩家充值不成功的现象。当然,技术故障背后的原因除非涉及导致充值失败事实的认定原因,否则不在本节的讨论范围。

（一）由于技术问题导致的充值失败问题

此处由于技术问题导致的充值失败问题分为两种情形,一种是由于游戏公司的技术问题导致的充值失败,另一种是由于支付充值渠道的技术问题导致的充值失败。

1. 由于游戏公司的技术问题导致的充值失败

出现充值不成功的原因大部分源于技术故障,而具体的技术故障产生原因多种多样,像服务器不稳定、网络连接故障等,都可能导致玩家充值不成功。从软件本身特点来讲,软件缺陷(Bug)在软件开发过程中也是不可避免的。因此,因技术问题导致的充值不成功的现象也会时有发生,无法完全避免。

2. 由于支付渠道的技术问题导致的充值失败

现实中,游戏玩家有可能通过第三方充值渠道(见图40)如支付宝、微信支付、手机短信充值、声讯电话充值、网银等进行充值,可能会发生因充值渠道原因也就是第三方的原因导致充值不成功的情况。

图40　某游戏充值页面

第三方充值渠道通常都是游戏公司的合作方,一般而言,如果双方没有合作,则该种支付方式不可能出现在游戏的充值界面上。因此,第三方支付渠道和游戏公司之间构成了一种充值渠道服务合同关系。

对于游戏玩家而言，第三方充值渠道仅为一种支付的工具，不论采用何种支付工具，对于玩家而言，该笔款项支付至游戏公司的账户。虽然支付渠道就此支付方式可能收取了一定的充值渠道费率，但对于玩家来说，其在支付充值款项时并未体现哪部分付给充值渠道，哪部分付给游戏公司，即便实际上玩家最终支付的款项中已经包含充值渠道最终需要收取的部分。

因此，虽然第三方充值渠道不是由游戏公司直接控制，但如上文所述，相对于玩家来讲，玩家进行充值并非是要和第三方充值渠道建立一种合同关系，而只是把第三方充值渠道作为一种充值工具，玩家的相对方还是游戏公司。因此，即便因第三方渠道的原因导致充值不成功，作为合同法律关系的相对方，游戏公司也不能因此免责。

此处将主要论证由于技术问题的原因导致的充值失败情况下，游戏公司与玩家的法律关系以及责任承担问题。

（二）游戏公司因为充值与玩家产生的法律关系

游戏公司与玩家之间由于充值存在一种合同关系，游戏公司在其官网或者游戏充值界面一般会设有充值服务协议或者在电子协议中存在充值服务条款之类的协议文件供玩家阅读。此类协议对玩家进行游戏充值所享有的权利义务做了较为全面的规定。

从法律规定来看，充值服务协议属于游戏公司事先拟定的条款，在玩家勾选“同意”之后，即视为玩家和游戏公司达成了合意，双方都要受到该服务协议的约束。玩家和游戏公司因充值问题产生的纠纷需要受到此类充值服务协议的约束。

不过，由于充值协议均为游戏公司事先拟定、未与玩家协商且反复适用，因此此类充值服务协议属于我国《民法典》第 496 条规定的格式合同。一般而言，格式合同的条款合法有效，但前提是不存在《民法典》关于格式条款的限制性要求。

我国《民法典》对格式条款的具体内容作出了限制，《民法典》第 497 条规定：“有下列情形之一的，该格式条款无效：（一）具有本法第一编第六章第三节和本法第五百零六条规定的无效情形的；（二）提供格式条款一方不合理地免除或者减轻其责任、加重对方责任、限制对方主要权利的;(三)提供格式条款一方排除对方主要权利的。”在充值协议中,某些条款可能存在《民法典》第 497 条规定的情形,因此,如果游戏公司与玩家发生充值纠纷,法院在判决中有可能认定充值协议中的某些条款为无效条款。

笔者发现,有的游戏公司发布的充值协议中就明确约定“用户明确同意其使用充值服务,则所存在的一切风险将完全由其自己承担,游戏公司对用户不承担任何责任”,上述免责声明具有明显的减轻游戏公司责任,加重玩家责任的意图,此类条款很有可能被法院判定无效。当然,技术故障也有可能构成充值协议中约定的意外事件,但这最终还是需要法院来判定。

充值协议作为格式条款,我国《民法典》对其解释规则也有着特殊规定。《民法典》第 498 条规定,“对格式条款的理解发生争议的,应当按照通常理解予以解释。对格式条款有两种以上解释的,应当作出不利于提供格式条款一方的解释。格式条款和非格式条款不一致的,应当采用非格式条款”。可见,即便有充值协议的约定,在出现纠纷时,法院也可能会考虑到玩家一方的弱势地位,从而在解释具体的协议内容时偏向玩家。

因此游戏公司在制定充值协议时,还是要秉承着客观、公平、合理的原则,并采取合理的方式提请对方注意免除或者限制其责任的条款,如玩家存在特殊要求,应对该条款予以说明,以确保协议的合法有效性。

(三)玩家充值不成功导致的损失责任承担问题

玩家因技术原因充值不成功而产生的充值的损失,可能会包含以下三种情况:

1. 玩家的钱款已经转出,但玩家游戏账户中的虚拟货币或者一级道具并没有到账。

此种情形是现实中经常见到的,各个游戏公司也会针对这种情形给出相应的处理办法。一般情况下,玩家只是要求游戏公司将已经购买的虚拟货币或者一级道具充入其游戏账户。但游戏公司是否还应承担延迟到账的违约责任,在现实中很少有玩家主张。如果玩家主张此种违约责任,则需要看充值协议对此种情形是否作出规定,如果没有规定或者游戏公司事先作出了说明,对充值延迟只承担补足虚拟货币或者游戏道具的责任的话,玩家很难向游戏公司要求赔偿。

此种情况下还有可能发生玩家以优惠价格购买虚拟货币,但由于充值系统的技术原因,导致玩家未能在特定时段以优惠价格成交。待充值到账后,虚拟货币的交易价格已经恢复到非优惠价格,此时玩家仅仅得到了非优惠价格下的虚拟货币。此时,玩家未能以优惠价购买虚拟货币的原因在于游戏公司的过错,因此,游戏公司应当承担补足差价的责任。但同时,游戏用户也应该提供相应的证据,证明其确实存在因为技术问题导致其无法享受优惠价格的情形。

2. 玩家充值以参与游戏中特定时间段的某类活动,因技术原因充值不成功,现金已经转出,但虚拟货币或道具未及时到账导致玩家错失特定活动机会,玩家主张游戏公司赔偿因虚拟货币未及时到账而未能参加特定活动而遭受的损失。

此种情形则涉及玩家的预期利益损失问题。玩家充值的目的在于参加游戏中特定时段的特定游戏活动,错过该特定时段,充值对玩家也就没有意义。

我国《民法典》对当事人的预期利益同样给予保护。《民法典》第 584 条规定:“当事人一方不履行合同义务或者履行合同义务不符合约定,给对方造成损失的,损失赔偿额应当相当于因违约所造成的损失,包括合同履行后可以获得的利益,但不得超过违反合同一方订立合同时预见到或者应当预见到的因违反合同可能造成的损失。”

从该条的规定可以看出,玩家如果要主张预期利益的损失,游戏公司则可以相对应地主张玩家的损失超过了游戏公司所能预见到的因其延迟充值给玩家造成的损失。玩家充值都是通过系统进行自助充值,玩家充值前和游戏公司并没有一个建立于双方特定意思的合意,也就是说,在预先设定好的充值系统下,游戏公司无从得知玩家的充值行为是否有特定目的。因此,让游戏公司承担延迟充值造成的额外损失的诉求也很难得到法院的认可。

3. 与第 2 种情形类似,但区别在于玩家的现金并没有转出,虚拟货币或道具也一直没有到账。

此种情形和第 2 种情形类似,不同之处在于玩家的现金本身并没有转出。此时玩家若主张充值以外额外利益的损失则更难得到支持。

因技术原因导致玩家充值失败的问题在现实中很常见,但因此而进入司法救济程序的则非常少见。笔者查询了各大裁判文书数据库,并没有发现相关的司法案例。现实中,玩家为参加特定游戏活动而充值的情形也不鲜见,比如游戏在特定时段有游戏道具的优惠活动,玩家为参加活动而充值希望参与活动享受优惠,但由于技术原因导致充值未到账。

(四)小结与建议

为避免因为"技术原因导致的充值失败"问题与玩家产生争议和纠纷,以及争议发生后无据可查,游戏公司可以针对"技术原因导致的充值失败"问题予以明确约定:

1. 针对每一款游戏的充值页面提供公平合理的充值协议,并要求玩家点击阅读同意充值协议后方可进行充值。因为充值协议中的内容对于游戏公司合理界定其服务内容至关重要。因此,只有在玩家同意接受该充值协议后才可以充值,这样可以确保事后的纠纷可以依据充值协议进行裁判。

2. 由于技术原因导致的问题无法避免,因此如游戏公司需要对此进行免责,需要事先在充值协议中对由于技术问题导致的延期充值或者充值失败作出说明和免责。

3. 在因为技术问题导致的充值问题出现后,应积极与玩家保持沟通,解决问题,如确实是因为游戏公司的技术问题导致玩家已经支付款项但未到账虚拟货币或道具的,应积极予以解决。

三、由于充值诈骗导致的充值不成功

(一)充值诈骗的表现形式

充值诈骗是指因第三人的欺骗手段,导致玩家充值的金钱并没有进入游戏公司的充值系统,被人骗取的行为。

充值诈骗在当下的网络环境中较为常见,一般操作做法是,不法分子通过在游戏内的频道"喊话"或其他途径发布较为低廉的充值信息,在玩家将充值款项支付至其账户后,其并不进行实际的充值行为。一般玩家之所以容易上当,是因为此类充值的价格往往低于游戏虚拟货币的官方充值兑换价格。

充值诈骗活动中既有诈骗分子精心编排的诈骗套路引导，也有玩家贪图便宜的心态驱动。可以说，杜绝充值诈骗并不能一蹴而就，而是要看我国的执法监督机关如何有效的打击诈骗。

（二）充值诈骗的法律定性

充值诈骗属于诈骗的一种，我国《刑法》第266条规定，“诈骗公私财物，数额较大的，处三年以下有期徒刑、拘役或者管制，并处或者单处罚金；数额巨大或者有其他严重情节的，处三年以上十年以下有期徒刑，并处罚金；数额特别巨大或者有其他特别严重情节的，处十年以上有期徒刑或者无期徒刑，并处罚金或者没收财产。本法另有规定的，依照规定”。

充值诈骗的案例有很多，进入司法程序由法院审理的并不少见。如张××诈骗罪案[①]，法院审理查明，2014年至2015年5月，被告人张××经营、维护虚假网络游戏充值网站，并将该网站或其购买的“黑卡”（冒用他人身份办理的银行卡）账号提供给其招募的“枪手”，要求“枪手”以购买游戏装备等为诱饵，诱骗被害人往虚假网络交易平台或“黑卡”内充钱。张××通过上述手段作案15笔，共计骗得人民币677029元。

（三）小结和建议

关于充值诈骗问题，通常是游戏公司一旦发现（主动发现或经用户举报）有用户通过诈骗手段骗取其他玩家的虚拟货币的情况后，有权按电子协议相关约定收回其诈骗所得虚拟货币。尽管从法律上来讲，游戏公司不需要承担法律责任，但出现此种情况时，玩家仍然会首先向游戏公司主张维权，所以游戏公司应积极减少充值诈骗的发生，不但是帮助游戏玩家预防损失发生，也有益于维护自身声誉。具体来讲，游戏公司可以通过以下几点来降低游戏诈骗的发生概率：

1. 对游戏中非由官方发出的充值“喊话”及时作出清理，并对喊话账号进行

---

① 案号为（2016）苏0583刑初420号，此处为一审判决，根据公开渠道暂无法确认是否进入二审流程。

禁言处理；

2. 经常在游戏公告中就非官方认可的游戏充值向玩家进行警示；

3. 利用技术手段对游戏中账号进行检测，对于涉嫌诈骗类的异常账号进行甄别处理；

4. 积极引导玩家向公安机关报案，并配合公安机关的调查取证。

四、未成年人充值退款

网络游戏有一群数量不容忽视的用户群体——未成年人，而在游戏过程中，未成年人难免进行充值活动。未经监护人同意，未成年玩家充值后是否可以要求退费、游戏公司该如何处理此类退款需求才是游戏公司重点关注的问题。

（一）未成年人充值行为的法律分析

根据《民法典》第 17 条的规定，不满 18 周岁的自然人为未成年人。具体来讲，《民法典》对未成年人的民事行为能力作了以下的规定：

1. 8 周岁以下的未成年人为无民事行为能力人，需要其法定代理人代理实施民事法律行为

针对无民事行为能力人，其充值行为显然不具有法律效果。我国《民法典》规定，当事人订立合同应当具有相应的民事权利能力和民事行为能力。根据《民法典》的规定，不满 8 周岁的未成年人为无民事行为能力人，其民事活动只能由法定代理人实施，否则无效。因此，无民事行为能力人的充值活动是无效的。

民事行为无效意味着其从一开始就没有法律约束力，因此一方因该行为取得的财产，应当予以返还，即对于用户充值的金额，尽管已经实际消耗，游戏公司理论上仍应该全部返还。但值得注意的是，根据《民法典》第 157 条，有过错的一方应当赔偿对方因此所受的损失，双方都有过错的，应当各自承担相应的责任。在司法实践中，已有法院酌情考虑未成年人、未成年人监护人、游戏公司过错程度及未成年人充值使用情况，对应返款金额进行相应折减，判决未成年人自行承担部分充值损失，并由游戏公司自行收回尚未消耗的虚拟货币，但折减比例的确定均属于司法机关基于不同案情、不同地区情况的自由裁量，缺少

法定标准。因此,若发生金额较大的退费纠纷,对于已经消耗的游戏虚拟货币,游戏公司可以考虑通过司法途径主张折减。

2.8 周岁以上的未成年人为限制民事行为能力人

2020 年 5 月 19 日,最高人民法院发布《关于依法妥善审理涉新冠肺炎疫情民事案件的指导意见(二)》,针对未成年人参与网络游戏充值产生的费用问题作出了如下规定:限制民事行为能力人未经其监护人同意,参与网络付费游戏或者网络直播平台"打赏"等方式支出与其年龄、智力不相适应的款项,监护人请求网络服务提供者返还该款项的,人民法院应予支持。这一规定与我国现行《民法典》对于未成年人民事行为能力的相关规定一致,只是从司法实践的角度对未成年人游戏充值导致的退费问题进行进一步厘清。

可见,限制民事行为能力人的充值行为并非必然无效。根据目前公开渠道可查的司法判决,法院通常根据未成年人所参与的游戏类型、成长环境、家庭经济状况等因素综合判定未成年人的充值行为是否与其年龄、智力、精神健康状况相适应,如充值行为存在持续、多笔、大额、不合常理等特征,那么法院更倾向于认定为与其年龄、智力、精神健康状况不相适应。

另外,对于"大额"的界定,网络游戏公司可以参考 2019 年 11 月国家新闻出版署发布的《防止未成年人沉迷网络游戏的通知》中对于未成年人充值的要求,即同一企业所提供的游戏付费服务,8 周岁以上未满 16 周岁的用户,单次充值金额不得超过 50 元人民币,每月充值金额累计不得超过 200 元人民币;16 周岁以上未满 18 周岁的用户,单次充值金额不得超过 100 元人民币,每月充值金额累计不得超过 400 元人民币,对未满 8 周岁的用户不得提供游戏付费服务。超过以上合规范围的充值,将不具有合理性,游戏公司被要求退费的风险也将更高,且存在被管理部门处罚的可能。

(二)关于禁止向未成年人提供虚拟货币交易服务的相关规定

文化和旅游部、商务部联合发布的《关于加强网络游戏虚拟货币管理工作的通知》规定,网络游戏虚拟货币交易服务企业不得为未成年人提供交易服务。该通知还对"网络游戏虚拟货币发行企业"和"网络游戏虚拟货币交易服务企业"作出了规定。其中,"网络游戏虚拟货币发行企业"是指发行并提供虚拟货币使用服务的网络游戏运营企业。“网络游戏虚拟货币交易服务企业”是指为用户间交易网络游戏虚拟货币提供平台化服务的企业。根据上述分类和规定可以看出,游戏公司可以向未成年人出售网络游戏虚拟货币,但不得向未成年人之间提供虚拟货币的交易服务。

(三)小结和建议

根据上述未成年人的行为能力的法律分析和相关规定,针对未成年人充值行为,建议游戏公司可采取以下措施并在电子协议中增加设置相应条款:

1. 完善网络游戏强制实名设置,在无相反证明的情况下,以实名信息作为判断用户是否是未成年人合理依据。不过,考虑实践中未成年人通常以其监护人名义充值。因此当纠纷出现时,游戏公司也要考虑媒体舆论的压力并酌情处理。

2. 对未成年人玩家设置消费限制,如通过实名认证系统发现玩家为未成年人,限制其在游戏内的消费。

五、玩家意外充值退款

(一)玩家意外充值的表现形式

意外充值主要包括以下两种情形:一种是游戏公司为了方便用户进行充值,通常会设置了各类便捷充值的措施,如免密支付。此种情况下,玩家可能并没有充值意愿,只是不小心触碰到了充值按键,最终导致意外充值。另一种是极为特殊的情况,即玩家对游戏的操作不熟悉而误充值。

(二)意外充值的法律分析

从民法法理上来分析,玩家并没有充值的意愿,但发生了充值的行为,属于意思表示不真实。针对意思表示不真实,我国《民法典》第 147 条规定了当事人的撤销权:“基于重大误解实施的民事法律行为,行为人有权请求人民法院或者仲裁机构予以撤销。”

因此,在重大误解的情况下,玩家可以主张撤销合同。根据最高人民法院

《关于印发贯彻执行〈中华人民共和国民法通则〉若干问题的意见（试行）》第71条[①]，行为人因对行为的性质，对方当事人，标的物的品种、质量、规格和数量等的错误认识，使行为的后果与自己的意思相悖，并造成较大损失的，可以认定为重大误解。因此，如果玩家的充值行为符合上述对“重大误解”的解释，玩家可以请求撤销合同。反之，玩家的请求得到法院支持的可能性较小。

（三）小结和建议

游戏公司很难判断用户在充值时的真实意愿，而且存在某些游戏玩家滥用此理由要求退款，所以目前行业内的普遍做法是不予支持意外充值的退款要求。

为避免发生争议，游戏公司可在服务协议中明确约定：除非有相反证据证明，玩家的任何充值行为都是其真实意思表达，玩家不得以操作失误为由请求返还充值。另外，游戏公司在设置充值流程时，在不影响用户体验的情况下，应尽量设置相应的确认流程。

六、游戏终止运营后的充值补偿处理

游戏终止运营后，对于玩家已经充值获得但尚未消耗完毕的游戏虚拟货币及尚未失效的游戏服务，游戏公司需对游戏玩家进行补偿。

对于目前市面上的大部分网络游戏产品（尤其是移动网络游戏产品）来说，游戏的生命周期较为短暂，因此游戏终止运营的情况较为普遍。此时游戏公司将遇到的是如何对玩家游戏账户下的尚未消耗完毕的游戏虚拟货币及尚未失效的游戏服务进行补偿的问题。

之所以会遇到此类问题，很大的原因在于游戏公司未能制定一个合理的玩家补偿方案，导致玩家投诉，要求返现。

（一）游戏终止运营的相关法律规定

关于游戏终止运营时的虚拟货币处理办法，我国文化部、商务部《关于加强

① 目前此规定已失效，但由于暂未有新的规定予以明确，此处仍以之前的规定作为参照。

网络游戏虚拟货币管理的通知》已经作出规定。该通知第 11 条规定:“网络游戏运营企业终止运营网络游戏,或者网络游戏运营权发生转移的,应当提前 60 日予以公告。网络游戏用户尚未使用的网络游戏虚拟货币及尚未失效的游戏服务,应当按用户购买时的比例,以法定货币退还用户或者用户接受的其他方式进行退换。”

因此,根据该规定,游戏公司在终止运营网络游戏时,实际上可以选择两种方式对玩家进行补偿:第一种是按照用户购买时的比例,以法定货币退还用户;第二种是采取用户接受的其他方式进行退换。

(二)小结和建议

根据上述规定,“退款”并不是游戏公司能够采取的唯一解决方案,还可以提供其他方案对用户进行补偿,只要用户接受即可。因此,笔者提出以下建议:

1. 关于游戏终止运营后的退费条款,明确游戏公司的责任只限于对用户已经购买但尚未消耗的虚拟货币进行退费。

2. 可在用户协议中约定其他的补偿方式(如引导至新游戏,并根据玩家等级和虚拟道具的持有情况发放新游戏奖励),并约定游戏公司有权选择其中一种补偿方式。当用户接受游戏公司的补偿方案后,即视为游戏公司已经按照法律规定对用户尚未使用的虚拟货币及尚未失效的游戏服务完成退换。

3. 对于“僵尸玩家”尚未消耗完的虚拟货币,在财务方面采取计提的财务处理方式。

第三节　运营活动类投诉

游戏公司为了保持游戏的活力以及游戏玩家的黏性等各种各样游戏运营的需求,会经常开展各种各样的运营活动,为玩家提供各种物质或非物质的奖励,此类运营活动既包括游戏内的运营活动又包括现实生活中的运营活动,而在实践中,也常发生各种各样运营活动的纠纷并因此引发投诉。

一、因玩家对运营活动规则、发放奖励等发生理解歧义引发投诉

因游戏运营方为宣传游戏而开展的多种形式的宣传行为时,宣传用语表述不明确,容易造成玩家在理解与实际上的偏差后果。

(一)玩家参与游戏运营活动的法律关系

游戏运营商发出的运营活动情况说明,邀请玩家参与其中,是一种要约行为;玩家参与其中,相当于接受了要约,双方达成合意,形成合同关系。由于运营商通过公告的形式向用户送达运营活动规则或说明,因此属于格式合同。如玩家理解错误,在与运营商原意不符的心理预期无法满足的情况下,会认为运营商违约而主动发起投诉。

(二)理解歧义产生的原因和责任承担

1. 因玩家理解歧义引发投诉

游戏公司在举办运营活动时,一般会同步发出相应的活动规则,但是很多时候,由于玩家并未仔细阅读规则或者在阅读规则的时候理解发生偏差,导致错误理解了运营规则的含义并因此进行投诉。

比如在某游戏中,一玩家在论坛上投诉,其认为每个新手都送的新手大礼包并未赠送给他,因而觉得游戏不公平并号召其他玩家不要进行游戏充值。但事实上,该新手大礼包是要在开服活动的升级达人活动中达到150级以上才能领取,而该玩家的账号并未满足赠送条件。

此种情况就属于该玩家对运营活动规则理解错误,误以为运营商在玩家满足条件的情况下不赠送承诺的奖励的情形,运营商无过错,不应当承担任何违约责任。

2. 因活动规则不明确导致玩家不满

例如,由于游戏公司在发布规则时,对于规则的说明并不准确,玩家可能有多种不同的理解而导致无法获取活动奖励。比如某游戏仅针对安卓平台玩家提供活动礼包奖励,针对苹果平台玩家并不提供,但在规则中并未明确说明,导致苹果平台玩家无法根据活动领取礼包奖励而质疑游戏的公平性问题。

如果活动宣传是运营方通过公告等方式发出，且未明确指明参与对象的，应当推定为是面对所有玩家的活动。当玩家参与活动并完成相应任务后，运营方不予发放奖品的行为构成违约，根据《消费者权益保护法》的规定承担相应责任。

《消费者权益保护法》第 26 条规定，经营者在经营活动中使用格式条款的，应当以显著方式提请消费者注意商品或者服务的数量和质量、价款或者费用、履行期限和方式、安全注意事项和风险警示、售后服务、民事责任等与消费者有重大利害关系的内容，并按照消费者的要求予以说明。

（三）小结与建议

1. 根据以上规定可知，因运营方设计的运营规则或说明使玩家产生歧义的，按《民法典》的规定，会采取“应当作出不利于提供格式条款一方的解释”。因此，为了减少玩家产生歧义的可能性，建议运营商在设计运营规则时从用户的角度出发进行理解，同时应在运营活动说明中着重提醒玩家本次运营活动的解释权归运营方所有。

2. 在每一次的活动公告中，视情况明确以下内容：

（1）在线上开展的大型运营活动中，选择参与的玩家必须阅读运营规则，且手动选择“已清楚/了解规则”等选项，才能参加。

（2）在运营活动说明或奖励发放规则说明的结尾，加上“最终解释权归运营方所有”等字样，同时应当采用加大、加粗等能引起玩家注意的方式显示。

（3）对于某些重大活动的游戏公告，应当经过法务/风控/外部律师审核，确保运营活动规则没有歧义。

二、因活动宣传不合规（虚假宣传等）引发用户投诉

目前游戏市场竞争激烈，同质化现象较为严重，而玩家资源又是极其有限的，因此为了吸引玩家玩自己的游戏，运营商会使用较为夸张的宣传语展示游戏内容。2018 年修订的《广告法》对宣传广告的表述及后果提出了更为严苛的标准，若制作宣传用语的市场人员不清楚相关规定，则很容易踩到法律红线而引发玩家的投诉。

(一)相关活动宣传的法律分析

此处的活动宣传不合规是指游戏运营商或者合作单位为了推广游戏,通过夸张的宣传方式吸引玩家参与游戏的行为。很多时候,这种宣传情况是一种广告行为,如在这种活动宣传中使用较为夸张的宣传用语或方式,则可能构成虚假广告。

《广告法》第5条规定:“广告主、广告经营者、广告发布者从事广告活动,应当遵守法律、法规,诚实信用,公平竞争。”

第13条规定:“广告不得贬低其他生产经营者的商品或者服务。”

第14条规定:“广告应当具有可识别性,能够使消费者辨明其为广告。大众传播媒介不得以新闻报道形式变相发布广告。通过大众传播媒介发布的广告应当显著标明广告,与其他非广告信息相区别,不得使消费者产生误解。”

第28条规定:“广告以虚假或者引人误解的内容欺骗、误导消费者的,构成虚假广告。广告有下列情形之一的,为虚假广告:(一)商品或者服务不存在的;(二)商品的性能、功能、产地、用途、质量、规格、成分、价格、生产者、有效期限、销售状况、曾获荣誉等信息,或者服务的内容、提供者、形式、质量、价格、销售状况、曾获荣誉等信息,以及与商品或者服务有关的允诺等信息与实际情况不符,对购买行为有实质性影响的;(三)使用虚构、伪造或者无法验证的科研成果、统计资料、调查结果、文摘、引用语等信息作证明材料的;(四)虚构使用商品或者接受服务的效果的;(五)以虚假或者引人误解的内容欺骗、误导消费者的其他情形。”

第43条规定:“任何单位或者个人未经当事人同意或者请求,不得向其住宅、交通工具等发送广告,也不得以电子信息方式向其发送广告。以电子信息方式发送广告的,应当明示发送者的真实身份和联系方式,并向接收者提供拒绝继续接收的方式。”

第55条规定:“……广告经营商,广告发布者明知或者应知广告虚假仍设计、制作、代理、发布的,由市场监督管理部门没收广告费用,并处广告费用三倍以上五倍以下的罚款……”

(二)游戏运营活动宣传违规情形

1. 过度夸大宣传

宣传用语要有客观统计资料的支撑,不能为了广告效果而夸大其词,否则会被认定为虚假广告。

2. 实际与承诺不符

游戏运营方实际提供的商品服务要与宣传一致,否则也有虚假广告之嫌,可能会被玩家以游戏运营方违约为由起诉,或以运营方广告违规为由投诉。

3. 指向性打击对手

目前游戏市场内同质化严重,某些爆款 IP 可能有好几个游戏同时运营,会存在某一款游戏为了表明自己的竞争力或高品质而以对比的形式贬低竞争对手,此种也属于违规行为。

4. 第三方违规行为

在第三方向游戏投入的广告违规的情况下,游戏运营方属于广告发布者,应当承担一定的注意义务,对于明显属于虚假广告的第三方宣传,应当不予发布,否则会承担相应的责任,情节严重构成犯罪的,将被追究刑事责任。

5. 其他违规行为

(1)游戏宣传片、资料片等,属于宣传广告的一种,应当按规定进行标识。

(2)玩家有选择是否接受广告推送的权利,游戏运营方不能在未取得玩家的同意下强行推送宣传广告。

(三)发布虚假广告的法律后果

游戏运营方发布的运营活动公告、运营活动规则、活动描述等,都构成了向玩家发出的合同要约,玩家点击确认或实际参与活动,就是以实际行动接受要约,达成合意,合同成立。当游戏运营方实际运营的活动与活动公告中的描述不符时,属于违约行为,应对玩家承担违约责任。

(四)小结与建议

为了避免因为活动宣传违规承担相应的法律责任,建议在推广宣传时应注意以下问题：

1. 在宣传广告中避免直接使用“国家级”“最高级”“最佳”等绝对化用语。

2. 对于无法验证的统计资料的，避免在宣传广告中使用。如“‘90后’最爱玩的游戏”“最多女性用户的游戏”等宣传语，如果没有真实的数据支持，建议不要使用。

3. 不打“擦边球”，不使用引人误解的宣传误导消费者，不做虚假承诺，避免在宣传时有奖励但在实际活动中无奖励行为的发生。

三、因活动时技术故障引发用户投诉

（一）活动时可能出现的技术故障问题

游戏公司在进行运营活动时，某些时候，由于运营活动爆满服务器无法承载或者其他未发现的技术问题，经常会因为某些技术缺陷导致玩家无法按照活动的规则领取到相应的奖励。

比如某游戏曾经推出了540钻（约人民币50元）一次十连抽活动。按照官方给出的公告，十连抽必定会出现一个五星（超稀有）的套装部件，但玩家在抽卡时却发现，在抽到游戏新出的某两个套装部件的时候，必定出现的五星部件却神奇消失了。在跟客服经过一番交涉之后玩家得知，此次更新存在缺陷，游戏中显示为四星的这两个套装其实应该是五星套装。

虽然官方承诺将会以最快的速度修正问题，得到官方承诺的玩家继续抽奖，但有不少大玩家发现即使连续抽几百次，也未能抽到公告中承诺的限定部件。在游戏套装掉落和部件星级变来变去的过程中，游戏公司官方并没有发出任何形式的公告提醒玩家在缺陷修复前停止充值或者抽奖。

（二）上述故障行为的法律分析

游戏运营商或合作单位发出的运营活动情况说明，邀请玩家参与其中是一种要约行为，玩家参与其中相当于接受了要约，则双方达成合意，形成合同关系。由于运营商通过公告的形式向用户送达运营活动规则或说明，因此运营活动规则或说明属于格式合同。

当因系统错误，导致活动运营与宣传不符时，玩家会认为运营商违约，可以以虚假宣传为由投诉运营商。

由于上述第二点已对虚假宣传问题进行过深入探讨，故此处将不再赘述。

（三）小结与建议

技术问题或缺陷的出现任何游戏公司都无法避免，因此为了避免因为技术问题或缺陷原因导致大量的玩家投诉或者维权，产生危机，游戏公司可采取如下措施：

1. 在电子协议中增加免责条款，例如，"游戏不保证各系统不存在任何漏洞，不保证各系统能随时正常运作。当因系统漏洞导致玩家的权益受损时，游戏运营方有义务及时采取补救措施，玩家不得以此为由要求运营方赔偿损失"。

2. 当运营活动出现系统漏洞导致玩家无法获得宣传广告中承诺的商品或服务时，运营方应当及时采取补救措施，最好能够给予合理补偿方案以满足利益受损玩家的需求，否则可能会被玩家以虚假宣传或者诈骗为由投诉。

四、因其他玩家行为等导致玩家对运营活动不满

在游戏运营中，可能出现部分违规玩家利用游戏牟利，进行资源掠夺，影响了游戏环境的平衡性，导致守规的玩家不满而引发用户投诉。此外，因玩家的个人素养参差不齐，部分玩家可能会在游戏中通过辱骂其他玩家的形式获得成就感，影响了游戏和谐的环境，导致守规玩家不满而引发用户投诉。

（一）相关法律关系分析

如前文所述，当玩家注册游戏或进入游戏时，勾选确认电子协议就与游戏运营方形成了网络游戏服务合同关系。当游戏运营方通过向玩家发出运营活动公告，发出新活动的通知时，该活动公告或者通知可被视为原合同中新增的附件，玩家参与活动的行为属于达成新的合意，是一种对原合同关系的补充。因此，玩家与游戏公司之间的关系从法律上来看，仅应受到电子协议及其相关附件（如活动公告）的约束，在相关文件中没有约定的情况下，根据合同的相对性，玩家因其他玩家的原因导致的利益受损，与游戏公司无关。

但是,如果在《用户协议》中已经明确约定了游戏公司要对违规玩家采取某些明确的措施,但实际上并未采取时,游戏公司也要承担违约责任。

此外,从消费者权益保护的角度来分析,游戏公司是游戏的运营者和维护者,能够直接的控制整个游戏系统,通过提供游戏服务从玩家处获取收益,属于商业行为。游戏公司享受了从游戏运营中获取利益的权利,应当承担相应的维护游戏环境正常运行的义务。《消费者权益保护法》第18条规定"……宾馆、商场、餐馆、银行、机场、车站、港口、影剧院等经营场所的经营者,应当对消费者尽到安全保障义务",虽然在其中并未明文规定包含游戏公司,但游戏内也属于一个流量巨大的虚拟经营场所,因此可以类推游戏公司也应当承担一定的安全保障义务,保障游戏内的环境及玩家的基本利益不受侵害。

(二)典型案例

【典型案例】 赖某与广州某网络科技有限公司网络服务合同纠纷案①

从2012年开始至2014年年底,玩家赖某共在某游戏中通过充值等各种方式购买游戏角色的各种装备、元宝,总计花费人民币约200万元。2014年游戏出现系统漏洞,不少玩家恶意利用游戏漏洞违规刷道具,赖某受到影响之后向游戏公司投诉要求解决,但游戏公司并未对违规玩家永久封号,而是发出公告,声明对于违规的玩家只需要补交低额的罚款即可恢复账号。玩家赖某认为游戏公司的行为违反了《玩家守则》的约定,并造成了其游戏中虚拟财产的损失,因此要求游戏公司赔偿因违约造成赖某的损失共计人民币80万元;并承担本案的全部诉讼费用。

在审理过程中,该案件争议焦点问题为:一、游戏公司是否存在违约行为;二、玩家赖某要求游戏公司赔偿其损失依据是否充分。

1. 关于第一个争议焦点问题,审理法院认为游戏公司未能证明其对于涉案游戏的漏洞都具体采取了哪些修补措施,且游戏公司也没有根据玩家守则的规

① 案号:(2016)粤01民终14916号。

定删除相关账户，而是采取补交款项予以解封的方式处理。游戏公司履行合同义务不符合合同约定，故游戏公司违约。

2. 关于第二个争议焦点问题，玩家赖某称由于游戏公司违约“致使其通过投入钱财来获取游戏巨大成就的意愿得不到实现”，其主张应为精神损失。而本案赖某是以游戏公司违反合同约定为由对其提起诉讼的，并非以侵权为由提起诉讼的，因此法院对于玩家赖某在本案中提出的该部分损失不予支持。

（三）小结和建议

对于其他游戏玩家在游戏内出现违规行为，游戏公司无法避免，但是为避免在争议中处于不利地位，应积极采取相应措施：

1. 游戏公司应在制定《用户协议》时应充分考虑相关情形，对于己方应负有的义务可做模糊化处理，否则可能在实际操作中因未能做到而被认为违约。

2. 游戏公司应当注意保留游戏数据，包括玩家信息、公告内容等。如在上文提到的玩家赖某与游戏公司网络服务合同纠纷案中，被告游戏公司未举证证实已对该部分玩家依约采取相应措施，故游戏公司辩称其已依约履行合同，而两审法院均认为游戏公司在诉讼中没有提交证据证明其对于涉案游戏的漏洞都具体采取了哪些修补措施，故认定游戏公司违约。因此，建议游戏公司不仅要注意对协议义务的履行，还要注重保留履行过程的证据，以便能够对相关事实进行举证。

3. 游戏公司发布的游戏公告应与电子协议等文件相协调。如在上述赖某案中，游戏公司明确知晓有玩家利用游戏漏洞违规刷道具，但没有根据《玩家守则》的规定删除相关账户，而是选择让违规玩家通过缴纳一定罚款的方式恢复冻结的账号。游戏公司采取的措施不符合电子协议约定，构成违约。因此，游戏公司在发布游戏公告时，还要注意依据《用户协议》《玩家守则》等电子协议文件进行约定，避免因为出现自相矛盾的地方而被认定为违约。

第四节　账号类投诉

一般关于游戏账号引发的投诉或纠纷集中在以下几个方面:游戏账号被盗导致的账号找回产生的投诉、非官方渠道交易游戏账号引发的投诉、游戏公司回收处理不活跃账号导致的投诉。

下文将针对上述问题进行分别描述并进行法律分析和提供建议。

一、因游戏账号被盗引发的投诉

游戏账号的密码被他人窃取,导致游戏账号无法登录的情形在实际中常常存在。一旦此种情况发生,游戏玩家往往第一时间期望游戏公司予以解决此类问题。

(一)游戏账号归属的确认

在游戏玩家账号被盗或者游戏账号的归属发生争议纠纷时,如何判断该游戏账号归谁所有是游戏公司必须解决的首要问题。由于一般网络游戏公司都有海量的玩家,而且网络游戏的玩家与游戏公司是一种线上的网络服务合同关系,因此游戏公司无法直接将账号与账号主体进行真实的对应。

如上文所述,游戏公司与玩家之间是一种网络服务合同关系,双方之间签署的网络服务合同必备条款要求玩家必须以真实身份注册成为该游戏的用户,并保证所提供的个人身份资料信息真实、完整、有效。同时玩家也应该依据法律规定和必备条款约定对所提供的信息承担相应的法律责任。

因此,游戏公司在向玩家提供注册信息时,均要求玩家在填写注册信息后分配相应的游戏账号,因此游戏公司可以根据游戏玩家注册时填写的相关身份信息予以判断该账号主体的归属,如该账号主体未提供真实身份信息或者身份信息填写不真实,应自行承担无法找回账号的责任。

(二)游戏账号被盗后的法律定性和责任承担

在游戏公司提供游戏账号被盗之后的找回途径之后,账号盗取者往往已经将该账号内的游戏道具或者游戏装备转移至其他账号，这时候即使游戏玩家找回了账号，仍然面临着巨大的损失，游戏公司是否需要承担相应的法律责任。

1. 游戏账号被盗的法律问题分析

虽然《民法典》第127条规定："法律对数据、网络虚拟财产的保护有规定的，依照其规定。"

《刑法》第264条规定："盗窃公私财物，数额较大的，或者多次盗窃、入户盗窃、携带凶器盗窃、扒窃的，处三年以下有期徒刑、拘役或者管制，并处或者单处罚金；数额巨大或者有其他严重情节的，处三年以上十年以下有期徒刑，并处罚金；数额特别巨大或者有其他特别严重情节的，处十年以上有期徒刑或者无期徒刑，并处罚金或者没收财产。"

虽然有上述法律规定，但是对于游戏账号、游戏道具、游戏装备等虚拟物品的财产属性一直并无明确的直接界定，而实践中虚拟财产是否属于法律所保护的财产对象也一直备受争议。

2. 司法实践认定

司法实践中存在游戏账号被认定为具有财产属性，盗窃游戏账号构成盗窃罪的案例，以下为笔者通过公开网络渠道检索到的新闻信息：

据新华社消息，2006年2月5日，宁波警方破获的一网游账号盗窃案日前在宁波市海曙区法院正式审理，法院认定被告张某盗窃罪成立，判处张某有期徒刑1年、缓刑2年，并处罚金5000元。张某涉嫌盗取账号的案件被送交宁波海曙区检察院起诉。检察官认为，虚拟财产在本质上属于动产，具有可支配性，它能够在不同的游戏者之间进行有偿或无偿转让而不损害财产的价值。总之，虚拟财产可以成为盗窃罪的犯罪对象。因此，法院审理认为，张某的行为符合盗窃罪的构成要件，并据此对张某作出了处以有期徒刑和罚金的判决。这也是国内首例法院判决虚拟物品盗窃罪名成立并将被告施以监禁的案例。[①]

如果盗窃主体通过技术手段破解密码的方式非法盗取他人游戏账号的，可能会构成《刑法》第285条规定的非法获取计算机信息系统数据罪。

---

① 参见《盗号犯法！一男子盗窃网游账号判刑一年》，载 http://game.zol.com.cn/26/264987.html，2006年3月17日最后访问。

3. 游戏公司的责任承担

游戏账号被盗之后,存在过错的主体主要是窃取他人账号的玩家,因此,一般情况下游戏公司无须对游戏账号被盗的玩家承担相应的法律责任。但如果游戏玩家已经第一时间向游戏公司反馈账号被盗情况,而游戏公司未能及时协助找回账号,导致账号内游戏装备被转移;或者游戏装备虽转移至盗窃者可控制的账号名下,但是游戏公司未及时采取措施导致该装备流转至其他正常用户而最终损失无法追回时,游戏公司需要对扩大的损失后果承担一定的责任。

(三)小结和建议

根据上述分析,为避免上述问题产生的争议,建议对用户协议进行如下完善:

1. 游戏公司应在用户协议中,明确账号归属的原则和依据,以及用户未填写或未真实填写相应身份信息的后果,避免账号归属的争议。

2. 对于游戏账号、游戏装备、游戏道具等非法行为进行明确的禁止性规定,比如用户不得利用游戏公司提供的游戏产品或服务从事违法违规行为,包括但不限于盗取他人游戏账号、游戏道具等虚拟物品等。

3. 应针对盗窃等非法行为的处罚措施规定明确的依据,比如有权对参与或涉及盗取账号、装备等的游戏账号采取相应的限制或处罚措施,有权追回相应的赃物等,以便能及时有效地解决盗号问题,减少投诉和纠纷。

二、因非官方渠道交易引发的用户纠纷

游戏发展到一定程度会出现玩家间交易游戏账号的情况,这是因为一些游戏账号因为其等级、装备较高,在游戏玩家中具有相当程度的价值。玩家通过购买他人账号节省自己玩游戏的时间,同时可以享受高等级、高级别装备带来的游戏乐趣。但由于此种账号交易行为有些是在非官方平台进行的,所以卖方玩家通过官方渠道进行账号找回的申诉时,游戏公司无从分辨,只能将卖方玩家已经私下出售的账号重新分配给该玩家。此时,作为买方的玩家可能会向游戏公司主张其权利受到侵害,请求游戏公司进行赔偿。

（一）游戏账号交易的法律问题分析

首先，需要明确的是游戏账号交易是否合法。不同的游戏平台、不同的游戏对此都有不同的规定。有的允许游戏账号交易，并提供了官方的交易平台，如网易公司的藏宝阁平台就为网易旗下的各类游戏提供了官方的交易平台，游戏玩家可以通过上述平台进行游戏账号的交易；而有的则不允许游戏账号的交易，玩家则只能通过非官方渠道私下进行交易。因此，对于官方允许的账号交易，应当认定其为合法有效。而对于非官方渠道的账号交易，则应认定其为非法交易。

那么，对于合法的游戏账号交易，游戏公司应当承担一定的平台责任。具体而言，游戏公司应当尽到必要的注意义务，对交易双方进行审核，以确保买卖双方都具有适当的资格进行游戏账号的买卖。

而对于非法的游戏账号买卖，游戏公司既不是游戏账号的出卖方，也不是平台提供方，游戏公司有权主张对此种非法交易不承担任何责任。

（二）有关司法实践的认定

据海淀法院网消息，高价买来的网络游戏账号用了3个月就被封停，玩家盛先生将网络游戏运营商及账号售卖人杨先生诉至法院，要求游戏运营商将账号返还给账户所有人、杨先生配合自己找回账户。海淀法院复兴路法庭审结了此案。

盛先生诉称，2015年9月18日，他花费3300元购买了杨先生的游戏账号，并向账号充值1000余元。然而，3个月后，该账号被盗。他通过各种途径向游戏运营商申请找回账号，但其均以该账户属于“争议账户”为由，拒绝归还。盛先生认为，游戏运营商应当在证据充分的情况下，认定账户所有权，并将账户还给他。而杨先生作为原始所有权人，有义务帮他找回账号。

法院经审理后认为，诉争的游戏账号绑定了特定且唯一的权利人，根据游戏运营商的相关电子协议中的约定，游戏运营公司申明了账号权利人的唯一性，其并不支持账号在市场上流通。虽然盛先生购买了账号，但游戏运营公司并非出卖方，亦非买卖平台提供方，对此不应承担相应责任，亦不负有向盛先生返还账号的义务。最后,法院驳回盛先生的全部诉讼请求。[①]

(三)小结与建议

根据以上分析可知,笔者建议游戏公司在用户协议中明确规定官方是否允许账号交易行为,如果允许交易,玩家是否只能通过游戏公司认可的平台进行游戏账号的交易,并明确向玩家告知官方交易平台。如果态度是明确的,那么对于玩家之间的私下交易行为,游戏公司不承担任何责任。

三、因处理不活跃账号引发的用户纠纷

游戏玩家在注册账号后可能并没有经常登录,游戏公司为了其游戏资源的有效利用,会对此类不活跃账号制定一定的清理规则,如某游戏公布的不活跃账号清理规则如下:“我们将于2016年12月29日维护期间对从2015年12月29日0时—2016年12月29日7时,连续366天未登录过游戏的沉寂账号上剩余的通宝、点卡、天卡进行清理回收(只针对剩余游戏时间和通宝,角色数据将不会受到任何影响)。沉寂账号只需在2016年12月29日7时前登录一次游戏即可避免被清理,继续精彩游戏生活。”

游戏公司希望玩家在申请游戏账号后能够经常进行游戏活动,而不是申请后就束之高阁。通过清理不活跃账号,一方面可以减少存储,缓解服务器压力;另一方面可以避免一些玩家通过游戏账号进行其他违法活动的可能。

1. 清理不活跃账号的合法合规性分析

只要游戏公司在用户协议中对清理账号事先作出了规定,玩家点击同意进入游戏即视为接受了游戏公司制定的账号清理规则。对于不活跃账号,游戏公司按照事先的约定对账号进行清理是合法合规的。

对于注销账号内的虚拟货币(点数或玩家充值兑换的游戏一级道具),如果用户协议没有约定,则游戏公司应当返还,有约定的,按照约定处理。

---

① 参见《买卖游戏账号引纠纷,私下交易不受法律保护》,载 http://bjhdfy.chinacourt.org/public/detail.php?id=4562,2017年1月10日最后访问。

2. 小结和建议

针对不活跃游戏账号问题，建议游戏公司可以在电子协议中明确约定其具有对不活跃账号进行处理（注销）的权利。例如，某游戏公司电子协议中采用如下表述："用户注册的账号激活该网络游戏服务后，连续180天没有登陆该款网络游戏，则自满第180天当天的24时起，我们有权采取措施终止向用户继续提供该款网络游戏的服务（包括但不限于：取消该款网络游戏的剩余游戏时间、游戏金币、游戏物品；删除该款网络游戏的注册信息、角色信息等一切相关信息），且不对因此所导致的任何损失负责。"

第五节　虚拟物品类投诉

虚拟物品类的投诉主要集中在游戏内的虚拟道具、虚拟装备（以下简称游戏装备）被盗或者因为游戏公司的技术问题等原因导致遗失的情形。

一、游戏装备被盗引发的用户投诉

（一）游戏装备被盗的法律问题分析

游戏装备被盗之后，存在过错的主体主要为窃取用户账号的玩家，因此一般情况下，游戏公司无须对游戏账号的被盗承担相应的法律责任。

（二）有关司法实践的认定

因装备被盗而产生的司法案例较为常见，以鲁某与上海某发展有限公司网络服务合同纠纷一案[①]为例，该案中，原告鲁某系被告《××传奇》海纳百川服务器（百区电信）的用户，服务器通行证账户为×××，角色名"☆×××☆"。2011年12月20日，原告发现其使用的账号内的装备丢失，包括：法神戒指2魔

① 案号：（2012）浦民一（民）初字第22179号，此处为一审判决，现根据公开渠道暂无法确认是否进入二审流程。

法7,霓裳羽衣1魔法6,血印1魔法12幸运6,灯笼项链1魔法1幸运3,血印1魔法12,青铜腰带1,紫绸靴1,法神戒指2魔法6,法神手镯1魔法4,法神头盔1魔法1,法神项链1魔法8,道士头盔1魔法2,法神手镯2魔法4魔域1,法神头盔1魔法2,圣战头盔1,圣战项链1,圣战手镯2,圣战戒指2,荣誉勋章44号2,荣誉勋章45号1,金砖7个,元宝45个。之后,原告与被告进行交涉无果。原告于2012年4月9日向公安部门报案,公安部门于2012年5月8日发协助函给被告,要求被告在查明事实后将原告使用的装备归还原告。被告接函后以种种理由拒绝归还原告被盗的装备。后原告诉至法院。法院审理认为,应当确认原告与被告上海某发展公司之间存在原告使用被告运营的《××传奇》网络游戏产品,被告为原告使用上述产品提供相关网络服务的协议。双方网络服务协议中未规定在原告游戏装备被盗的情况下,被告有为其追回被盗装备的义务,且原告也未提供证据证明被告对其装备被盗存在过错,故原告要求被告承担赔偿责任的诉讼请求,缺乏合同依据和法律依据,本院不予支持。最终,法院驳回了原告鲁某的诉讼请求。

(三)小结和建议

根据上述法律分析和司法实践可知,在一般情况下,如游戏玩家的虚拟装备、物品被窃取,游戏公司一般不应承担相应的责任,但是如在游戏玩家采取措施后,游戏公司仍然不采取相应措施导致损失扩大的情形,可能会产生争议,因此为避免争议的发生,可采取如下措施:

1. 做好数据保存工作。在玩家丢失装备时,及时向玩家提供协助。
2. 对装备进行唯一性编号,记录装备转移情况。
3. 积极配合公安机关调查工作,遵守公安机关冻结游戏装备的要求。

二、技术原因导致游戏装备异常或丢失

由于游戏公司在游戏开发时无法预见到游戏日后运行的各种情况以及技术问题,因此,游戏程序难免会在日后的运行中出现各种技术故障,在游戏公司尚未进行游戏更新的情况下,玩家的装备可能会因系统故障出现道具属性异常甚至丢失等情况。

(一)系统原因导致游戏装备异常或丢失的法律问题分析

游戏装备作为玩家进行游戏的重要工具,是游戏玩家进行正常游戏活动的前提。因此,从合同义务角度讲,游戏公司有义务确保玩家的装备安全。在因游戏系统原因导致玩家道具出现异常或丢失的情况下,一般而言游戏公司有义务对玩家进行补偿。但如果因装备异常或丢失造成除装备本身之外的损失,因已超出游戏公司的可预见范围,游戏公司没有义务对玩家进行赔偿。

(二)有关司法实践案例的认定

下面通过一个案例来了解一下司法机关在审理因系统原因导致玩家虚拟物品丢失纠纷案件中的态度。

在赵某与上海某网络公司网络服务合同纠纷一案①中,玩家赵某参加游戏中的运营活动,因游戏系统故障,导致系统向其多发了 21 件游戏道具。此后游戏公司根据与玩家签署的电子协议约定收回了部分多发的道具。法院在审理中认为,根据目前的计算机技术发展水平,尚难以做到 100% 确保计算机不发生故障或系统没有漏洞及程序出错,因此,上海某网络公司在网络游戏中约定在计算机出现系统故障、缺陷、程序出错等问题时有还原相关数据的权利,是符合客观实际的。同时,上海某网络公司将出错的数据予以一定程度的还原,也是为了确保各游戏玩家之间进行游戏活动的公平,故法院认可上海某网络公司的电子协议关于系统故障的相关约定的效力,并不认为构成霸王条款。

(三)小结和建议

笔者通过对业界部分游戏公司所撰写的电子协议进行调研发现,大多数游戏公司均在用户协议中对系统故障导致的数据异常(包括物品数据异常或丢失)做了规定,并约定游戏公司有权在数据异常的情况下恢复游戏数值。鉴于此,笔者建议尚未将数据异常明确写入电子协议的游戏公司可考虑以下方案:

1. 建议在用户协议中可以增加如下条款:“因游戏软件缺陷、版本更新缺

---

① 案号:(2011)沪一中民一(民)终字第 2075 号。

陷、第三方病毒攻击或其他任何因素导致您的游戏角色、游戏道具、游戏装备及游戏币等账号数据发生异常。在数据异常的原因未得到查明前,我们有权暂时冻结该游戏账号;若查明数据异常为非正常游戏行为,我们有权恢复游戏账号数据至异常发生前的原始状态(包括向第三方追回被转移数据)且无须向您承担任何责任。"

2. 恢复玩家游戏数据时要公平合理。比如,本节案例中的游戏公司将玩家参加活动获得的最高价值的三个黄金全部予以没收,法院在说理部分就认为游戏公司的此种行为违背了公平原则。同时,游戏公司要注意向玩家充分告知处理的依据及结果。

第六节　专业类投诉

如果说本章第一节至第五节是因游戏玩家"自认为"应享有的权益受到损害而引发的投诉纠纷,那么本节所讲述的专业类投诉则是与之全然不同的类型。专业类投诉,简单来说就是从监管角度出发,对游戏的上线运营资质、内容合规等方面进行举报投诉。

在本书第一部分关于网络游戏的合规要求中已经明确分析了网络游戏经营的相应资质要求和合规要求,因此如游戏公司违反了此部分的资质要求以及合规要求,将可能面临监管部门的监管,并需要承担相应的责任。对此部分的内容由于在第一编已经详细阐述,所以此部分不再赘述。

在实践中,很多玩家由于在游戏中其他诉求无法得到满足,无法采取其他救济措施或者甚至是无理诉求无法得到支持的情况下,可能会采取此种进行专业类投诉的措施和方案。

因此,为避免此种情况的发生,网络游戏公司应该按照相关监管的规定,完善合规需求,获得相应的资质合法合规地运营游戏。

PART 5

第五编

网络游戏公司的劳动关系

第一章　网络游戏公司劳动关系的基本要求

劳动关系是指劳动者与用人单位依法签订劳动合同而在劳动者与用人单位之间产生的法律关系。劳动者接受用人单位的管理，从事用人单位安排的工作，成为用人单位的成员，从用人单位领取劳动报酬和受劳动保护。

网络游戏公司的劳动关系，是指网络游戏公司与员工之间建立的劳动法律关系。网络游戏公司的劳动关系也必须符合劳动法关于员工和公司之间的基本要求。

第一节　劳动合同的签署和履行

一、劳动合同的订立

网络游戏公司应在员工入职时即与员工签订劳动合同，最迟不得晚于用工之日起 1 个月内。

《劳动合同法》第 10 条明确规定："建立劳动关系，应当订立书面劳动合同。已建立劳动关系，未同时订立书面劳动合同的，应当自用工之日起一个月内订立书面劳动合同。用人单位与劳动者在用工前订立劳动合同的，劳动关系自用工之日起建立。"

上述规定意味着，不管是否订立了劳动合同，自用工之日起，劳动关系就已经成立，未订立劳动合同不能否认劳动关系的存在。同时，《劳动合同法》第 82 条第 1 款规定："用人单位自用工之日起超过一个月不满一年未与劳动者订立书面劳动合同的，应当向劳动者每月支付二倍的工资。"

《劳动合同法》第 14 条还规定，用人单位自用工之日起满一年不与劳动者订立书面劳动合同的，视为用人单位与劳动者已订立无固定期限劳动合同。也就意味着用人单位与劳动者无终止合同的期限。

因此，根据上述规定，网络游戏公司应当在员工入职之日起 1 个月内与员工签署劳动合同，否则应当向员工每月支付 2 倍的工资，并且在未订立劳动合同 1 年之后，将视为与员工签署无固定期限的劳动合同。

二、劳动合同的必备条款

网络游戏公司必须与员工订立书面的劳动合同，由于用人单位和劳动者地位的不平等关系，因此劳动合同与一般平等主体之间订立的合同不同，劳动合同必须具备一些关于保障劳动者权益的必备条款，同时，对于一些涉及劳动者权益保护的条款，法律也有强行的要求和规定。

《劳动合同法》第 17 条规定了劳动合同应当具备的必备条款：

(1)用人单位的名称、住所和法定代表人或者主要负责人；

(2)劳动者的姓名、住址和居民身份证或者其他有效身份证件号码；

(3)劳动合同期限；

(4)工作内容和工作地点；

(5)工作时间和休息休假；

(6)劳动报酬；

(7)社会保险；

(8)劳动保护、劳动条件和职业危害防护；

(9)法律、法规规定应当纳入劳动合同的其他事项。

劳动合同除前款规定的必备条款外，用人单位与劳动者可以约定试用期、培训、保守秘密、补充保险和福利待遇等其他事项。

对于上述必备条款中，所必须注意遵守的约定此处将分别进行阐述。

(一)关于劳动合同的期限

1. 劳动合同的期限可以由双方约定

在绝大多数情况下，劳动合同的期限，可以由用人单位与劳动者约定。双方既可以约定以完成特定工作任务为期限的劳动合同,也可以约定固定期限的劳动合同,甚至可以约定无固定期限的劳动合同。

以完成一定工作任务为期限的劳动合同,是指用人单位与劳动者约定以某项工作的完成为合同期限的劳动合同。

固定期限劳动合同,是指用人单位与劳动者约定合同终止时间的劳动合同。

无固定期限劳动合同,是指用人单位与劳动者约定无确定终止时间的劳动合同。

经过用人单位与劳动者协商一致,双方可以选择约定上述任何一种期限的劳动合同,并在劳动合同中予以明确。

2. 必须订立无固定期限劳动合同的情形

法律规定了在特定情形下,除非劳动者选择,用人单位只能选择订立“无固定期限”劳动合同这一方式。

(1)劳动者在该用人单位连续工作满 10 年的;

(2)用人单位初次实行劳动合同制度或者国有企业改制重新订立劳动合同时,劳动者在该用人单位连续工作满 10 年且距法定退休年龄不足 10 年的;

(3)连续订立 2 次固定期限劳动合同,且劳动者没有《劳动合同法》第 39 条和第 40 条第 1 项、第 2 项规定的情形,续订劳动合同的;

(4)用人单位自用工之日起满 1 年不与劳动者订立书面劳动合同的,视为用人单位与劳动者已订立无固定期限劳动合同。

(二)关于试用期的约定

用人单位与劳动者可以约定试用期,但是试用期的约定必须遵守一定规则,主要分为期限、薪酬以及解除劳动合同三个方面。

1. 试用期期限的约定

用人单位可以对劳动者设置多久的试用期,取决于用人单位与劳动者签署的劳动合同的期限长短。试用期的期限劳动合同期限 3 个月以上不满 1 年的,试用期不得超过 1 个月;劳动合同期限 1 年以上不满 3 年的,试用期不得超过 2 个月;3 年以上固定期限和无固定期限的劳动合同,试用期不得超过 6 个月。以完成一定工作任务为期限的劳动合同或者劳动合同期限不满3个月的,不得约定试用期。

同时,关于试用期的约定,必须包含在劳动合同期限内,而不能仅仅约定试用期,如果仅约定试用期,使用期限不成立,该约定的试用期限视为真实的劳动合同期限。也就是说一个公司未与员工约定劳动合同期限,仅约定试用期为3个月,那就视为劳动合同期限为3个月,无试用期约定。

2. 试用期薪酬的约定

《劳动合同法》规定,劳动者在试用期的工资不得低于本单位相同岗位最低档工资或者劳动合同约定工资的80%,并不得低于用人单位所在地的最低工资标准。假如劳动合同约定员工的工资为10000元,那么试用期的工资不得低于8000元。

反之,如果双方仅约定了试用期的工资是8000元,转正之后的工资高于10000元是否必然就不合法?法律并无相反的约定,笔者认为,存在试用期之后认可劳动者劳动能力从而提高之前在签署合同时约定的工资标准的可能性,并非当然的违法。

3. 试用期解除劳动合同

很多用人单位存在误解,认为在试用期内可以随时解除与员工的劳动合同,事实上并不必然,在试用期解除与员工的劳动合同,也必须符合一定的条件。

《劳动合同法》明确规定,在试用期中,除劳动者有《劳动合同法》第39条和第40条第1项、第2项规定的情形外,用人单位不得解除劳动合同。用人单位在试用期解除劳动合同的,应当向劳动者说明理由。

一般而言,在试用期解除劳动合同最常见的理由为在试用期间被证明不符合录用条件,但是在试用期内被证明不符合录用条件,需要有相应的理由和依据,因此在招聘、提供录用通知或者签订劳动合同以及入职时,单位最好能给出明确的录用条件标准,对于不符合录用条件的,也必须说明不符合录用条件的理由。

当然,在试用期解除合同,条件远远低于员工转正之后的条件,因此用人单位与员工约定试用期并且在试用期进行考核非常之必要。

(三)关于劳动者的待遇问题

此处所说劳动者的待遇问题包括劳动者的工资、假期和社会保险的购买等几个方面。

1. 关于劳动者的工资问题

关于劳动者的工资待遇问题,一般由用人单位和劳动者协商确定,不违反法律规定的最低基本保障工资即可。

如用人单位安排员工加班的,应该按照如下标准支付加班费:

(1)安排劳动者延长工作时间的,支付不低于工资的150%的工资报酬;

(2)休息日安排劳动者工作又不能安排补休的,支付不低于工资的200%的工资报酬;

(3)法定休假日安排劳动者工作的,支付不低于工资的300%的工资报酬。

平时晚上的加班费是劳动者工资的150%,双休日是200%,国家法定休假日是300%。但这只是国家规定的比例,加班费发放额的关键是工资基数,工资基数的计算方式如下:

(1)如果劳动合同有明确约定工资数额的,应当以劳动合同约定的工资作为加班费计算基准。应当注意的是,如果劳动合同的工资项目分为“基本工资”“岗位工资”“职务工资”等,应当以各项工资的总和作为基数计发加班费,不能以“基本工资”、“岗位工资”或“职务工资”单独一项作为计算基数。

(2)如果劳动合同没有明确约定工资数额,或者合同约定不明确时,应当以实际工资作为计算基数。凡是用人单位直接支付给职工的工资、奖金、津贴、补贴等都属于实际工资,具体包括国家统计局《关于工资总额组成的规定若干具体范围的解释》中规定“工资总额”的几个组成部分。但是应当注意一点,在以实际工资都可作为加班费计算基数时,加班费、伙食补助和劳动保护补贴等应当扣除,不能列入计算范围。

(3)在确定职工日平均工资和小时平均工资时,应当按照劳动和社会保障部《关于职工全年月平均工作时间和工资折算问题的通知》(劳社部发〔2008〕3号)规定,以每月工作时间为21.75天和174小时进行折算。

2. 关于劳动者的假期问题

按照劳动法的相关规定，劳动者有权享受假期，并由用人单位支付工资。劳动者享受的假期主要分为以下几种：

(1)法定节假日

《全国年节及纪念日放假办法》第 2 条规定："全体公民放假的节日：(一)新年，放假 1 天(1 月 1 日)；(二)春节，放假 3 天(农历正月初一、初二、初三)；(三)清明节，放假 1 天(农历清明当日)；(四)劳动节，放假 1 天(5 月 1 日)；(五)端午节，放假 1 天(农历端午当日)；(六)中秋节，放假 1 天(农历中秋当日)；(七)国庆节，放假 3 天(10 月 1 日、2 日、3 日)。"

(2)带薪年休假

《劳动法》第 45 条规定："国家实行带薪年休假制度。劳动者连续工作一年以上的，享受带薪年休假。具体办法由国务院规定。"

《职工带薪年休假条例》第 3 条规定："职工累计工作已满 1 年不满 10 年的，年休假 5 天；已满 10 年不满 20 年的，年休假 10 天；已满 20 年的，年休假 15 天。国家法定休假日、休息日不计入年休假的假期。"

用人单位如不安排职工休年休假的，必须按照《职工带薪年休假条例》给予年休假工资报酬，否则将由县级以上地方人民政府人事部门或者劳动保障部门依据职权责令限期改正；对逾期不改正的，除责令该单位支付年休假工资报酬外，用人单位还应当按照年休假工资报酬的数额向职工加付赔偿金；对拒不支付年休假工资报酬、赔偿金的，由劳动保障部门、人事部门或者职工申请人民法院强制执行。

3. 关于劳动者的社保问题。

用人单位必须为员工购买社保。《劳动法》规定用人单位应在员工入职 30 天内购买社会保险的。同时《社会保险法》第 58 条也规定，用人单位应当自用工之日起 30 日内为其职工向社会保险经办机构申请办理社会保险登记。未办理社会保险登记的，由社会保险经办机构核定其应当缴纳的社会保险。

《劳动法》规定，用人单位和劳动者必须依法参加社会保险，缴纳社会保险费。从该规定可以看出用人单位和劳动者参与社保是一种法定的义务，双方不能通过约定的方式予以规避该责任。在实践中，用人单位与劳动者签署相应的协议，由劳动者同意用人单位不为其购买社保，此种约定并不能免除用人单位与员工购买社保的义务。

劳动者参与社会保险后，在退休、患病、负伤、因公伤残或者患职业病、失业、生育的情形下，依法享受社会保险待遇。

社会保险的缴纳方式为缴费基数×缴费比例。其中缴费比例由社会保险予以规定，缴费基数按照如下方式确定：

社会保险的月缴费基数一般是按照职工上年度全年工资的月平均值来确定的，每年确定一次，且一旦确定以后，一年内不再变动。

职工个人以本人上年度工资收入总额的月平均数作为本年度月缴费基数，其中：新进本单位的人员以职工本人起薪当月的足月工资收入作为缴费基数；参保单位以本单位全部参保职工月缴费基数之和作为单位的月缴费基数。

职工的上年度工资收入总额是指职工在上一年的 1 月 1 日至 12 月 31 日整个日历年度内所取得的全部货币收入，包括计时工资、计件工资、奖金、津贴和补贴、加班加点工资、特殊情况下支付的工资。

第二节　劳动合同的解除和终止

一、协商解除劳动合同

用人单位与员工协商一致，可以解除劳动合同。但是，如果是用人单位向劳动者提出解除劳动合同并最终与劳动者协商一致解除劳动合同的，用人单位仍应当向员工支付经济补偿金。

二、劳动者提出解除劳动合同

劳动者也可以自行提出解除劳动合同，劳动者提前 30 日以书面形式通知用人单位，可以解除劳动合同。劳动者在试用期内提前 3 日通知用人单位，可以解除劳动合同。

劳动者自行提出解除合同的，用人单位无须支付经济补偿金。

三、劳动合同期满解除劳动合同

在劳动合同期限届满后,除用人单位维持或者提高劳动合同约定条件续订劳动合同,劳动者不同意续订的情形外,用人单位仍应当向劳动者支付经济补偿金。

四、用人单位解除劳动合同

用人单位解除劳动合同的情形分为以下几种:

1. 劳动者有下列情形之一的,并且无须支付经济补偿金:

(1)在试用期间被证明不符合录用条件的;

(2)严重违反用人单位的规章制度的;

(3)严重失职,营私舞弊,给用人单位造成重大损害的;

(4)劳动者同时与其他用人单位建立劳动关系,对完成本单位的工作任务造成严重影响,或者经用人单位提出,拒不改正的;

(5)劳动者以欺诈等手段致使劳动合同无效的;

(6)被依法追究刑事责任的。

2. 用人单位提前30日以书面形式通知劳动者本人或者额外支付劳动者一个月工资后,可以解除劳动合同的情形:

(1)劳动者患病或者非因工负伤,在规定的医疗期满后不能从事原工作,也不能从事由用人单位另行安排的工作的;

(2)劳动者不能胜任工作,经过培训或者调整工作岗位,仍不能胜任工作的;

(3)劳动合同订立时所依据的客观情况发生重大变化,致使劳动合同无法履行,经用人单位与劳动者协商,未能就变更劳动合同内容达成协议的。

但是,用人单位依据该种情形解除劳动合同的,仍然应向员工支付经济补偿金。

3. 用人单位单方解除劳动合同。

用人单位不能单方无故解除劳动合同。用人单位如果无法律规定的情形解除劳动合同时,劳动者有权要求继续履行,劳动者要求继续履行劳动合同的,用人单位应当继续履行;劳动者不要求继续履行劳动合同或者劳动合同已经不能继续履行的,用人单位应该按经济补偿金的2倍向劳动者支付赔偿金。

4. 经济补偿金的支付方式。

经济补偿按劳动者在本单位工作的年限,每满1年支付1个月工资的标准向劳动者支付。6个月以上不满1年的,按1年计算;不满6个月的,向劳动者支付半个月工资的经济补偿。

劳动者月工资高于用人单位所在直辖市、设区的市级人民政府公布的本地区上年度职工月平均工资3倍的,向其支付经济补偿的标准按职工月平均工资3倍的数额支付,向其支付经济补偿的年限最高不超过12年。

其中劳动者月工资是指劳动者在劳动合同解除或者终止前12个月的平均工资。

根据上述法律分析可知,关于公司与员工建立劳动关系笔者提供如下建议:

1. 在劳动者入职之时,建议公司及时与员工签署劳动合同,最迟不得超过1个月。

2. 如约定了试用期,试用期不得超过法律规定的期限,试用期的工资不得低于约定的正式工资的80%,如要在试用期内解聘员工,需要证明员工不符合使用条件。

3. 公司不能与员工随意解除劳动合同,解除劳动合同必须符合法律规定的情形,否则就是违法解除,在违法解除的情况下,员工有权要求继续履行劳动合同或者要求支付2倍的经济补偿金。

4. 建议公司与员工签署员工手册或者制定规章制度,对员工进行管理和规范。在员工违反规章制度的情况下,公司有权按照员工手册或规章制度进行处理。

第二章　网络游戏公司员工的保密义务

第一节　保密义务概述

网络游戏公司中存在众多的商业秘密信息,商业秘密可以说是网络游戏公司的核心竞争力,因此网络游戏公司员工的保密义务十分重要。

《劳动合同法》也规定了用人单位与劳动者可以在劳动合同中约定保守用人单位的商业秘密和与知识产权相关的保密事项。

因此为了更好地保护公司的商业秘密,网络游戏公司与员工必须就商业秘密或者有关知识产权相关保密事项进行完善的约定。

网络游戏公司与员工的保密约定可以通过在劳动合同中进行约定或者签署保密协议实现,游戏公司也可制定保密制度。

第二节　保密制度或者保密协议的制定

网络游戏公司通过制定保密制度或者与员工签订保密协议、保密条款的方式,可以形成网络游戏公司内部保密义务的相关定义、相关主体的权利与义务、行为规范、违法行为的法律后果等,使公司有章可循,维护公司利益并促使公司健康有序发展,并通过对相关主体落实追究法律责任创设必要的规章制度依据,必要时,公司可通过法律途径维护自身权益。

一、保密制度或者协议的适用主体

在签署保密协议或者制定保密制度之前,必须先决定保密协议或者保密制度的适用范围。

保密协议或者保密制度适用于与公司存在劳动关系或者劳务关系,并可能接触到商业秘密的员工,无论该员工是否已经离职。

公司与员工签署保密协议或者保密制度最好在员工入职之时签署。

二、保密信息的约定

保密信息的约定是用人单位要求员工承担保密义务以及员工必须遵守保密义务的范围,保密信息应该有明确的约定。

“保密信息”指公司不为公众所知悉的任何商业信息、技术信息、财务信息、管理信息、客户信息、市场信息、法律信息、经济数据或者任何其他非公开或专有的信息、数据、设想或概念,包括但不限于公司之营业秘密、商务机密、与技术有关之知识及信息、创意、设想、方案,提供的物品或厂商资料、客户资料、人事资料、商业数据、商业计划,促销及行销活动,财务状况及其他商务活动等。

一般而言,网络游戏公司的秘密包括但不限于下列秘密事项:

(1)公司的重大技术秘密,包括但不限于游戏代码或其他技术信息。

(2)公司未发布的产品信息,包括但不限于产品的策划方案、美术资源、游戏代码、游戏玩法等与产品相关的全部信息。

(3)公司尚未付诸实施的游戏运营战略、运营方向、运营规划、运营项目及运营决策。

(4)公司重大决策中的秘密事项。

(5)公司内部掌握的合同、协议、意见书及可行性报告、主要会议记录。

(6)公司财务预决算报告及各类财务报表、统计报表。

(7)公司所掌握的尚未进入市场或尚未公开的各类信息。

(8)公司职员人事档案,工资性、劳务性收入及资料。

(9)其他经公司确定应当保密的事项。

三、保密范围及密级

公司可以根据保密信息的重要层度,对保密信息划分密级,密级可分为绝密、机密、秘密三级。

1. 绝密是最重要的保密信息,泄露会使公司的权益和利益遭受特别严重的损害。公司经营发展中,直接影响公司权益和利益的重要决策文件、技术资料为绝密级。

2. 机密是重要的保密信息,泄露会使公司权益和利益遭受到严重的损害。公司的规划、财务报表、统计资料、重要会议记录、公司经营情况为机密级。

3. 秘密是一般的保密信息,泄露会使公司的权益和利益遭受损害。公司人事档案、合同、协议、职员工资性收入、尚未进入市场或尚未公开的各类信息为秘密级。

公司也可以选择按照其他方式划分秘密等级,并按照秘密等级约定相应保密措施,例如,非公司管理人员批准,不能摘抄和复制保密信息,保密信息的收发、传递或外出携带应由特定人员担任,并采取必要的安全措施。

四、保密义务的有效期限

保密制度或者保密协议可以约定员工保密义务的有效期限。

1. 可以约定保密有限期限为长期有效,不因相关员工离职、劳动合同解除而终止。

2. 可以约定保密有效期限为固定的期限。

3. 可以约定保密有效期限截至保密信息公开之日。

五、员工的保密行为规范

公司可以规定员工必须遵守的保密行为规范:

1. 在公司工作或提供服务期间,认真遵守国家保密法律、法规公司制度,不刺探与本职工作或本身服务无关的保密信息,履行与自身工作岗位相应的保密职责。相关的规章、制度没有规定或者规定不明确之处,亦本着谨慎、诚实的态度,维护所知悉的保密信息,履行保密义务。

2. 对于所获悉的保密信息负有完全和严格的保密义务，只能在履行职务时使用保密信息，不滥用、泄露、出售保密信息，也不对保密信息进行分析或从该等分析中获利，不管以上行为是否有偿，亦不管保密信息是否由本人设计或开发出来的。

3. 不违规记录、存储、复制、携带公司商业秘密信息，不违规持有相关秘密载体。

4. 不隐瞒应报告的重大事项。

5. 未经公司审查许可，不擅自发表涉及公司未公开工作内容的文章、著述。

6. 相关技术或电子设备使用行为规范：

(1)严禁在智能手机等移动终端上存储、传递或处理公司的敏感信息、涉密信息；严禁通过智能手机收发、处理含有公司保密信息的邮件。

(2)严禁在机房、会议室和数据间等敏感区域使用具有 WiFi、蓝牙等无线功能的智能手机，应事先主动关闭智能手机的 WiFi、蓝牙功能。

(3)严禁在机房、会议室和数据间等敏感区域使用智能手机进行录音和录像；严禁对除会议宣传拍照之外的敏感信息、场景进行拍照。

(4)慎用 iPhone、Android 系统等智能手机的 GPS 定位及个人热点功能。

7. 国家保密法律、法规和公司保密制度规定应当履行的行为。

六、员工的泄密行为和后果

员工不准在私人交往和通信中泄露公司秘密，不准在公共场所谈论公司秘密，不准通过其他方式传递公司秘密。员工应自觉避免个人的利益妨碍或可能妨碍公司的整体利益。

公司工作人员发现公司秘密已经泄露或者可能泄露时，应当立即采取补救措施并及时报告公司。可要求员工遇有下列情形之一的，应主动、及时向公司报告：

(1)发生或发现泄密情形的；

(2)工作期间或履行职务过程中发现可能涉及泄密事件的；

(3)其他应当主动申报的泄密事件。

公司可约定员工发生泄密行为之后的后果，对员工可以采取警告、解除劳动合同关系、承担经济赔偿责任等后果,但对于在何种情况下可以采取何种处罚后果建议最好能够明确规定,以有法有据可循。

对于网络游戏公司来说,商业秘密往往是一个公司赖以生存的核心和基础,因此与员工约定保密义务至关重要,除了可以在员工违反保密义务的情况下追究员工的违约责任外,也是商业秘密得以作为商业秘密的前提之一。因此建议公司:

1. 在员工入职时与员工签署保密协议,保密协议的内容应该包括保密的范围、违反的后果等方面的内容。

2. 如有可能,公司可以制定更完善更细致的保密制度,对公司商业秘密的具体行为规范进行全面的规定。

3. 公司应持续对员工进行保密方面的培训,加强员工的保密意识。

第三章　网络游戏公司的竞业限制规定

第一节　网络游戏公司的竞业限制概述

竞业限制义务是指公司的员工在解除或者终止劳动合同后，负有竞业限制义务的员工不得到与本单位生产或者经营同类产品、从事同类业务的有竞争关系的其他用人单位，或者自己开业生产或者经营同类产品、从事同类业务，该期限不得超过2年。

负有竞业限制义务的员工，主要包括对公司负有保密义务的劳动者，公司可以与其约定竞业限制条款，并约定在解除或者终止劳动合同后，在竞业限制期限内按月给予劳动者经济补偿。劳动者违反竞业限制约定的，应当按照约定向用人单位支付违约金。

竞业限制的人员限于用人单位的高级管理人员、高级技术人员和其他负有保密义务的人员。竞业限制的范围、地域、期限可由公司与劳动者约定，双方可以通过在劳动合同、保密协议或者专门的竞业限制协议中约定员工的竞业限制义务。

第二节　网络游戏公司与员工的竞业限制约定

一、竞业限制的适用对象

网络游戏公司与员工可以在竞业限制的相关条款中，约定竞业限制适用的对象。竞业限制适用对象的约定一般可以通过以下几种方式：

1. 约定全员的竞业限制义务,与公司的全部员工签署竞业限制协议或者包括竞业限制条款的劳动合同。

2. 与可能接触到公司保密信息的员工签署竞业限制协议或者包括竞业限制条款的劳动合同。法律规定竞业限制是因为部分公司员工对公司的经营和技术情况非常熟悉,该员工离职后,往往会选择与其以前从事的工作或者业务相同或近似的行业,从事相同或类似的业务,可能会利用自身在前公司所掌握的商业秘密。法律对此进行限制,以保护公司的商业秘密。因此,并非所有的员工都掌握了公司有竞争优势的商业秘密或者信息,对于此部分的员工,并无要求其竞业限制的义务。

约定全员的竞业限制义务的好处是可以更加全面地保护公司的商业秘密,但由于竞业限制义务的履行必须由公司支付相应的竞业限制补偿金,因而将可能使公司扩大无须承担竞业限制义务的员工的补偿责任,加重公司的成本。如选择部分的员工承担竞业限制义务,必须确保掌握了公司相关秘密信息的员工确实在适用范围之内。

二、竞业限制的业务范围和具体情形

公司可以约定竞业限制的业务和竞争的具体情形,要求竞业限制对象不得进入以下行业并进行以下行为,包括直接或间接方式。

1. 竞业限制业务范围

(1)与公司经营的业务相同的业务;

(2)与公司所经营的业务同种类、相近或相竞争的其他业务。

上述业务包括但不限于网络游戏开发、网络游戏的发行、网络游戏的运营、网络游戏的推广以及其他与网络游戏相关的业务。

2. 竞业限制的具体情形

(1)直接竞争性活动

①入职任何与公司目前正在经营或计划进行的业务在实质上提供相类似的产品、服务或技术的公司,无论全职或兼职,无论是否接受报酬;

②自己从事与公司目前正在经营或计划进行的业务在实质上提供相类似的产品、服务或技术的业务,无论是否通过成立经济组织的形式;

③投资从事与公司目前正在经营或计划进行的业务在实质上提供相类似的产品、服务或技术的其他实体。

(2)间接竞争性活动

①就竞争性经营活动干预公司业务,或接洽、联络或劝诱公司客户、投资者、商业合作伙伴或关联方;

②作为竞争对手的顾问、代理人、代表人等身份从事竞争性活动,无论该身份是否对外公示。

(3)影响雇佣关系

以任何形式劝说、鼓励、引诱、影响或引导受雇于公司或其关联方的雇员或顾问结束与公司的雇佣关系,入职与公司有竞争的单位。

三、竞业限制的期限

根据岗位性质的不同,公司与负有竞业限制义务的员工可以签订不同期限的竞业限制协议,但竞业限制的期限将不超过 2 年,具体期限可以竞业限制条款的约定为准。

四、竞业限制地域范围

公司可与员工约定竞业限制的地域范围,要求员工在上述地域范围内遵守竞业限制的约束。

五、竞业限制补偿金的支付

根据法律规定,公司必须给予承担竞业限制义务的员工补偿。根据广东省高级人民法院、劳动争议仲裁委员会《关于适用〈劳动争议调解仲裁法〉、〈劳动合同法〉若干问题的指导意见》的规定,至工作交接完成时,用人单位尚未承诺给予劳动者经济补偿的,竞业限制条款对劳动者不具有约束力。

同时,最高人民法院《关于审理劳动争议案件适用法律若干问题的解释(四)》第 8 条也规定,当事人在劳动合同或者保密协议中约定了竞业限制和经济补偿,劳动合同解除或者终止后,因用人单位的原因导致 3 个月未支付经济补偿,劳动者请求解除竞业限制约定的,人民法院应予支持。

因此,如果网络游戏公司与员工约定了竞业限制的义务,必须在员工工作交接完成时,承诺给予员工经济补偿,并向员工实际支付经济补偿金。

对于竞业限制经济补偿金的数额,双方可以自由约定。但是对于竞业限制补偿金的约定不得违反法律的限制性规定,经笔者调查,各地区关于竞业限制补偿金的规定见表3:

表3 各地区关于竞业限制补偿金的规定

地区	标准	法律依据
北京	劳动关系终止前最后一个年度劳动者工资的20% ~60%	北京市高级人民法院、北京市劳动争议仲裁委员会《关于劳动争议案件法律适用问题研讨会会议纪要》
上海	劳动者此前正常工资的20% ~50%	上海市高级人民法院《关于适用〈劳动合同法〉若干问题的意见》
广州	未约定具体标准	广州市中级人民法院《关于审理劳动人事争议案件问题的研讨会纪要》
深圳	不得少于该员工离开企业前最后12个月的月平均工资的1/2	《深圳经济特区企业技术秘密保护条例》
佛山	离开企业前最后一个年度获得的报酬总额的1/3	佛山市中级人民法院《关于审理劳动争议案件的若干意见》
江苏	该劳动者离开用人单位前12个月的月平均工资的1/3	《江苏省劳动合同条例》
浙江	解除或者终止劳动合同前12个月的月平均工资的30%	浙江省高级人民法院民事审判第一庭、浙江省劳动人事争议仲裁院《关于审理劳动争议案件若干问题的解答(二)》
宁波	不得低于该员工离职前一年获得的年报酬总额的1/2	《宁波市企业技术秘密保护条例》

六、违反竞业限制义务的法律后果

公司可与员工约定员工违反竞业限制义务后应当承担的违约责任,包括具体数额的违约金或者赔偿一定的经济损失。

第三节　员工竞业限制的相关流程

一、公司入职员工的无竞业限制义务告知与承诺

目前行业内竞业限制义务已经相当普遍，因此公司在招聘员工时，也需要考虑公司招聘的员工是否有相应的竞业限制义务。招聘时应当注意以下内容：

(1)录用新员工时，人力资源部门员工应与拟录取的员工书面确认该新员工无入职本公司的竞业限制义务；

(2)对于存在较大可能性竞业限制义务的员工，可以要求员工签署《无竞业限制承诺书》。

二、竞业限制条款或者协议的签订

公司与员工的竞业限制义务，可以通过在与员工签订的劳动合同、保密协议或者专门的竞业限制协议中予以约定。

上述条款或者协议可以在员工入职时、在职期间或离职之前签署均不违反法律的规定。

但是一般情况下，公司为了确保员工能够顺利签署竞业限制的协议，在员工入职时签署相应的竞业限制条款或者协议最为方便。

三、离职后竞业限制义务的启动

需要履行竞业限制义务的员工离职时，公司应审核该员工在离职后是否应当遵守竞业限制义务。

如公司决定该员工应遵守竞业限制的义务，在员工未签署竞业协议时，应与员工签署竞业限制的协议，并告知员工需要履行竞业限制义务。

如员工已经签署竞业限制的条款或竞业限制的协议，应告知员工遵守相应的竞业限制义务。

四、竞业限制补偿的支付

在竞业限制启动后，公司应向负有竞业限制义务的员工支付竞业限制补偿。竞业限制补偿最好按月发放，每月的补偿数额根据《竞业限制协议》的约定执行，即使不按月发放，也不能迟延3个月仍未发放。

五、竞业限制的放弃

对于虽然已经签订《竞业限制协议》，但经公司最终确认不要求其承担竞业限制义务的离职员工，公司可以告知其无须承担竞业限制义务，并不予支付竞业限制补偿金。

根据上述分析可知，公司可与员工约定竞业限制方面的义务，要求员工在离职之后2年（最长）内的竞业义务，但是公司应向员工支付相应的竞业限制补偿金。对此，笔者提出建议如下：

1. 公司可在劳动合同中约定竞业限制方面的相关条款，在员工入职时即签署；

2. 对于离职员工，是否需要启动后续的竞业限制流程，公司应审慎作出决定，一旦决定员工应履行竞业限制的义务，应向承担竞业义务的员工支付相应的经济补偿金；

3. 对已经员工启动了竞业限制流程的员工，公司可对其离职后的工作行为进行监控，或者要求员工对离职后的入职行为进行申报，以便及时发现员工是否违反了竞业限制义务。

图书在版编目(CIP)数据

网络游戏公司合规指南 / 杨杰主编. -- 北京：法律出版社, 2019(2021.2 重印)
ISBN 978-7-5197-3383-4

Ⅰ. ①网… Ⅱ. ①杨… Ⅲ. ①网络游戏-行业管理-研究-中国 Ⅳ. ①G898.3

中国版本图书馆 CIP 数据核字(2019)第 071166 号

网络游戏公司合规指南
WANGLUO YOUXI GONGSI HEGUI ZHINAN

杨　杰 主编

策划编辑 邢艳萍
责任编辑 邢艳萍
装帧设计 鲍龙卉

出版 法律出版社
总发行 中国法律图书有限公司
经销 新华书店
印刷 三河市兴达印务有限公司
责任校对 李景美
责任印制 吕亚莉

编辑统筹 法律应用出版分社
开本 710 毫米×1000 毫米 1/16
印张 17.25
字数 320 千
版本 2019 年 7 月第 1 版
印次 2021 年 2 月第 2 次印刷

法律出版社／北京市丰台区莲花池西里 7 号(100073)
网址／www.lawpress.com.cn
投稿邮箱／info@lawpress.com.cn
举报维权邮箱／jbwq@lawpress.com.cn
销售热线／400-660-8393
咨询电话／010-63939796

中国法律图书有限公司／北京市丰台区莲花池西里 7 号(100073)
全国各地中法图分、子公司销售电话：
统一销售客服／400-660-8393/6393
第一法律书店／010-83938432/8433　西安分公司／029-85330678　重庆分公司／023-67453036
上海分公司／021-62071639/1636　深圳分公司／0755-83072995

书号：ISBN 978-7-5197-3383-4　**定价**：42.00 元
(如有缺页或倒装，中国法律图书有限公司负责退换)